Concours **Orthophoniste**

Français

Vocabulaire • Grammaire • Orthographe

ADMiS PARAMEDICAL

Concours **Orthophoniste**

Français

Vocabulaire • Grammaire • Orthographe

Dominique Dumas
Professeur en institut d'enseignement supérieur (Sup Santé)

Vuibert

ISBN : 978-2-311-01176-0

Conception de la couverture : Les PAOistes
Conception de l'intérieur : Bleu T
Composition : So'graph

Site Internet : http://www.vuibert.fr

Sommaire

Partie 3 Orthographe lexicale, orthographe grammaticale et signes graphiques

Votre concours, votre métier

Ce livre rassemble l'essentiel des connaissances orthographiques, lexicales et grammaticales sur lesquelles sont interrogées les personnes passant le concours d'entrée en Institut d'Orthophonie.

Ce concours semble être de plus en plus difficile même si les sujets n'ont pratiquement pas changé depuis vingt ans, les années de lycée préparant de moins en moins aux exercices donnés. Les épreuves de français vont entre autres permettre de vérifier que vous possédez une bonne orthographe, des connaissances de base en grammaire et que vous connaissez un bon nombre de mots de la langue française. Vous allez effectivement faire des dictées, corriger des textes remplis de fautes et devoir répondre à des questions (QRU/QRM) portant sur l'orthographe de certains mots, sur le sens d'autres et sur des points de grammaire. Que vous ayez ou non la chance d'être encadrés dans votre travail, vous risquez de vous perdre dans la somme des connaissances demandées. Notre objectif a donc été de présenter les termes et les règles sans lesquels une réussite à ce concours paraît impossible.

Cet ouvrage est constitué de trois parties :

- **Vocabulaire**

La partie Vocabulaire s'ouvre sur une liste d'éléments grecs et latins qui entrent dans la formation de nombreux termes. La connaissance de ces éléments facilitera la mémorisation des mots que vous apprendrez et vous permettra de deviner le sens de ceux que vous découvrirez éventuellement au moment des concours. Viennent ensuite cinq cents mots que l'on rencontre régulièrement dans les exercices proposés, puis des homonymes, des paronymes (termes qui se prononcent presque de la même façon), des mots dont il faut connaître le genre. La fin de cette partie rassemble essentiellement les expressions, les barbarismes et les pléonasmes les plus fréquents en concours.

- **Grammaire**

La partie Grammaire, après un rapide rappel de la nature des mots et de leurs fonctions, est consacrée au verbe : à ses formes, aux aspects qu'il exprime, à la façon dont il s'accorde avec le sujet. Cette partie se termine par des questions de syntaxe concernant plus précisément l'emploi des prépositions et celui des pronoms relatifs.

- **Orthographe**

La partie Orthographe de cet ouvrage est essentiellement consacrée au pluriel des mots (noms simples, noms composés, adjectifs numéraux, adjectifs de couleur, etc.), aux homophones grammaticaux (des mots de natures différentes qui se prononcent de la même façon) et à tout un ensemble de « petites » règles concernant des termes qui émaillent vos concours (*demi*, *tout*, *gens*, *possible*, etc.).

Dans chacune des quarante-deux sections qui composent ce livre, vous découvrirez, généralement en fin de section, des questions – se rapportant au point traité – qui ont été proposées en concours.

Méthodologie et conseils

Apprenez par cœur le sens des mots présentés, les règles données. Nombre d'étudiants se lancent « à corps perdu » dans les sujets de concours des années passées, avant même d'avoir appris la moindre règle d'accord. C'est, en quelque sorte, se jeter à l'eau sans avoir appris à nager ; c'est surtout une perte de temps considérable. Il n'est pas judicieux de répéter la même faute pendant six mois, quand cinq minutes suffisent pour apprendre une règle l'évitant. Donc, commencez par apprendre les règles, vérifiez ensuite que vous savez les appliquer.

Ne vous consacrez pas exclusivement à l'apprentissage de mots nouveaux. Vous serez certes interrogés en concours sur des termes qui vous sont encore inconnus, mais veillez à ne pas négliger la grammaire. Si vous n'apprenez jamais ce qu'est un complément d'objet direct, vous ne saurez jamais accorder correctement un participe passé. Une méconnaissance de la nature et de la fonction des mots vous conduira d'autre part à ne pas comprendre le sens des textes qui vous seront donnés à synthétiser ou à commenter, vous amènera à faire des fautes de syntaxe – lorsque vous rédigerez – qui seront très lourdement sanctionnées. Donc, veillez à répartir « harmonieusement » le temps de travail dont vous disposez entre l'orthographe, la grammaire et le vocabulaire.

Ayez, pour commencer, le *Bescherelle* de la conjugaison, un livre de grammaire et un *Petit Robert* des noms communs. En ce qui concerne ce dictionnaire, l'idéal serait que vous travailliez avec l'édition de 2009, cette dernière ne proposant pas trop de variantes orthographiques « fantaisistes ». Si rien ne remplace une édition « papier », posséder le *Petit Robert* en CD-Rom vous permettra de gagner du temps dans la recherche des mots inconnus et de créer toutes les listes que vous souhaiterez (mots en *-i*, *-is*, *-it*, *-ix*, etc.). Enfin, vous trouverez, dans la collection à laquelle appartient le présent ouvrage, plusieurs livres qui vous permettront de tester vos connaissances.

Pour aller plus loin

› Voici cinq ouvrages auxquels vous allez être renvoyés dans la suite de votre lecture :

› ARRIVÉ Michel (sous la responsabilité de), *Bescherelle. La conjugaison pour tous*, Paris, Hatier, 1997, 166 pages.

› COLIGNON Jean-Pierre, *Pour ne plus faire de fautes d'orthographe. 300 trucs et astuces efficaces et faciles*, Paris, Les Éditions de l'Opportun, 2012, 275 pages.

› GRÉVISSE Maurice, GOOSSE André, *Le bon usage. Grammaire française*, Bruxelles, De Boeck, 2011, 15e éd., 1 600 pages.

› REY-DEBOVE Josette, REY Alain (sous la direction de), *Le nouveau petit Robert*, Paris, Le Robert, 2009, XLII-2 837 pages.

› RIEGEL Martin, PELLAT Jean-Christophe, RIOUL René, *Grammaire méthodique du français*, Paris, Presses Universitaires de France, 2009, 7e éd. rev. et augm., XLIII-1 107 pages.

Planning de révision

Il paraît souhaitable de découvrir les différentes sections de ce livre en suivant l'ordre dans lequel elles vous sont proposées (au moins, au sein de chacune des parties). Cependant, si vous manquez cruellement de temps, si – adultes en reconversion professionnelle – vous ne pouvez vous permettre de couvrir l'étendue des connaissances demandées, voici des classements des sections qui vous permettront, en fonction du ou des concours visés, de traiter prioritairement « l'essentiel de l'essentiel ».

CONCOURS	SECTIONS
AMIENS	21, 22, 20, 8, 15, 16, 18, 37, 26, 25, 24, 23, 30, 28, 36, 34, 27, 33, 31, 35, 32, 29, 42, 38, 39, 40, 11, 12, 13, 41, 1, 4, 2, 3, 9, 14, 19, 5, 6, 7, 10, 17
BESANÇON	21, 22, 20, 8, 15, 16, 18, 37, 26, 25, 24, 23, 30, 28, 36, 34, 27, 33, 31, 35, 32, 29, 42, 38, 39, 40, 11, 12, 13, 41, 1, 4, 2, 3, 9, 14, 19, 5, 6, 7, 10, 17
BORDEAUX	21, 22, 20, 15, 16, 18, 37, 26, 25, 24, 23, 1, 4, 2, 3, 9, 19, 5, 6, 7, 10, 11, 12, 13, 14, 17, 30, 28, 36, 34, 27, 33, 31, 35, 32, 29, 42, 38, 39, 40, 8, 41.
CAEN	21, 22, 20, 8, 15, 16, 18, 37, 26, 25, 24, 23, 30, 28, 36, 34, 27, 33, 31, 35, 32, 29, 42, 38, 39, 40, 11, 12, 13, 14, 41, 1, 4, 2, 3, 9, 19, 5, 6, 7, 10, 17.
LILLE	21, 22, 20, 8, 15, 16, 18, 37, 26, 25, 24, 23, 30, 28, 36, 34, 27, 33, 31, 35, 32, 29, 42, 38, 39, 40, 11, 12, 13, 41, 1, 4, 2, 3, 9, 14, 19, 5, 6, 7, 10, 17.
LIMOGES	21, 22, 20, 8, 15, 16, 18, 37, 26, 25, 24, 23, 30, 28, 36, 34, 27, 33, 31, 35, 32, 29, 42, 38, 39, 40, 11, 12, 13, 41, 1, 4, 2, 3, 9, 14, 19, 5, 6, 7, 10, 17
LYON	21, 22, 20, 8, 15, 16, 18, 37, 26, 25, 24, 23, 30, 28, 36, 34, 27, 33, 31, 35, 32, 29, 42, 38, 39, 40, 11, 12, 13, 41, 1, 4, 2, 3, 9, 14, 19, 5, 6, 7, 10, 17
MARSEILLE	21, 22, 20, 8, 15, 16, 18, 37, 26, 25, 24, 23, 30, 28, 36, 34, 27, 33, 31, 35, 32, 29, 42, 38, 39, 40, 11, 12, 13, 41, 1, 3, 7, 4, 2, 9, 14, 19, 5, 6, 10, 17
MONTPELLIER	21, 22, 20, 8, 15, 16, 18, 37, 26, 25, 24, 23, 30, 28, 36, 34, 27, 33, 31, 35, 32, 29, 42, 38, 39, 40, 11, 12, 13, 41, 1, 4, 2, 3, 9, 14, 19, 5, 6, 7, 10, 17

NANCY	21, 22, 20, 8, 15, 16, 18, 37, 26, 25, 24, 23, 30, 28, 36, 34, 27, 33, 31, 35, 32, 29, 42, 38, 39, 40, 11, 12, 13, 41, 1, 4, 2, 3, 9, 14, 19, 5, 6, 7, 10, 17
NANTES	21, 22, 20, 8, 15, 16, 18, 37, 26, 25, 24, 23, 30, 28, 36, 34, 27, 33, 31, 35, 32, 29, 42, 38, 39, 40, 11, 12, 13, 41, 1, 4, 2, 3, 9, 14, 19, 5, 6, 7, 10, 17
NICE	21, 22, 20, 8, 15, 16, 18, 37, 26, 25, 24, 23, 30, 28, 36, 34, 27, 33, 31, 35, 32, 29, 42, 38, 39, 40, 11, 12, 13, 41, 1, 4, 2, 3, 9, 14, 19, 5, 6, 7, 10, 17
PARIS	21, 22, 20, 8, 15, 16, 18, 37, 26, 25, 24, 23, 30, 28, 36, 34, 27, 33, 31, 35, 32, 29, 42, 38, 39, 40, 41, 1, 4, 2, 9, 19, 5, 6, 3, 7, 10, 11, 12, 13, 14, 17
POITIERS	21, 22, 20, 8, 15, 16, 18, 37, 26, 25, 24, 23, 30, 28, 36, 34, 27, 33, 31, 35, 32, 29, 42, 38, 39, 40, 11, 12, 13, 41, 10, 7, 1, 4, 2, 3, 9, 14, 19, 5, 6, 17
ROUEN	21, 22, 20, 8, 15, 16, 18, 37, 26, 25, 24, 23, 30, 28, 36, 34, 27, 33, 31, 35, 32, 29, 42, 38, 39, 40, 11, 12, 13, 41, 1, 4, 2, 3, 9, 14, 19, 5, 6, 7, 10, 17
STRASBOURG	21, 22, 20, 15, 16, 18, 38, 39, 11, 12, 13, 14, 37, 26, 25, 24, 23, 30, 28, 36, 34, 27, 33, 31, 35, 32, 29, 42, 40, 8, 41, 1, 4, 2, 3, 9, 19, 5, 6, 7, 10, 17
TOULOUSE	21, 22, 20, 8, 15, 16, 18, 1, 37, 26, 25, 24, 23, 30, 28, 36, 34, 27, 33, 31, 35, 32, 29, 42, 38, 39, 40, 11, 12, 13, 41, 4, 2, 3, 9, 14, 19, 5, 6, 7, 10, 17
TOURS	21, 22, 20, 8, 15, 16, 18, 37, 26, 25, 24, 23, 30, 28, 36, 34, 27, 33, 31, 35, 32, 29, 42, 38, 39, 40, 11, 12, 13, 41, 1, 4, 2, 3, 9, 14, 19, 5, 6, 7, 10, 17

PARTIE 1

Vocabulaire

Le cours

1 | Les formants grecs et latins

Voici une liste d'éléments venant du grec et du latin, qui entrent dans la formation des mots dont vous devez apprendre le sens. En effet, ces éléments s'ajoutent souvent à une base ou se combinent entre eux pour former les termes que nous employons.

Connaître cette liste vous permettra de répondre correctement aux QCM portant sur le sens de tel ou tel élément, vous permettra de retenir plus aisément le sens des mots rencontrés. Connaître cette liste vous permettra, enfin, de vous approcher du sens de termes tels *macrochirie* ou *hypoglyphe*, que l'on vous demandera de définir dans le cadre de vos oraux, notamment lors de votre oral parisien.

1. Grec

Éléments	Sens	Exemples
acro-	Extrémité, qui est à l'extrémité	Acropole, acrophobie
aden(o)-	Glande	Adénome, adénite
aéro-	Air	Aéronautique, aéroport, aérostat, aéronef
agro-	Champ	Agrologie, agropastoral, agroalimentaire
algo-/-algie	Douleur	Algologie, hyperalgie, lombalgie, arthralgie
allo-	Autre	Allogène, allopathie, allocentrisme, allochtone
amph(i)-	Autour, en double	Amphibologie, amphibie
andro- **-andre** **-andrie**	Mâle, homme	Androcéphale, andrologie, androgyne, misandre, polyandre, polyandrie
anémo-	Vent	Anémographe, anémomètre
-anthe	Fleur	Hélianthe, rhinanthe

anthrop(o)- **-anthrope** **-anthropie** **-anthropique**	Homme	Anthropophage, anthropologue, misanthrope, lycanthropie, philanthropique
ant(i)-	En face de ; qui s'oppose à	Antibiotique, antipathie, anticathode, antarctique
archéo-	Ancien	Archéologie, archéobactérie
auto-	Par soi-même	Autodidacte, autobiographie, autocrate, autonyme
bathy-	Profond	Bathyscaphe, bathymétrie, bathysphère
biblio-	Livre	Bibliographie, bibliophile, bibliothèque
bio-/-bie	Vie	Biochimie, biologie, biocide, biogenèse, aérobie
brachy-	Court	Brachycéphale, brachydactyle, brachyoure
brady-	Lent	Bradycardie, bradypnée
caco-	Mauvais	Cacophonie, cacochyme, cacographie
calli-	Beau	Calligraphie, callipyge
carpo-/-carpe	Fruit	Carpocapse, endocarpe, péricarpe
céphal(o)- **-céphale**	Tête	Céphalopodes, céphalorachidien, acéphale, bicéphale
chir(o)-	Main	Chiromancie, chirographie, macrochirie
chondr(o)-	Cartilage	Chondroblaste, chondrostéens, chondrichtyens
chron(o)- **-chrone** **-chronique** **-chronisme**	Temps	Chronomètre, chronobiologie, synchrone, synchronique, diachronique, anachronisme
chrys(o)-	Or	Chrysolithe, chrysope, chryséléphantin
conchyli(o)-	Coquillage	Conchyliologie, conchyliculture, conchylien
cosmo- **-cosme**	Monde	Cosmopolite, microcosme
crani(o)-	Crâne	Craniologie, craniotomie, craniectomie
-crate/-cratie	Qui exerce tel pouvoir ; pouvoir	Phallocrate, ploutocrate, autocrate, monocratie, démocratie
cryo-	Froid	Cryogénie, cryothérapie, cryogène
crypt(o)-	Caché	Cryptogramme, cryptogame, cryptique
cyn(o)-	Chien	Cynophobie, cynophile, cynocéphale
cyst(o)- **-cyste**	Vessie	Cystoscope, cystotomie, cystite, otocyste
cyto-	Cellule	Cytologie, cytoplasme
dactylo- **-dactyle**	Doigt	Dactylographe, dactylologie, pentadactyle, tridactyle

déca-	Dix	Décasyllabe, décathlon, décamètre
dém(o)-	Peuple	Démographie, démagogie
dermato-/derm(o)- **-derme** **-dermie**	Peau	Dermatologie, dermatose, épiderme, taxidermie
deutér(o)-	Deuxième	Deutérocanonique, deutérium
di-	Deux	Dizygote, dibasique, dipétale, dichromatique
dia-	À travers ; distinction, séparation	Diacritique, dialyse, diachronie
dicho-	En deux	Dichotomie, dichogame
-didacte	Qui (s')est instruit	Autodidacte
dipso-	Soif	Dipsomanie, dipsomane, adipsie
dolicho-	Long	Dolichocéphale, dolichocôlon
-doxe	Opinion	Paradoxe, orthodoxe, hétérodoxe
dynam(o)- **-dynamie** **-dyne**	Force	Dynamogène, dynamite, dynamique, adynamie, aérodyne
dys-	Difficulté, perturbation	Dysbarisme, dyscalculie, dysgraphie
-ectomie	Ablation	Hystérectomie, laryngectomie, vasectomie
endo-	À l'intérieur	Endogène, endoscope, endogé
entomo-	Insecte	Entomologie, entomophage
ergo-/-ergie	Travail	Ergothérapie, ergologie, ergographe, synergie
érythr(o)-	Rouge	Érythrocyte, érythrosine, érythrine
ethno-	Peuple	Ethnologie, ethnocide, ethnocentrisme
étho-	Mœurs	Éthologie, éthologue
eu-	Bien	Eugénisme, euthanasie, euphonie
exo-	Au-dehors	Exogamie, exogène
gala- **galact(o)-**	Lait	Galalithe, galactophore, galactogène
gastéro- **gastr(o)-** **-gastre**	Ventre, estomac	Gastéropodes, gastrique, hypogastre
géo-	Terre	Géodésie, géologie, géocentrique
géront(o)-	Vieillard	Gérontologie, gérontocratie
gloss(o)- **-glosse**	Langue	Glossolalie, glossite, cynoglosse

grapho- **-graphe** **-graphie**	Écriture	Graphologie, graphomanie, biographe, lexicographe, agraphie, chorégraphie
héli(o)- **-hélie**	Soleil	Héliothérapie, héliomarin, héliographe, périhélie
héma- **hémat(o)-** **hémo-**	Sang	Hémarthrose, hématologie, hématidrose, hémoculture
hémi-	Demi	Hémisphère, hémiplégie
hépat(o)-	Foie	Hépatocyte, hépatologie
hétér(o)-	Autre	Hétéronyme, hétérocerque, hétéronome
hiér(o)-	Sacré	Hiéroglyphe, hiérophante, hiérodule
hipp(o)-	Cheval	Hippologie, hippophagie, hippotechnie
hist(o)-	Tissu (biologie)	Histologie, histolyse
holo-/olo-	Entier	Holophrastique, olographe
homéo-	Semblable	Homéostasie, homéostat
hydr(o)- **-hydre** **-hydrique**	Eau	Hydrologie, hydrolyse, hydrémie, anhydre, sulfhydrique, tellurhydrique
hygro-	Humide	Hygrométrie, hygromètre, hygrophile
hyper-	Au-dessus	Hyperonyme, hypertension, hypertrophie
hypn(o)-	Sommeil	Hypnotique, hypnagogique
hypo-	Au-dessous	Hyponyme, hypocalorique, hypoglycémie
hystér(o)-	Utérus	Hystérotomie, hystérique
iatr(o)- **-iatre** **-iatrie**	Médecine	Iatrogène, iatrogénique, pédiatre, phoniatrie
ichty(o)-	Poisson	Ichtyologie, ichtyophage
is(o)-	Égal	Isocèle, isomorphe, isoptères
lalo-/-lalie	Parole	Glossolalie, écholalie, palilalie
-lâtrie/-lâtre	Adoration, adorateur	Ophiolâtrie, iconolâtre, zoolâtre
leuc(o)-	Blanc	Leucocyte, leucome, leucémie, leucine
lipo-	Graisse	Lipome, lipolyse, liposuccion
litho-	Pierre	Lithographie, lithosphère, lithophage
logo- **-logie** **-logique** **-logue**	Parole, discours	Logomachie, logorrhée, logogriphe, psychologie, étymologique, prologue

-lyse	Dissolution	Dialyse, hydrolyse, adipolyse
-machie	Combat	Tauromachie, logomachie, naumachie
macro-	Grand	Macrocosme, macrocyte, macroéconomie
-mancie **-mancien**	Science divinatoire	Chiromancie, cartomancie, géomancie, rhabdomancien
-manie **-mane**	Folie, passion, délire	Mythomanie, nymphomanie, mélomane, toxicomane
mast(o)-	Sein	Mastologie, mastodonte, mastectomie
méga- **mégal(o)-** **-mégalie**	Très grand	Mégacéros, mégalithe, mégalomanie, cardiomégalie
méta-	Après, au-delà	Métalangage, métapsychique, métamathématique
micro-	Petit	Microcéphale, microchirurgie, microclimat
mis(o)-	Haine ; qui hait	Misonéisme, misogyne, misandre
mnémo- **-mnèse** **-mnésie** **-mnésique**	Mémoire	Mnémonique, mnémotechnique, anamnèse, hypermnésie, amnésique
mon(o)-	Un seul	Monographie, monoculture, monocyte, monarchie
morph(o)- **-morphe** **-morphique** **-morphisme**	Forme	Morphosyntaxe, isomorphe, polymorphe, anthropomorphique, dimorphisme, zoomorphisme
myc(o)- **-myces** **-mycète**	Champignon	Mycologie, mycose, saccharomyces, actinomycète
my(o)-	Muscle	Myopathie, myologie, myalgie
myria- **myrio-**	Dix mille, nombreux	Myriapodes, myriade
mytili- **mytilo-**	Moule (mollusque)	Mytiliculture, mytiliculteur, mytilotoxine
narco-	Engourdissement, drogue	Narcolepsie, narcose
nécr(o)-	Mort	Nécrologie, nécropole, nécrobie
néo-	Nouveau	Néologisme, néorural
néphr(o)-	Rein	Néphrologie, néphrectomie
neur(o)-	Nerf	Neurochirurgie, neuroleptique, neurasthénie
nomo-	Loi	Nomologie, nomographe
noso-	Maladie	Nosologie, nosographie

nyct-	Nuit	Nycturie, nyctalope, nycthémère
odont(o)- **-odontie** **-odonte**	Dent	Odontologie, orthodontie, parodonte
œn(o)-	Vin	Œnologie, œnométrie
olig (o)-	Petit nombre	Oligopole, oligomère, oligurie
onych(o)-	Ongle	Onychomycose, onychophagie, onychalgie
-onyme **-onymie** **-onymique**	Nom	Antonyme, éponyme, toponymie, synonymique
ophi(o)-	Serpent	Ophioglosse, ophiure
ornitho-	Oiseau	Ornithorynque, ornithologie
oro-	Montagne	Orographie, oronymie, orogénie
orth(o)-	Droit, correct	Orthopédie, orthophonie, orthographe, orthèse
oto-	Oreille	Otologie, otoscope, otorrhée
paléo-	Ancien	Paléographie, paléontologie, paléobotanique
pan- **pant(o)-**	Tout	Panaméricain, panthéon, panchromatique, pantographe
para-	À côté de	Paratexte, paralittérature
patho- **-pathie** **-pathique** **-pathe**	Maladie	Pathogénie, myopathie, ostéopathie, naupathique, naturopathe
péd(o)-	Enfant	Pédodontie, pédophile, pédiatrie
péd(o)-	Sol	Pédogenèse, pédologue
pent(a)-	Cinq	Pentaèdre, pentathlon, pentadactyle, pentode
péri-	Autour de	Péricarde, périglaciaire
phago- **-phage** **-phagie** **-phagique**	Manger	Phagocyte, phagocyter, phytophage, aérophagie, dysphagique
phil(o)- **-phile** **-philie**	Ami ; qui aime	Philosophe, anglophile, bibliophilie
phléb(o)-	Veine	Phlébologie, phléborragie, phlébite
-phobe **-phobie**	Qui déteste ; peur	Anglophobe, xénophobe, claustrophobie
phon(o)- **-phone** **-phonie**	Son	Phonologie, phonation, saxophone, cacophonie

-phore	Qui porte ; porteur	Lampadophore, canéphore, sémaphore
photo-	Lumière	Photobiologie, photogénie
phyt(o)- **-phyte**	Plante, végétal	Phytothérapie, phytobiologie, épiphyte
plouto-	Richesse	Ploutocrate, ploutocratie
podo- **-pode**	Pied	Podologie, podologue, podomètre, apode
polém(o)-	Guerre	Polémologie, polémarque, polémique
poli- **-pole** **-polite**	Ville	Policlinique, métropole, nécropole, cosmopolite
poly-	Nombreux	Polyandre, polycéphale, polychrome
pomi- **pomo-**	Fruit	Pomiculture, pomoculture, pomologie
potamo-	Fleuve	Potamologie, potamochère, hippopotame
pseud(o)-	Faux	Pseudonyme, pseudarthrose
ptér(o)- **-ptère**	Aile	Ptéropode, diptère, aptère
pyr(o)-	Feu, fièvre	Pyromanie, pyrotechnie, pyrogène, pyridine
rhizo-	Racine	Rhizosphère, rhizophage
sacchar(o)-	Sucre	Saccharose, saccharoïde, saccharase, sacchareux
scato-	Excrément	Scatologie, scatophage
schiz(o)-	Séparé, divisé	Schizophrénie, schizogamie
sélén(o)- **-sélène**	Lune	Sélénographie, sélénite
soma-somato- **-some**	Corps	Somatique, somatotrope, chromosome
-sophe **-sophie**	Savant, sagesse	Philosophe, théosophe, philosophie
stoma- **stomat(o)-** **-stome** **-stomie**	Bouche	Stomate, stomatologue, stomatite, péristome, dystomie
syn-	Avec	Synarchie, syndactylie
taxi- **taxo-** **-taxie**	Classification	Taxinomie, taxonomie, ataxie
térato-	Monstre	Tératogène, tératologie
tétra-	Quatre	Tétraèdre, tétralogie, tétrapode

thalasso-	Mer	Thalassothérapie, thalassotoque
thanato-	Mort	Thanatologie, thanatopraxie
théo- **-théisme** **-théiste**	Dieu	Théologie, monothéisme, polythéiste
therm(o)- **-therme** **-thermie** **-thermique**	Chaleur	Thermocollant, thermogène, thermolyse, isotherme, hypothermie, géothermique
-thymie	Affectivité, humeur	Cyclothymie, athymie, schizothymie
tomo- **-tome** **-tomie**	Section	Tomographie, dichotome, épisiotomie, lobotomie
xén(o)-	Étranger	Xénophile, xénophobe, xénélasie
xyl(o)-	Bois	Xylophone, xylographie, xylophage
zoo-	Animal	Zoologie, zoolâtre, zoogéographie

2. Latin

Éléments	Sens	Exemples
agri-	Champ	Agriculteur, agriculture
ambi-	Deux à la fois	Ambisexué, ambidextre
anté-/anti-	Avant	Antédiluvien, anténatal, antidate, antichambre
aqua-/aqui-	Eau	Aquacole, aquaculture, aquifère
belli-	Guerre	Belliqueux, belligérant, bellicisme
bi-/bis-	Élément indiquant le redoublement	Bipolaire, bibande, bisaïeul, bisannuel
bucc(o)-	Bouche	Buccodentaire, buccal
calor(i)-	Chaleur	Calorifère, calorimètre
carn(i)-	Chair	Carnivore, carnassier
-cide	Qui tue	Génocide, homicide, suicide
circon-/circum-	Autour	Circonspection, circumnavigation, circumterrestre
claustro-	Enfermement	Claustrophobe, claustrophobie
-cole	Qui concerne la culture, l'élevage ; qui habite	Agricole, horticole, ostréicole, viticole, arénicole
cruci-	Croix	Cruciforme, cruciverbiste, crucial
cunéi-	Coin	Cunéiforme
curv(i)-	Courbe	Curviligne, curvimètre
équi-	Égal	Équidistant, équilatéral, équinoxe
-fère	Qui porte, produit	Cuprifère, salifère, pétrolifère
ferr(o)-	Fer	Ferrociment, ferrocyanure, ferronickel
-fique	Qui produit, qui fait	Soporifique, bénéfique, maléfique
fong(i)- **fong(o)-**	Champignon	Fongicide, fongosité, fongueux
-fuge	Qui fuit, qui fait fuir	Transfuge, centrifuge, vermifuge, insectifuge
hélici-	Escargot	Héliciculteur, héliciculture
igni-	Feu	Ignifuge, ignipuncture
infra-	En dessous de	Infraliminal, infrason
intra-	Qui est à l'intérieur de	Intradermique, intracellulaire
lacrym(o)-	Larme	Lacrymogène, lacrymal
ligni-	Bois	Lignicole, se lignifier

melli-	Miel	Mellifère, mellite, melliflu
multi-	Nombreux	Multicoque, multimédia
-nihil-	Rien	Annihiler, nihiliste, annihilation
non(a)-	Neuf	Nonagénaire, nonantaine, nonagésime
oléi- **oléo-**	Olivier, huile	Oléiculture, oléomètre
omni-	Tout	Omniscience, omnipotent, omniprésence
ostréi-	Huître	Ostréicole, ostréiculture, ostréidés
pédi- **-pède**	Pied	Pédicure, bipède, quadrupède
pisci-	Poisson	Pisciculture, pisciforme
pluri-	Plusieurs	Pluridisciplinaire, plurilingue, pluriannuel
post-	Après	Postcure, postdater
pré-	Qui vient avant	Préhistoire, prénatal, prépubère
quadri- **quadru-**	Quatre	Quadrisyllabe, quadrilatère, quadrupède
quinqu(a)-	Cinq	Quinquagénaire, quinquennat
quint-	Cinquième, cinq	Quintuple, quintette
radio-	Rayons, radiations	Radioactif, radiologie
sacchari-	Sucre	Saccharifère, saccharifier, saccharimétrie
sax(i)-	Pierre, rocher	Saxifrage, saxicole, saxatile
sciss(i)-	Division	Scission, scissiparité, scissure
sérici-	Soie	Sériciculture, séricigène
sigillo-	Sceau	Sigillographie, sigillographique
soli-	Seul	Soliflore, soliloque, solipsisme
supra-	Au-dessus, au-delà	Supraterrestre, suprasensible
sylv(i)-	Forêt	Sylviculture, sylvicole, sylvestre
trans-	À travers, au-delà de	Transpercer, transandin, transalpin
ultra-	Au-delà de	Ultrason, ultrasensible
ungu(i)-	Ongle	Unguifère, unguéal
vice-	À la place de	Vice-amiral, vice-consul
vini-	Vin	Vinicole, vinification
viti-	Vigne	Viticole, viticulture
-vore	Qui mange	Herbivore, omnivore

Entraînement

❶ [Lille] Reliez l'affixe souligné dans les mots suivants à son sens :

1. <u>Ortho</u>phoniste	**a.** Science
2. Démo<u>cratie</u>	**b.** Étranger
3. Grapho<u>logie</u>	**c.** Droit
4. <u>Xéno</u>phobe	**d.** Sagesse
5. Philo<u>sophe</u>	**e.** Pouvoir, puissance

❷ [Lille] Rattachez chaque phobie à la peur irraisonnée qu'elle concerne :

1. Photophobie	**a.** Peur des animaux
2. Agoraphobie	**b.** Peur des lieux élevés
3. Éreuthophobie	**c.** Peur de la lumière
4. Zoophobie	**d.** Peur de l'espace
5. Acrophobie	**e.** Peur de rougir

❸ [Marseille] Quel mot n'est pas d'origine latine ?
a. requiem **b.** candidat **c.** canicule **d.** prétexte **e.** hécatombe

❹ [Marseille] Quel mot n'est pas d'origine grecque ?
a. anthologie **b.** anachorète **c.** album **d.** pylore **e.** presbytie

❺ [Marseille] Celui qui manifeste de l'aversion pour la gent humaine :
a. misogyne **b.** xénophobe **c.** misanthrope **d.** philanthrope **e.** héliotrope

❻ [Strasbourg] La médecine grecque a fourni aux langues occidentales un lexique très complet. Parmi les racines grecques qui suivent, lesquelles concernent le corps humain ?
a. cysto- **b.** herpéto- **c.** chondro- **d.** onycho- **e.** stomato-

❼ [Toulouse] De nombreux mots français ont des racines grecques. À quel mot se rattache chacun des formants grecs suivants ?

1. nephro
a. hiver **b.** rein **c.** nerf **d.** absence

2. poli
a. ville **b.** communication **c.** multitude **d.** minéral

3. potamo
a. récipient **b.** fleuve **c.** légume **d.** mur

4. cryo
a. chant **b.** dessin **c.** froid **d.** croyance

5. plouto
a. choix **b.** richesse **c.** chien **d.** précocité

❽ [Tours] Quels sont les mots à étymologie latine ?
a. pédicure **b.** polygone **c.** équitation **d.** politique **e.** podologue

Corrigé

❶ **1** c ; **2** e ; **3** a ; **4** b ; **5** d.

❷ **1** c ; **2** d ; **3** e ; **4** a ; **5** b.

❸ e. ❹ c. ❺ c. ❻ a, c, d et e. ❼ **1** b ; **2** a ; **3** b ; **4** c ; **5** b. ❽ a et c.

2 | Des termes essentiels

Voici 500 termes qu'il est important de connaître. Ils constituent une solide base de vocabulaire. Pour l'enrichir, intéressez-vous aux mots présentés en fin de définition. Ce sont soit des termes de la même famille, soit des termes de même sens que le mot défini. Cherchez-en des synonymes et allez, ainsi, de mot en mot…

A

Abhorrer (v.) — Avoir en horreur, haïr.
Cf. *abominer, exécrer, honnir, vomir.*

Abscons, onse (adj.) — Qui est difficilement compréhensible.
Cf. *abstrus, sibyllin, obscur, hermétique, nébuleux, ténébreux, ésotérique.*

Abstème (adj. et n.) — Qui, volontairement, ne boit pas d'alcool.
Cf. *abstinent, sobre.*

Abstrus, use (adj.) — Qui est difficile à comprendre.
Cf. *abscons, impénétrable.*

Acariâtre (adj.) — Qui a un caractère difficile, hargneux.
Cf. *acerbe, acrimonieux, agressif, aigre, atrabilaire.*

Acmé (n. m. ou f.) — Stade d'une maladie où les symptômes sont les plus marqués ; apogée.
Cf. *sommet, faîte, couronnement.*

Acrimonie (n. f.) — Maussaderie se manifestant par des paroles désagréables, mordantes.
Cf. *aigreur, acariâtreté, acerbité, âcreté.*

Admonester (v.) — Donner un avertissement à une personne en la menaçant d'une punition.
Cf. *réprimander, sermonner, tancer.*

Afféterie *ou* affèterie (n. f.) — Langage ou comportement dépourvu de naturel ; affectation, préciosité.
Cf. *simagrée, minauderie, maniérisme.*

Affûtiaux (n. m. pl.) — Outils ; petits objets de peu de valeur agrémentant la parure féminine.
Cf. *babiole, bagatelle, colifichet, fanfreluche, affiquet.*

Ahaner (v.) — Peiner ; respirer avec bruit durant un effort.

Aigrefin (n. m.) — Escroc, chevalier d'industrie.
Cf. *filou, fripon, voleur.*

Alacrité (n. f.)	Vivacité, entrain, enjouement. Cf. *gaieté, allégresse, allant.*
Alambiqué, ée (adj.)	Qui est incompréhensible à force de subtilité ; contourné. Cf. *affecté, sophistiqué, recherché, tarabiscoté, amphigourique.*
Aléatoire (adj.)	Incertain, hasardeux. Cf. *éventuel, arbitraire, aventureux, hypothétique, contingent, casuel, stochastique.*
Algarade (n. f.)	Assaut brusque, soudain ; altercation, querelle. Cf. *scène, sortie.*
Allégeance (n. f.)	Soulagement ; obligation de fidélité à son seigneur (Histoire).
Amazone (n. f.)	Femme au caractère guerrier, viril ; cavalière ; longue jupe de femme portée pour monter à cheval ; prostituée racolant en voiture.
Amble (n. m.)	Allure d'un quadrupède qui se meut en avançant simultanément les deux jambes droites puis les deux jambes gauches.
Amendement (n. m.)	Action de se corriger ; amélioration. Cf. *amender* ; *bonification.*
Aménité (n. f.)	Amabilité teintée de courtoisie ; au pl. : propos blessants. Cf. *amène* ; *affabilité, agrément, accortise, liant.*
Amphigouri (n. m.)	Écrit ou discours extrêmement compliqué, peu compréhensible. Cf. *galimatias, charabia.*
Anachorète (n. m.)	Religieux menant une vie solitaire et contemplative ; personne vivant de façon austère, vertueuse. Cf. *ermite, ascète.*
Anachronique (adj.)	Démodé, désuet, périmé. Cf. *archaïque, antique, antédiluvien.*
Anamnèse (n. f.)	Renseignements que fournit un sujet sur son passé, sa maladie ; prière de la messe faisant suite à l'élévation.
Anathème (n. m.)	Condamnation religieuse excluant de l'Église les adversaires de la foi catholique ; condamnation absolue, publique. Cf. *anathématiser* ; *excommunication.*
Ancillaire (adj.)	Qui se rapporte aux servantes (se dit surtout d'amours entre maîtres et servantes).
Annihiler (v.)	Réduire à néant, à rien. Cf. *anéantir, ruiner, abolir.*

Antédiluvien, ienne (adj.)	Qui est antérieur au déluge. Cf. *antique, désuet, suranné, séculaire, anachronique.*
Antépénultième (adj. et n. f.)	Qui est avant l'avant-dernier ; n. f. : antépénultième syllabe d'un mot.
Anthologie (n. f.)	Recueil de morceaux choisis. Cf. *florilège, chrestomathie, spicilège.*
Antienne (n. f.)	Verset chanté avant et après un psaume ; discours ressassé. Cf. *refrain, chanson, rengaine, ritournelle, leitmotiv, scie.*
Antipodisme (n. m.)	Acrobatie faite avec les pieds.
Apanage (n. m.)	Ce qui appartient en propre, est personnel à quelqu'un, quelque chose. Cf. *attribut, bien, propre, prérogative.*
Apocryphe (adj.)	Dont l'authenticité est contestable. Cf. *douteux, suspect, controuvé.*
Apogée (n. m.)	Point, degré le plus haut. Cf. *sommet, summum, apothéose, faîte, comble, zénith, pinacle, acmé.*
Aporie (n. f.)	Difficulté, rencontrée dans un raisonnement, qui est ou paraît sans solution (Logique).
Apostasie (n. f.)	Abjuration, reniement de sa foi. Cf. *désaveu, défection.*
Aquilin (adj. m.)	En forme de bec d'aigle, fin et courbé. Cf. *busqué, bourbon, bourbonien.*
Arbitraire (adj. et n. m.)	Qui dépend de la fantaisie, du caprice d'une personne. Cf. *injuste, tyrannique, dictatorial, absolu, gratuit.*
Arcane (n. m.)	Préparation mystérieuse des alchimistes.
Argus (n. m.)	Oiseau de l'ordre des gallinacés ; espion, surveillant ; publication spécialisée.
Argutie (n. f., généralt au pluriel)	Raisonnement pointilleux, exagérément subtil. Cf. *subtilité, chicane, chinoiserie, finasserie.*
Ascèse (n. f.)	Discipline de vie faite de privations, de méditation, etc., à laquelle on s'astreint pour atteindre la vertu. Cf. *ascétique.*
Assertion (n. f.)	Proposition soutenue comme vraie, affirmation.
Ataraxie (n. f.)	Sérénité parfaite de l'âme. Cf. *paix, quiétude, apathie.*
Atavisme (n. m.)	Résurgence, chez un descendant, de caractères ancestraux (Biologie).

Atrabilaire (adj.)	Se dit d'un tempérament, d'une humeur ou d'un caractère irritables, désagréables. Cf. *acariâtre, aigre, irascible, chagrin, sombre, taciturne, revêche, bilieux, acrimonieux, quinteux.*
Atticisme (n. m.)	Concision et élégance du langage ; délicatesse du goût.
Augure (n. m.)	Prêtre qui présageait l'avenir à partir de certains signes : orages, chants d'oiseaux, etc. (Antiquité) ; présage.
Auguste (adj. et n. m.)	Dont la solennité, la grandeur imposent le respect, la vénération ; type de clown. Cf. *imposant, solennel, digne, noble, majestueux,* vénérable.
Aurige (n. m.)	Conducteur de char, dans l'Antiquité.
Autochtone (adj. et n.)	Qui est originaire de la terre où il habite. Cf. *indigène, aborigène, natif, naturel.*
Avanie (n. f.)	Affront public, humiliation. Cf. *mortification, camouflet, soufflet.*
Avatar (n. m.)	Transformation. Cf. *métamorphose, réincarnation.*

B

Bacchanale (n. f.)	Au pl. : fêtes religieuses célébrant Bacchus (Histoire romaine) ; au sing. : débauche, orgie.
Bacchante (n. f.)	Femme attachée au culte de Bacchus ; (le plus souvent au pl.) moustache.
Badin, ine (adj. et n. m.)	Qui est d'une gaieté légère ; n. m. : anémomètre. Cf. *folâtre.*
Baguenauder (v.)	S'amuser à des choses frivoles, futiles. Cf. *baguenaude ; flâner, musarder, muser, batifoler.*
Baldaquin (n. m.)	Sorte de dais orné de rideaux, qui surmonte un lit, un trône, etc.
Benoît, oîte (adj.)	Béni, saint ; bon, doux ; aux manières doucereuses. Cf. *patelin, sournois, doucereux, chafouin, cafard, tartufe, sucré.*
Béotien, ienne (n. et adj.)	Personne maîtrisant mal un domaine ; qui est grossier, lourd. Cf. *fruste, rustre, barbare, obtus, épais, profane, philistin.*
Billevesée (n. f., surtout au pl.)	Sornette, baliverne. Cf. *fadaise, chanson, faribole, coquecigrue.*

Blasphème (n. m.)	Parole outrageant Dieu, une divinité, le sacré. Cf. *sacrilège, profanation.*
Boléro (n. m.)	Danse espagnole ; veste courte.
Boréal, ale, aux (adj.)	Qui est au nord. Cf. *arctique, septentrional.*
Boustrophédon (n. m.)	Écriture qui se lisait tour à tour de gauche à droite et de droite à gauche.
Brimborion (n. m.)	Objet ayant peu de valeur ; chose ou personne insignifiantes. Cf. *bagatelle, babiole, bricole, frivolité, futilité, rien.*
Butor (n. m.)	Échassier ; personne stupide et grossière. Cf. *mufle, rustre, balourd, goujat, malotru.*

C

Cabotin, ine (n.)	Mauvais acteur plein de fatuité ; m'as-tu-vu. Cf. *cabot, esbroufeur.*
Cachexie (n. f.)	État de maigreur extrême et de grande fatigue. Cf. *cachectique.*
Cacochyme (adj.)	Qui est faible, de constitution délicate. Cf. *maladif, malingre, débile, souffreteux, égrotant, valétudinaire.*
Calembredaine (n. f., souvent au pl.)	Parole futile et extravagante. Cf. *chanson, baliverne, fadaise, sornette.*
Callipyge (adj.)	Qui possède de belles fesses ; qui a de grosses fesses. Cf. *fessu, stéatopyge.*
Camériste (n. f.)	Femme de chambre. Cf. *camérière, chambrière.*
Capon, onne (adj. et n. ; n. m.)	Individu lâche, poltron ; n. m. : palan. Cf. *poltron, pusillanime, timoré, couard, pleutre.*
Captieux, ieuse (adj.)	Se dit d'une chose qui, sous une apparence de vérité, est de nature à tromper. Cf. *trompeur, fallacieux, spécieux, artificieux.*
Casuiste (n.)	Personne qui compose avec sa conscience ; individu qui parvient à justifier ses fautes et celles des autres en faisant preuve d'une subtilité exagérée. Cf. *hypocrite, jésuite, sophiste.*
Cathartique (adj.)	Qui purge, purifie. Cf. *laxatif, purgatif, purificatoire.*
Catilinaire (n. f.)	Philippique, discours plein de violence contre une personne. Cf. *réquisitoire, satire, diatribe.*

Caustique (adj. et n.) Qui est mordant, acide dans la moquerie ; qui détruit, ronge les tissus organiques.
Cf. *acerbe, incisif, virulent, railleur, satirique, piquant, amer, sarcastique, aigre, corrosif, acide, cuisant.*

Cauteleux, euse (adj.) Qui agit de façon craintive et rusée.
Cf. *rusé, sournois, hypocrite, perfide, retors, chafouin, patelin, tartufe, tortueux, matois, roué, madré.*

Cavalier, ière (adj. et n.) N. : celui ou celle qui accompagne une personne de l'autre sexe ; qui est excessivement familier, sans-gêne.
Cf. *insolent, impertinent, désinvolte, effronté, arrogant, inconvenant, leste.*

Célérité (n. f.) Rapidité, promptitude, empressement.
Cf. *hâte, vivacité, diligence, prestesse, zèle, vélocité.*

Cénobite (n. m.) Moine appartenant à une communauté.

Cénotaphe (n. m.) Monument construit en souvenir d'un mort dont il ne contient pas le corps.

Charisme (n. m.) Don exceptionnel qu'accorde l'Esprit saint à un individu, pour le bien de tous ; attrait exercé, sur un groupe, par une personnalité hors du commun.

Chimère (n. f.) Monstre mythologique au corps mi-lion, mi-chèvre, à queue de dragon ; illusion, utopie ; poisson ; hybride (Biologie).

Cicérone (n. m.) Personne présentant les curiosités d'un site à des touristes ; guide.
Cf. *cornac.*

Codicille (n. m.) Clause ajoutée à un testament, qui le complète, le modifie ou l'annule.

Coercition (n. f.) Fait de contraindre une personne à faire quelque chose.

Collation (n. f.) Repas frugal, léger ; comparaison de textes pour vérifier leur conformité.
Cf. *collationnement, vérification, confrontation.*

Colossal, ale, aux (adj.) Gigantesque, immense.
Cf. *monumental, faramineux, monstrueux, titanesque, cyclopéen.*

Comminatoire (adj.) Qui est menaçant.
Cf. *inquiétant, fulminant.*

Compassé, ée (adj.) Qui est affecté, dépourvu de naturel.
Cf. *maniéré, guindé, cérémonieux, apprêté, gourmé, étudié, empesé, bridé, contraint.*

Compendieux, ieuse (adj.) Qui est formulé brièvement.
Cf. *court, rapide, concis, succinct, abrégé, laconique, ramassé, sommaire, lapidaire.*

Componction (n. f.) — Gravité forcée, affectée ; douleur d'avoir déplu à Dieu en péchant.
Cf. *remords, repentir, contrition, résipiscence.*

Concomitant, ante (adj.) — Qui arrive en même temps qu'un autre fait ; qui se produisent simultanément.
Cf. *simultané, coexistant, coïncident.*

Consomption (n. f.) — Fait de se consumer, d'être consumé ; affaiblissement et amaigrissement progressifs de l'organisme qui accompagnent certaines maladies graves.
Cf. *langueur, étisie.*

Conspuer (v.) — Manifester bruyamment et collectivement son hostilité contre quelqu'un ou quelque chose.
Cf. *vilipender, honnir, huer.*

Contempteur, trice (n.) — Personne ayant du mépris, du dédain pour quelqu'un, quelque chose.
Cf. *critique, dénigreur, détracteur, censeur, zoïle.*

Contention (n. f.) — Fait d'immobiliser des malades mentaux par des ceintures, des camisoles de force, etc. ; application, attention, concentration.

Continence (n. f.) — Abstinence des plaisirs charnels.
Cf. *continent* ; *vertu, sobriété, tempérance, chasteté, abstinence, ascétisme, mortification.*

Contingent, ente (adj. et n. m.) — Qui peut se produire ou ne pas se produire, secondaire, accessoire ; n. m. : effectif des hommes accomplissant leur service militaire.
Cf. *éventuel, occasionnel, aléatoire, fortuit, casuel.*

Contondant, ante (adj.) — Qui meurtrit les chairs, mais ne les coupe pas (se dit d'un objet). Antonymes : *coupant, tranchant.*

Contourné, ée (adj.) — Qui forme des courbes ; qui est affecté, compliqué (se dit surtout d'un style).
Cf. *alambiqué, recherché, tarabiscoté.*

Contrit, ite (adj.) — Qui est honteux, se repent.
Cf. *contrition* ; *penaud, chagrin, marri, mortifié, pénitent.*

Controuvé, ée (adj.) — Qui est inventé, inexact.
Cf. *faux, mensonger, fabriqué, forgé, apocryphe.*

Coquecigrue (n. f.) — Baliverne, calembredaine, sornette.
Cf. *chanson, billevesée.*

Corollaire (n. m.) — Conséquence.

Coruscant, ante (adj.) — Brillant.
Cf. *flambant.*

Coryza (n. m.) — Rhume de cerveau.
Cf. *catarrhe.*

Crucial, iale, iaux (adj.) Qui a la forme d'une croix ; qui est très important, décisif.
Cf. *cruciforme* ; *essentiel, capital, critique, délicat, vital.*

Cynégétique (adj. et n. f.) Qui concerne la chasse ; art de la chasse.

Cynique (adj.) Qui défie effrontément la morale, les bons usages.
Cf. *immoral, effronté, insolent, choquant, impudent, leste, obscène, débauché.*

D

Débilitant, ante (adj.) Qui rend faible, sur le plan physique ou moral.

Débonnaire (adj.) D'une bonté quelque peu excessive ; qui endure les infidélités de son conjoint.
Cf. *complaisant, accommodant, indulgent, coulant, bonhomme.*

Déférent (adj.) Qui porte à l'extérieur ; respectueux.
Cf. *révérencieux.*

Dégingandé, ée (adj.) Qui a quelque chose de disloqué, de désarticulé dans sa démarche.
Cf. *disloqué, difforme.*

Délétère (adj.) Toxique, nocif.
Cf. *nuisible, néfaste, malsain, malfaisant, maléfique.*

Démiurge (n. m.) Personne qui crée un monde, une œuvre de grande envergure.

Déréliction (n. f.) État d'une personne se sentant abandonnée.

Désuet, ète (adj.) Suranné, démodé, dépassé.
Cf. *désuétude* ; *antique, archaïque, rococo.*

Dévot, ote (adj. et n.) Qui est très attaché à la religion ; qui révèle de la dévotion ; qui manifeste une piété excessive, hypocrite.
Cf. *pieux, bigot, cagot, tartufe, cafard.*

Diatribe (n. f.) Critique virulente.
Cf. *satire, pamphlet, philippique, catilinaire, factum, libelle, éreintement.*

Didactique (n. f. et adj.) Science qui étudie les méthodes d'enseignement ; qui concerne l'enseignement.

Dilatoire (adj.) Qui tend à retarder un jugement ; qui vise à gagner du temps, à différer une chose.
Cf. *évasif.*

Dilection (n. f.) Amour pur, teinté de spiritualité.

Dispendieux, ieuse (adj.) Coûteux, onéreux.
Cf. *cher, ruineux, inabordable, exorbitant.*

Dissolu, ue (adj.) — Débauché, dépravé.
Cf. *dévergondé, immoral, libertin, orgiaque, dévoyé.*

Dithyrambique (adj.) — Relatif au dithyrambe ; qui loue de façon exagérée.
Cf. *élogieux, apologique, laudatif, louangeur.*

Docimologie (n. f.) — Science ayant pour objet les examens, les concours, les tests.

Docte (adj.) — Qui est savant, possède de larges connaissances.
Cf. *érudit, instruit.*

Douairière (n. f.) — Vieille femme du monde hautaine, solennelle.

Draconien, ienne (adj.) — Qui est d'une rigueur excessive, d'une extrême sévérité.
Cf. *dur, sévère, strict, inflexible, inexorable, drastique, cruel.*

Drastique (adj.) — Se dit d'un remède, d'un purgatif, qui a un effet très énergique ; rigoureux, contraignant, sévère.
Cf. *purgatif, hydragogue* ; *strict, draconien.*

E

Échalas (n. m.) — Piquet de bois que l'on utilise pour soutenir un arbuste ou un cep de vigne ; individu grand et maigre.
Cf. *tuteur* ; *escogriffe, échassier.*

Éclectique (adj.) — Qui sait apprécier des choses ou des personnes très différentes.
Antonymes : *exclusif, sectaire.*

Écholalie (n. f.) — Répétition automatique des propos, des fins de phrases de son interlocuteur (Médecine).

Effigie (n. f.) — Reproduction d'un visage sur une médaille, une monnaie.

Égérie (n. f.) — Inspiratrice, muse, conseillère.
Cf. *amante, guide.*

Égrotant, ante (adj.) — Maladif, valétudinaire.
Cf. *souffrant, souffreteux, cacochyme, débile.*

Électuaire (n. m.) — Préparation pharmaceutique de consistance molle, pâteuse.

Émétique (adj. et n. m.) — Qui fait vomir.
Cf. *émétiser, émétisant* ; *vomitif.*

Emphatique (adj.) — Pompeux, ampoulé, déclamatoire.
Cf. *guindé, affecté, grandiloquent, boursouflé.*

Empyrée (n. m.) — Partie du ciel la plus haute, habitée par les dieux (Mythologie antique).

Émule (n.) — Individu cherchant à égaler, à surpasser une autre personne.

Enchifrené, ée (adj.) Enrhumé.

Endémie (n. f.) Maladie sévissant constamment dans une zone géographique.

Entomologie (n. f.) Étude des insectes.
Cf. *entomologiste.*

Entregent (n. m.) Habileté à se créer des relations utiles.
Cf. *doigté, tact, diplomatie.*

Épaufrer (v.) Écorner une pierre, abîmer ses angles.

Épigone (n.) Imitateur, successeur.
Cf. *disciple, héritier, élève, suiveur.*

Épistémologie (n. f.) Étude philosophique des principes, des méthodes et de la valeur des sciences.

Éponyme (adj.) Qui donne son nom (à un lieu, à une œuvre, à une tribu, à une dynastie, etc.).

Ergoter (v.) Pinailler, chicaner.
Cf. *épiloguer, ratiociner, chipoter, discutailler, vétiller, chinoiser, pérorer.*

Escobar (n. m.) Hypocrite qui accorde ses intérêts et sa conscience en transigeant avec cette dernière.
Cf. *fourbe, sournois, tartufe.*

Esbroufe (n. f.) Air avantageux que l'on se donne pour impressionner autrui.
Cf. *embarras, bluff, chiqué, ostentation, cabotinage, parade, fla-fla.*

Escogriffe (n. m.) Homme de grande taille dégingandé.
Cf. *échalas.*

Ésotérique (adj.) Qui est destiné uniquement à des personnes initiées.
Cf. *énigmatique, obscur, abscons, abstrus, sibyllin, ténébreux, nébuleux, hermétique, cabalistique, occulte.*

Eupeptique (adj. et n. m.) Qui aide à digérer.
Cf. *digestif.*

Exacerbation (n. f.) Brève aggravation des symptômes d'une maladie.
Cf. *accès, intensification, recrudescence, exaspération.*

Excorier (v.) Écorcher de façon superficielle.
Cf. *égratigner, érafler.*

Exécrer (v.) Abhorrer, haïr.
Cf. *exécration* ; *détester, rejeter, abominer, vomir.*

Exergue (n. m.) Espace laissé sur une médaille pour qu'y soit portée une inscription.
Cf. *épigraphe.*

Exhaustif, ive (adj.) Qui traite à fond une question, un sujet, une matière.

F

Faconde (n. f.) — Facilité, abondance de paroles.
Cf. *éloquence, loquacité, prolixité, verbosité, bagou.*

Factieux, ieuse (adj. et n.) — Qui fomente une opposition violente contre le pouvoir établi.
Cf. *insurgé, rebelle, révolutionnaire, séditieux, mutin, conjuré.*

Fantoche (n. m.) — Marionnette actionnée à l'aide de fils ; personne insignifiante qui se laisse gouverner par autrui.
Cf. *pantin, polichinelle, soliveau.*

Félibre (n. m.) — Écrivain de langue d'oc.

Feudiste (n.) — Spécialiste en droit féodal.

Fiduciaire (adj. et n.) — Se dit, en économie, des valeurs fondées uniquement sur la confiance faite à leur émetteur.
Cf. *conventionnel.*

Fieffé, ée (adj.) — Se dit d'une personne qui est pourvue d'un fief ; se dit d'un bien, d'un domaine, d'un droit donné en fief ; se dit d'un individu qui possède un défaut au plus haut degré.
Cf. *parfait, achevé, consommé.*

Flagornerie (n. f.) — Flatterie servile.
Cf. *flagorner* ; *obséquiosité, adulation, pommade.*

Flandrin (n. m.) — Grand homme emprunté, gauche.
Cf. *dadais.*

Flibustier (n. m.) — Pirate ; escroc, aventurier.
Cf. *forban, corsaire, boucanier, filou.*

Florilège (n. m.) — Recueil formé de pièces, de poésies choisies.
Cf. *anthologie, chrestomathie, spicilège, analectes.*

Folâtre (adj.) — Qui est enjoué, d'une gaieté légère.
Cf. *folâtrer, badin, guilleret.*

Fomenter (v.) — Susciter (une discorde, un complot, une sédition, etc.).

Forclore (v.) — Exclure.
Cf. *débouter, déchoir, éliminer.*

Fredaine (n. f., surtout au pl.) — Écart de conduite (habituellement dans le domaine sentimental) très légèrement condamné, considéré avec indulgence.
Cf. *folie, incartade, frasque.*

Freluquet (n. m.) — Jeune homme mince et frêle ; individu prétentieux et frivole.
Cf. *avorton, gringalet, godelureau, mirliflore.*

Fuligineux, euse (adj.) — Qui évoque la suie, qui en produit ; qui manque de clarté.
Cf. *sombre, obscur, noir, noirâtre, nébuleux, fumeux, ténébreux.*

G

Galimatias (n. m.)	Charabia, amphigouri. Cf. *jargon, baragouin, argot, patois, sabir, tortillage.*
Gandin (n. m.)	Jeune homme qu'une élégance affectée rend assez ridicule. Cf. *dandy, gommeux, mirliflore.*
Gauloiserie (n. f.)	Parole leste, crue ou licencieuse, graveleuse. Cf. *gaudriole, grivoiserie, polissonnerie, gaillardise, paillardise.*
Géhenne (n. f.)	L'enfer ; torture. Cf. *supplice, calvaire, gêne, martyre.*
Glabre (adj.)	Qui n'a pas de poils. Cf. *imberbe, lisse, nu.*
Glauque (adj.)	Qui est d'un vert bleuté ; lugubre, malsain, louche.
Glose (n. f.)	Note ajoutée à un texte pour clarifier un passage hermétique ; critique, commentaire désobligeant. Cf. *gloser* ; *scolie.*
Glossolalie (n. f.)	Charisme consistant en un don des langues (Religion).
Godelureau (n. m.)	Jeune homme aux manières affectées qui cherche à plaire aux femmes, à les séduire. Cf. *galant, freluquet.*
Gravide (adj.)	Qui contient un embryon. Cf. *gravidique, gravidité, gestante.*
Grimoire (n. m.)	Livre des sorciers, des magiciens ; écrit qu'on ne peut déchiffrer, qu'on ne peut comprendre. Cf. *barbouillage, griffonnage, hiéroglyphe.*
Grivois, oise (adj.)	Qui est osé ; qui est d'une gaieté libre, licencieuse. Cf. *égrillard, obscène, leste, gaulois, graveleux, salé, épicé, cru, gaillard, libertin.*
Gueulard (adj. et n. ; n. m.)	Gourmand ; qui a coutume de parler d'une voix très forte ; n. m. : porte-voix utilisé par les marins ; n. m. : ouverture d'un haut fourneau, par où on charge le minerai.
Guilleret, ette (adj.)	Qui est joyeux, d'une gaieté insouciante. Cf. *gaillard, leste, sémillant, fringant, folâtre, badin.*
Gynécée (n. m.)	Dans l'Antiquité grecque, appartement réservé aux femmes ; pistil. Cf. *harem, sérail.*

H

Hâbleur, euse (n. et adj.)	Fanfaron, vantard, faiseur. Cf. *esbroufeur, bravache, matamore, rodomont, fier-à-bras, tranche-montagne, capitan.*
Hagiographie (n. f.)	Biographie des saints ; biographie embellissant la vie racontée.
Halieutique (adj. et n. f.)	Qui se rapporte à la pêche ; art de la pêche.
Harangue (n. f.)	Discours fait devant une assemblée. Cf. *allocution, laïus, speech.*
Harde (n. f.)	Troupe de cerfs ou d'autres bêtes sauvages ; lien utilisé pour attacher ensemble quatre ou six chiens (Vénerie) ; hardes (n. f. pl.) : vêtements fatigués, haillons.
Haridelle (n. f.)	Mauvais cheval efflanqué ; femme grande et maigre. Cf. *rosse, carne, rossinante, carcan.*
Harpie (n. f.)	Monstre mythologique mi-femme, mi-oiseau de proie ; personne cupide ; femme acariâtre ; rapace d'Amérique du Sud. Cf. *mégère, virago, furie, chameau.*
Hâve (adj.)	Qui est pâle et maigre. Cf. *livide, blême, blafard, exsangue, terreux, cireux, plombé, maigre, décharné, émacié, étique.*
Hécatombe (n. f.)	Sacrifice de cent bœufs, dans l'Antiquité ; massacre d'un nombre important de personnes. Cf. *carnage, boucherie.*
Hédonisme (n. m.)	Doctrine philosophique faisant du plaisir le bien suprême.
Herméneutique (adj. et n. f.)	Qui se rapporte à l'interprétation de textes religieux ou philosophiques.
Hétéroclite (adj.)	Qui est formé d'éléments disparates. Cf. *hétérogène, panaché, composite.*
Heuristique ***ou*** **euristique** (adj. et n. f.)	Qui est utile à la découverte.
Hiératique (adj.)	Qui paraît imposé par une tradition sacrée, par un rite. Cf. *majestueux, solennel, figé, olympien.*
Histrion (n. m.)	Comédien qui jouait des farces grossières. Cf. *baladin, bouffon.*
Hobereau (n. m.)	Petit faucon ; gentilhomme vivant à la campagne.
Homélie (n. f.)	Commentaire d'un extrait de l'Évangile ; discours moralisant, moralisateur. Cf. *sermon, prêche, semonce, harangue.*

Honnir (v.) — Désigner une personne ou une chose comme méprisable.
Cf. *vilipender, abhorrer, conspuer, vouer aux gémonies.*

Horion (n. m., généralt au pl.) — Coup violent porté à quelqu'un.

Hourvari (n. m.) — Sonnerie de trompe ou cri des chasseurs destinés à ramener les chiens qui sont tombés en défaut ; grand tumulte, agitation.
Cf. *tohu-bohu, tintamarre, ramdam, charivari.*

Hymen (n. m.) — Mariage.
Cf. *hyménée, noce.*

I

Iatrogène ***ou*** **iatrogénique** (adj.) — Qui est occasionné par un traitement médical (se dit d'une maladie).

Idoine (adj.) — Qui convient parfaitement, exactement.
Cf. *propre, approprié, adéquat, ad hoc.*

Ignare (adj.) — Qui est extrêmement ignorant.
Cf. *inculte, analphabète, illettré, incompétent, incapable.*

Ignominie (n. f.) — Action infamante, déshonorante.
Cf. *infamie, bassesse, déshonneur, indignité, turpitude.*

Ilote ***ou*** **hilote** (n.) — Individu assujetti, que l'on maintient dans l'ignorance, dans la misère.
Cf. *serf, béotien.*

Imberbe (adj.) — Qui est sans barbe, dont la barbe n'a pas encore poussé.
Cf. *glabre, lisse, nu.*

Imbu, ue (adj.) — Qui est imprégné d'opinions, de sentiments.
Cf. *pétri.*

Immémorial, iale, iaux (adj.) — Qui date d'une époque extrêmement éloignée.
Cf. *antique, séculaire, ancestral.*

Impavide (adj.) — Qui ne connaît pas la peur ; qui ne manifeste aucune peur.

Impécunieux, ieuse (adj.) — Qui souffre d'une absence d'argent.
Cf. *désargenté, besogneux, nécessiteux.*

Impéritie (n. f.) — Incapacité, incompétence.
Cf. *ignorance, inaptitude, inexpérience, inhabileté.*

Impétrant, ante (n.) — Personne obtenant un titre, un diplôme.
Cf. *lauréat, récipiendaire.*

Imposition (n. f.) — Fait d'imposer, de commander ; fait de poser (les mains) sur quelqu'un (Liturgie).

Imprécation (n. f.) — Malédiction, exécration.
Cf. *blasphème, anathème.*

Impudence (n. f.) — Impudeur ; insolence extrême, cynisme.
Cf. *effronterie, hardiesse, aplomb, toupet.*

Incoercible (adj.) — Que l'on ne peut pas retenir, réprimer.
Cf. *irrépressible, irrésistible, fou.*

Incommensurable (adj.) — Qui est extrêmement grand.
Cf. *immense, démesuré, gigantesque.*

Incunable (adj. et n. m.) — Qui date du début de l'imprimerie.

Incurie (n. f.) — Manque de soin.
Cf. *négligence, laisser-aller, abandon, insouciance.*

Indigence (n. f.) — Misère, grande pauvreté.
Cf. *indigent* ; *besoin, dénuement, privation, pénurie, disette.*

Ineffable (adj.) — Dont l'évocation fait inévitablement rire ; que l'on ne peut pas exprimer avec des mots.
Cf. *indicible, indescriptible, inexprimable, extraordinaire, inouï.*

Inextricable (adj.) — Qui ne peut pas être démêlé ; extrêmement embrouillé.
Cf. *enchevêtré, confus, obscur, sibyllin, nébuleux, ténébreux, indébrouillable.*

Infatuation (n. f.) — Contentement de soi, fatuité.
Cf. *infatué, fat* ; *orgueil, prétention, vanité, suffisance, superbe, outrecuidance.*

Inféodé, ée (adj.) — Qui est soumis.
Cf. *vassal.*

Influenza (n. f.) — Grippe.
Cf. *catarrhe.*

Ingambe (adj.) — Alerte ; valide.
Cf. *leste, vif, allègre, fringant, sémillant, gaillard.*

Ingénu, ue (adj.) — Qui est naïf, innocent ; se disait, en droit romain, d'une personne née libre.
Cf. *candide, simple, pur, blanc, chaste.*

Inhérent, ente (adj.) — Qui, par essence, appartient à une chose, à une personne.

Inique (adj.) — Qui est extrêmement injuste.
Cf. *inéquitable, partial, illégitime, calomnieux.*

Injonction (n. f.) — Ordre clairement exprimé ; sommation.
Cf. *commandement, ultimatum, intimation.*

Invétéré, ée (adj.) — Qui est ainsi depuis longtemps.
Cf. *incorrigible, incurable, endurci, impénitent.*

Ire (n. f.) — Colère.
Cf. *courroux.*

Irrévérence (n. f.) — Manque de respect, de révérence.
Cf. *impertinence, insolence, incorrection, désinvolture, inconvenance, grossièreté.*

J

Jubilé (n. m.) — Fête célébrant la cinquantième année de pratique d'une activité.

K

Kyrielle (n. f.) — Très longue suite de paroles ; longue suite de personnes ou de choses.
Cf. *ribambelle, chapelet, pléiade, litanie, grêle, cascade, avalanche.*

L

Laconique (adj.) — Qui s'exprime ou est exprimé en peu de mots, de manière concise.
Cf. *succinct, compendieux, lapidaire.*

Ladre (n. et adj.) — Lépreux ; qui a des larves de ténia dans les muscles ou sous la langue (se dit du porc, du bœuf) ; avare.
Cf. *ladrerie.*

Lapidaire (adj. et n.) — Qui a trait aux pierres ; qui est particulièrement concis.
Cf. *laconique, compendieux.*

Larron (n. m.) — Voleur, brigand.
Cf. *escroc, filou, fripon.*

Lascif, ive (adj.) — Qui incite à la volupté, fait naître le désir.
Cf. *sensuel, luxurieux, lubrique, libidineux.*

Latent, ente (adj.) — Qui reste caché, sommeille.
Cf. *secret, sous-jacent, occulte, larvé, dormant.*

Laudateur, trice (n.) — Personne qui loue, fait l'éloge de quelqu'un ou de quelque chose.
Cf. *louangeur, panégyriste, zélateur, thuriféraire, apologiste.*

Lauré, ée (adj.) — Qui est orné de laurier.

Laudatif, ive (adj.) — Qui loue.
Cf. *élogieux, flatteur, dithyrambique, louangeur, laudateur.*

Laxisme (n. m.) — Tendance exagérée à la tolérance.

Lazzi (n. m.) — Raillerie, plaisanterie mordante.
Cf. *brocard, quolibet, sarcasme, trait.*

Lénifiant, ante (adj.) — Qui apaise.
Cf. *lénitif, calmant, adoucissant, sédatif, narcotique.*

Léonin, ine (adj.) Qui fait songer au lion ; se dit d'un partage injuste.
Cf. *abusif, excessif.*

Lésine (n. f.) Action d'épargner sordidement, de faire des économies sur les plus petites choses.
Cf. *lésinerie, lésiner* ; *avarice, ladrerie, pingrerie.*

Leste (adj.) Qui se meut avec souplesse, légèreté ; qui va à l'encontre des bonnes mœurs, de la pudeur.
Cf. *licencieux, libertin, polisson, grivois, égrillard, libre, léger, gaillard, graveleux, gaulois, cru, vert, salé.*

Létal, ale, aux (adj.) Qui cause la mort.
Cf. *fatal, mortel.*

Liard (n. m.) Ancienne monnaie française valant un quart de sou ; peuplier noir.

Libéral, ale, aux (adj. et n.) Qui favorise les libertés individuelles ; qui donne sans compter.
Cf. *libéralité* ; *ouvert, tolérant, philanthrope* ; *large, généreux, prodigue.*

Libelle (n. m.) Bref écrit satirique, diffamant, offensant.
Cf. *pamphlet, satire, diatribe, épigramme, factum, pasquinade.*

Licencieux, ieuse (adj.) Qui est contraire à la pudeur, à la décence.
Cf. *grivois, égrillard, leste, libre, gaulois, graveleux, salé, cru, épicé, libertin, gaillard, vert, gras.*

Limbe (n. m.) Bord externe d'un astre.

Limon (n. m.) Citron ; boue fine et fertile que les eaux déposent au fond des fleuves et sur les berges.
Cf. *lime* ; *dépôt, vase, fange.*

Litanie (n. f.) Au pl. : prière formée par des invocations à Dieu que dit le célébrant et auxquelles répond l'assistance ; répétition longue et lassante de plaintes, de demandes, etc.
Cf. *ribambelle, chapelet, kyrielle, revue.*

Logorrhée (n. f.) Flot intarissable de propos futiles ; discours d'un orateur diffus.
Cf. *faconde, logomachie.*

Loquacité (n. f.) Tendance à parler abondamment ; volubilité, faconde.
Cf. *loquace.*

Lupanar (n. m.) Maison de prostitution.

M

Mafflu, ue (adj.) Aux grosses joues.
Cf. *joufflu, plein.*

Maïeutique (n. f.) — Art d'accoucher les esprits dont usait Socrate.
Cf. *maïeuticien.*

Malandrin (n. m.) — Brigand ; vaurien, voyou.
Cf. *bandit, truand, canaille, aigrefin, forban, routier.*

Malingre (adj.) — Se dit d'une personne frêle, chétive.
Cf. *maladif, fragile, souffreteux, cacochyme.*

Manitou (n. m.) — Esprit bon ou malfaisant, dans certaines croyances indiennes ; personnage puissant.
Cf. *sommité, ponte, mandarin.*

Manne (n. f.) — Nourriture miraculeuse que Dieu envoya aux Hébreux dans le désert ; nourriture inespérée, providentielle ; substance sucrée qu'exsudent certains végétaux ; grand panier en osier.

Mansuétude (n. f.) — État d'esprit qui dispose au pardon, à l'indulgence, à la douceur.
Cf. *charité, bénignité, longanimité.*

Mantique (n. f.) — Art de deviner l'avenir.
Cf. *divination, mancie.*

Marasme (n. m.) — Diminution d'activité, stagnation ; champignon.
Cf. *torpeur, léthargie.*

Marmoréen, enne (adj.) — Qui a l'aspect du marbre.
Cf. *impassible, froid, glacial, olympien.*

Melliflu, ue *ou* melliflue (adj.) — Qui distille du miel ; qui a la suavité, la douceur du miel.
Cf. *sucré, doucereux, patelin, sirupeux.*

Méphitique (adj.) — Dont l'odeur est infecte et/ou toxique.
Cf. *nauséabond, fétide, pestilentiel.*

Mercantile (adj.) — Qui se rapporte au commerce ; cupide, animé par un désir d'argent.
Cf. *vénal, marchand.*

Métempsychose *ou* métempsycose (n. f.) — Migration de l'âme d'un corps dans un autre (humain, animal ou végétal).
Cf. *réincarnation, transmigration.*

Météorisme (n. m.) — Gonflement abdominal produit par les gaz gastro-intestinaux.
Cf. *météorisation, ballonnement, tympanisme.*

Miasme (n. m.) — Émanation fétide se dégageant de matières en décomposition.

Mielleux, euse (adj.) — Qui a l'odeur, la saveur, la douceur, la couleur du miel ; d'une douceur affectée, hypocrite.
Cf. *doucereux, patelin, sournois, tartufe, papelard, onctueux, cauteleux.*

Mirliflore (n. m.) — Jeune prétentieux qui tire vanité de son élégance, qui cherche à retenir l'attention.
Cf. *gandin, gommeux.*

Morgue (n. f.) Attitude orgueilleuse et méprisante, arrogante.
Cf. *suffisance, outrecuidance, superbe, hauteur.*

Morigéner (v.) Élever, éduquer ; réprimander.
Cf. *sermonner, tancer, admonester, chapitrer, gourmander, attraper, fustiger.*

Muser (v.) Perdre son temps, musarder ; être en rut (se dit d'un cerf).
Cf. *flâner, lambiner, lanterner, fainéanter, baguenauder.*

Myrmidon ***ou*** **mirmidon** (n. m.) Petit homme ; personne peu importante.
Cf. *avorton.*

N

Népotisme (n. m.) Comportement d'un individu haut placé qui profite de son influence, de son crédit, pour accorder des faveurs à sa famille.

Nervi (n. m.) Individu qui exécute, pour autrui, des tâches répréhensibles ; tueur.
Cf. *homme de main, sbire, fripouille.*

Nicodème (n. m.) Homme niais, nigaud.

Nubile (adj.) Qui est en âge d'être marié ; qui est formé, pubère.
Cf. *mariable.*

Nycthémère (n. m.) Période de 24 heures se composant d'un jour et d'une nuit.

O

Obituaire (adj. et n. m.) Qui se rapporte au décès ; n. m. : livre où sont notés les noms des défunts pour lesquels doit être célébré un service religieux.

Objurgation (n. f.) Parole visant à convaincre quelqu'un de ne pas agir comme il projette de le faire.
Cf. *reproche, remontrance, avertissement, blâme, semonce.*

Oblation (n. f.) Fait d'offrir quelque chose à Dieu.
Cf. *offrande, don, sacrifice.*

Oblong, ongue (adj.) Dont la longueur est supérieure à la largeur.
Cf. *allongé, long, ovale.*

Obole (n. f.) Don de peu d'importance ; ancienne monnaie de cuivre équivalant à un demi-denier.
Cf. *aumône, maravédis.*

Obscène (adj.)	Qui porte atteinte à la pudeur. Cf. *licencieux, grivois, égrillard, ordurier, salé, graveleux, lascif, gras, gaulois, lubrique.*
Obsécration (n. f.)	Prière, supplication, adressée à Dieu (ou aux hommes, au nom de Dieu). Cf. *adjuration, déprécation, incantation.*
Obséquieux, ieuse (adj.)	Qui est exagérément poli et attentionné. Cf. *obséquiosité ; servile, flatteur, flagorneur, caudataire, rampant, serf.*
Obsolète (adj.)	Qui n'est plus employé. Cf. *obsolescence ; vieux, vieillot, vieilli, désuet, démodé, suranné, archaïque, périmé, anachronique.*
Obtus, use (adj.)	Qui est émoussé ; qui comprend difficilement, lentement. Cf. *épais, béotien.*
Obvier (v.)	Parer à une éventualité désagréable. Cf. *éviter, prévenir, remédier, pallier.*
Occire (v.)	Tuer. Cf. *pourfendre, égorger.*
Oiseux, euse (adj.)	Oisif ; qui est inutile, dépourvu d'intérêt. Cf. *inactif, paresseux ; futile, superflu, vain, stérile, byzantin.*
Olibrius (n. m.)	Fanfaron, bravache ; individu se rendant ridicule par un comportement extravagant, bizarre. Cf. *hâbleur, rodomont ; phénomène.*
Onéreux, euse (adj.)	Coûteux, dispendieux. Cf. *ruineux, exorbitant, inabordable.*
Opiner (v.)	Donner son opinion, exprimer son avis ; opiner à = consentir à. Cf. *accepter, acquiescer, approuver, adhérer.*
Oracle (n. m.)	Réponse d'une divinité aux hommes qui la questionnaient (Antiquité).
Oraison (n. f.)	Prière ; discours. Cf. *harangue.*
Osmose (n. f.)	Influence réciproque.
Ostentation (n. f.)	Étalage d'un avantage ; comportement de qui veut être remarqué. Cf. *affectation, vanité, parade, fanfaronnade, montre.*
Ostracisme (n. m.)	Mise à l'écart d'une personne par un groupe. Cf. *expulsion, bannissement, éviction, exil, proscription, excommunication.*
Outrecuidance (n. f.)	Confiance démesurée en soi-même. Cf. *outrecuidant ; orgueil, arrogance, vanité, présomption, suffisance, fatuité, infatuation, superbe, morgue.*

P

Paillardise (n. f.) — Débauche ; propos grivois ; conduite témoignant d'une sensualité brutale, grossière.
Cf. *lasciveté, lubricité, gauloiserie, gaillardise.*

Palanquin (n. m.) — En Orient, chaise ou litière portée par des hommes ou posée sur le dos d'un animal.

Palefroi (n. m.) — Au Moyen Âge, cheval de cérémonie.

Palimpseste (n. m.) — Parchemin manuscrit que l'on a gratté pour écrire un nouveau texte.

Paltoquet (n. m.) — Personnage grossier ; individu insignifiant et insolent, prétentieux.
Cf. *foutriquet, jean-foutre.*

Pâmoison (n. f.) — Évanouissement, défaillance.
Cf. *malaise, syncope.*

Pamphlet (n. m.) — Brève satire ; écrit contre un individu, une institution, une religion, etc.
Cf. *diatribe, brocard, libelle, factum, trait.*

Panacée (n. f.) — Ce à quoi on attribue le pouvoir de guérir tous les maux.
Cf. *remède, antidote, catholicon.*

Pandémie (n. f.) — Épidémie touchant toute la population d'une très vaste zone géographique.

Pandémonium (n. m.) — Lieu où sévissent désordre et corruption.

Panégyrique (n. m.) — Discours, écrit à la louange d'une personne.
Cf. *éloge, louange, apologie, plaidoyer, glorification, dithyrambe.*

Panthéisme (n. m.) — Doctrine qui identifie l'univers et Dieu, d'après laquelle tout fait partie de Dieu.

Papelard, arde (n. et adj., n. m.) — Faux dévot ; individu faux, sournois ; qui est empreint de fausseté, d'hypocrisie ; n. m. : papier, écrit.
Cf. *patelin, tartufe, doucereux, mielleux, chattemite.*

Parangon (n. m.) — Modèle ; marbre noir.
Cf. *un parangon de vertu.*

Parcimonieux, ieuse (adj.) — Qui est très économe, voire mesquin.
Cf. *avare, pingre, chiche, regardant, serré, juste, avaricieux.*

Parégorique (adj. et n. m.) — Qui calme, apaise la douleur.
Cf. *calmant, antalgique, sédatif, narcotique.*

Parentèle (n. f.) — Ensemble que forment les parents d'un individu.
Cf. *parenté.*

Paroxysme (n. m.) — Degré le plus haut.
Cf. *comble, sommet, summum, exacerbation.*

Pasquinade (n. f.) — Raillerie grossière, bouffonne.
Cf. *bouffonnerie, pantalonnade.*

Pastoral, ale, aux (adj. et n. f.) — Qui a trait aux pasteurs, aux bergers ; œuvre littéraire ayant pour thème les bergers et leurs amours.
Cf. *pastoureau* ; *agreste*, *bucolique*, *champêtre* ; *bergerie*, *églogue*, *idylle*.

Patelin (adj. et n. m.) — n. m. : village de peu d'importance ; qui cherche à séduire par une amabilité, une douceur, affectée.
Cf. *trou* ; *hypocrite*, *tartufe*, *chafouin*.

Patent, ente (adj.) — Qui est évident, incontestable.
Cf. *manifeste*, *flagrant*, *notoire*.

Paterne (adj.) — Paternel ; qui est d'une bienveillance, d'une bonhomie, doucereuse.
Cf. *doux*, *bon*, *doucereux*, *onctueux*, *sucré*.

Peccadille (n. f.) — Faute vénielle, petit péché.
Cf. *erreur*, *manquement*, *incartade*.

Pensum (n. m.) — Travail supplémentaire que l'on impose à un élève en guise de punition ; travail ennuyeux que l'on fait à regret.
Cf. *corvée*.

Perclus, use (adj.) — Impotent ; paralysé par une sensation, un sentiment.
Cf. *engourdi*, *ankylosé*, *gourd*, *pétrifié*, *sidéré*, *médusé*.

Pérégrination (n. f.) — Voyage dans des contrées lointaines ; au pl. : déplacements continuels.

Péremptoire (adj.) — Qui ne souffre aucune objection, aucune discussion.
Cf. *catégorique*, *décisif*, *tranchant*, *magistral*, *dogmatique*, *cassant*, *coupant*, *impératif*, *despotique*.

Pérennité (n. f.) — Qualité de ce qui dure très longtemps, toujours.
Cf. *pérenne*, *permanence*, *éternité*, *perpétuité*.

Périgée (n. m.) — Point de l'orbite d'un astre le plus près de la Terre.
Cf. *apside*.

Péronnelle (n. f.) — Jeune fille ou femme sotte et bavarde.
Cf. *pécore*.

Persifler (v.) — Ridiculiser quelqu'un avec une aménité affectée, feinte ; railler.
Cf. *brocarder*, *blasonner*.

Pertinent, ente (adj.) — Qui concerne exactement ce dont il s'agit ; qui est judicieux.

Pestilentiel, ielle (adj.) — Qui exhale une odeur nauséabonde, infecte.
Cf. *pestilence*.

Pharisien, ienne (n.) — Personne qui n'a que l'apparence de la vertu ; personne qui, croyant incarner la vertu, juge durement autrui.
Cf. *hypocrite*, *tartufe*, *cagot*, *cafard*.

Philippique (n. f.) Discours virulent prononcé contre quelqu'un.
Cf. *satire*, *diatribe*, *catilinaire*.

Philistin (n. m. et adj. m.) Personne à l'esprit grossier, insensible aux arts, aux nouveautés.
Cf. *bourgeois*, *béotien*, *vulgaire*, *trivial*, *profane*.

Philologie (n. f.) Science ayant pour objet les œuvres littéraires, leur élaboration, leur authenticité, les liens qui les unissent à leur auteur, etc.

Phtisie (n. f.) Consomption ; tuberculose pulmonaire.
Cf. *étisie*.

Phylactère (n. m.) Bulle de bande dessinée.

Pie-grièche (n. f.) Passereau ; femme criarde, acariâtre, querelleuse.
Cf. *mégère*, *pimbêche*, *pécore*.

Plagiat (n. m.) Copie, pillage d'une œuvre.
Cf. *imitation*, *emprunt*, *contrefaçon*.

Plèbe (n. f.) Masse populaire, foule ; populace, bas peuple.
Cf. *peuple*, *vulgaire*, *commun*, *tourbe*.

Pléthore (n. f.) Surabondance.
Cf. *pléthorique* ; *profusion*, *excès*, *surplus*, *surcharge*, *engorgement*.

Pleutre (adj. et n. m.) Caractère d'un homme dépourvu de courage.
Cf. *lâche*, *peureux*, *timoré*, *pusillanime*, *couard*, *capon*, *veule*.

Policer (v.) Affiner les mœurs d'une société, d'une personne ; civiliser.
Cf. *polir*, *adoucir*, *éduquer*.

Polichinelle (n. m.) Personne de la Comédie italienne ; personne aimant faire rire autrui ; individu ridicule ; homme versatile.
Cf. *clown*, *guignol*, *bouffon*, *fantoche*, *girouette*.

Ponceau (n. m. et adj.) Coquelicot ; qui a la couleur du coquelicot : rouge vif ; colorant rouge vif ; petit pont.

Poncif (n. m.) Dessin piqué de trous que l'on reproduit en passant dessus une ponce ; idée, expression dépourvue d'originalité.
Cf. *cliché*, *stéréotype*, *truisme*, *topique*, *vieille lune*.

Pourceau (n. m.) Porc, cochon ; individu jouissant des plaisirs des sens plus que de raison.
Cf. *jouisseur*, *épicurien*, *sybarite*.

Pourfendre (v.) Fendre quelque chose dans sa totalité ; attaquer, malmener.

Prêche (n. m.) Sermon fait par un ministre protestant ; sermon fait par un prêtre catholique ; discours moralisant, moralisateur.

Présomption (n. f.) Opinion reposant uniquement sur des indices ; opinion trop flatteuse qu'une personne a d'elle-même.
Cf. *supposition, conjecture* ; *outrecuidance, superbe, vanité, infatuation, fatuité.*

Preux (adj. m. et n. m.) Vaillant, valeureux.
Cf. *brave, courageux, héroïque.*

Prévarication (n. f.) Manquement aux devoirs de sa charge par intérêt ou mauvaise foi.
Cf. *prévaricateur, prévariquer* ; *concussion, malversation, exaction.*

Primesautier, ière (adj.) Qui agit sans réflexion préalable, spontanément.
Cf. *spontané, vif, fringant, sémillant.*

Probe (adj.) Qui respecte les devoirs qu'imposent la justice, l'honnêteté.
Cf. *probité* ; *honnête, intègre, vertueux.*

Procrastination (n. f.) Tendance à ajourner, à reporter au jour suivant.
Cf. *ajournement, atermoiement.*

Prodrome (n. m.) Préface, introduction ; symptôme annonçant une maladie.
Cf. *prélude, préambule, prolégomènes.*

Prohibition (n. f.) Action d'interdire légalement.
Cf. *défense, censure, proscription.*

Prolixe (adj.) Qui est bavard, verbeux.
Cf. *loquace, volubile, diffus, redondant.*

Propédeutique (n. f.) Enseignement préparant à des études plus poussées.

Propension (n. f.) Tendance naturelle entraînant une personne vers un objet, un comportement.
Cf. *penchant, disposition, inclination.*

Prophylaxie (n. f.) Mesures adoptées pour prévenir ou enrayer une maladie.
Cf. *assainissement, antisepsie, asepsie, prévention.*

Prosaïque (adj.) Qui est terre à terre, commun, dépourvu de poésie.
Cf. *ordinaire, banal, trivial, terne, plat, vulgaire.*

Prosélytisme (n. m.) Zèle mis à propager la foi, à rallier des individus à une doctrine, à une opinion.
Cf. *apostolat, propagation, propagande.*

Psalmodie (n. f.) Art de chanter ou de réciter les psaumes ; façon monotone de dire ou d'écrire.
Cf. *psalmodier* ; *monotonie.*

Psittacisme (n. m.) Fait de répéter les paroles d'autrui, sans même en comprendre le sens.
Cf. *répétition.*

Pugnace (adj.) Qui est combatif, opiniâtre.
Cf. *batailleur, belliqueux.*

Puîné, ée (adj. et n.) Cadet.

Puritain, aine (adj. et n.) Qui affiche un rigorisme moral.
Cf. *sévère, austère, rigide, ascétique, prude, chaste, pudibond, sectaire, janséniste.*

Pusillanime (adj.) Qui est lâche, qui redoute les responsabilités.
Cf. *timoré, pleutre, couard, capon.*

Pythie (n. f.) Devineresse, prophétesse.
Cf. *prêtresse, sibylle, pythonisse.*

Q

Quinquet (n. m.) Lampe à huile ; œil.
Cf. *lumignon, fumignon, veilleuse.*

Quintessence (n. f.) Le meilleur de quelque chose.
Cf. *substance, essence, suc, moelle, entité.*

Quolibet (n. m.) Plaisanterie, raillerie.
Cf. *brocard, lazzi, sarcasme, pointe, pique.*

R

Raout (n. m.) Réunion mondaine, réception.
Cf. *fête, cérémonie, soirée.*

Rastaquouère (n. m. et adj.) Individu, généralement étranger, évoluant dans un luxe ostentatoire qui est suspect.
Cf. *intrigant, maraud, étranger.*

Ratiocination (n. f.) Raisonnement oiseux, excessivement subtil.
Cf. *ratiociner ; raisonnement.*

Ravauder (v.) Repriser à l'aiguille, raccommoder (de vieux vêtements).
Cf. *rapiécer, réparer, rafistoler, retaper, rapetasser, rentraire.*

Récipiendaire (n.) Personne recevant un diplôme universitaire.
Cf. *bénéficiaire, impétrant.*

Récurrent, ente (adj.) Qui se répète, se reproduit.
Cf. *répétitif, itératif, récursif.*

Rédhibitoire (adj.) Qui constitue un empêchement, qui présente un défaut inacceptable.
Cf. *bloquant, contraignant, gênant.*

Reître (n. m.) Soldat, personnage brutal et grossier.
Cf. *cavalier, soudard, mercenaire.*

Renégat, ate (n.) Personne ayant renié ses convictions, sa patrie, son parti.
Cf. *traître, déserteur, transfuge, félon, parjure, apostat.*

Résipiscence (n. f.) Regret d'une faute accompagné d'un amendement.
Cf. *repentir, remords, pénitence, contrition, componction, attrition.*

Réticule (n. m.) Petit sac à main, à mailles fines ; filet enveloppant les cheveux (espèce de résille).
Cf. *réticulaire* ; *aumônière.*

Retors, torse (adj. et n. m.) Qui a été retordu à plusieurs reprises ; crochu, recourbé ; rusé.
Cf. *cauteleux, finaud, captieux, artificieux, madré, matois, roué, chafouin, tortueux.*

Révérence (n. f.) Inclination du buste faite en guise de salut ; très grand respect.
Cf. *courbette* ; *vénération, hommage, estime, considération.*

Roboratif, ive (adj.) Qui fortifie, redonne des forces.
Cf. *fortifiant, vivifiant, tonique.*

Rodomont (n. m.) Fanfaron.
Cf. *bravache, hâbleur, matamore, pourfendeur, olibrius.*

Rogomme (n. m.) Liqueur forte.
Cf. *une voix de rogomme* ; *ratafia.*

Rogue (adj. et n. f.) Adj. : arrogant, dédaigneux, hautain ; n. f. : œufs de poisson utilisés pour appâter la sardine.

Rombière (n. f.) Vieille femme présomptueuse et ridicule.
Cf. *mégère, harengère, virago.*

Rosière (n. f.) Jeune fille qui a reçu un prix de vertu (une couronne de roses) ; jeune fille vertueuse.

Rossinante (n. f.) Cheval efflanqué, maigre, à l'aspect pitoyable.
Cf. *rosse, haridelle.*

Roturier, ière (adj. et n.) Qui n'est pas noble.
Cf. *vulgaire, bas, plébéien, trivial, manant, serf, vilain.*

Rubicond, onde (adj.) Qui est très rouge (se dit généralement de la face, du visage).
Cf. *rougeaud, vermeil.*

S

Sagacité (n. f.) Qualité d'un esprit pénétrant, fin.
Cf. *sagace* ; *perspicacité.*

Saillie (n. f.) Élan ; trait d'esprit inattendu, particulièrement spirituel ; accouplement ; partie d'une construction qui forme une avancée.

Salmigondis (n. m.) Ragoût de viande ; mélange hétéroclite.
Cf. *salmis, ragoût.*

Salubre (adj.)	Qui est propice à la santé. Cf. *sain, salutaire.*
Sapide (adj.)	Qui a de la saveur, du goût. Cf. *mangeable.*
Satisfecit (n. m. inv.)	Billet témoignant de la satisfaction d'un enseignant ; compliment, approbation. Cf. *récompense.*
Satrape (n. m.)	Gouverneur de province, dans la Perse antique ; personne très riche ayant un train de vie élevé ; personnage despotique. Cf. *nabab.*
Sbire (n. m.)	Agent de police italien (au Moyen Âge, à la Renaissance) ; nervi, tueur à gages. Cf. *policier, alguazil ; assassin.*
Scorie (n. f., rare au sing.)	Déchet. Cf. *résidu, cendre, laitier, ordure.*
Séculaire (adj.)	Qui date d'un ou de plusieurs siècles. Cf. *antique, centenaire, millénaire, immémorial, antédiluvien, ancestral, vénérable.*
Sédition (n. f.)	Révolte, insurrection. Cf. *séditieux ; émeute, rébellion, agitation, soulèvement, mutinerie, faction, putsch.*
Ségrégation (n. f.)	Action de séparer d'un ensemble. Cf. *séparation, discrimination.*
Sémillant, ante (adj.)	Qui est très vif, d'une vivacité enjouée. Cf. *ardent, fringant, alerte, allègre, guilleret, pétillant.*
Semonce (n. f.)	Réprimande, admonestation. Cf. *reproche, remontrance, blâme, réquisitoire, avertissement, objurgation, mercuriale.*
Sénestre *ou* senestre (adj.)	Gauche. (à sénestre : à gauche).
Septentrion (n. m.)	Le nord. Cf. *septentrional.*
Sibilant, ante (adj.)	Qui a un son strident, sifflant (Médecine). Cf. *striduleux.*
Sibylle (n. f.)	Prophétesse, devineresse (Antiquité). Cf. *voyante, magicienne, pythie, pythonisse.*
Sibyllin, ine (adj.)	Qui est difficilement compréhensible. Cf. *obscur, abscons, abstrus, ténébreux, fumeux, filandreux, nébuleux, hermétique, ésotérique, cabalistique, amphigourique.*
Simagrée (n. f., surtout au pl.)	Chichi, minauderie. Cf. *affectation, comédie, singerie, grimace, façon, mine.*

Simonie (n. f.) — Trafic de choses saintes, spirituelles.
Cf. *commerce, malversation.*

Simulacre (n. m.) — Image ; semblant.
Cf. *apparence, représentation, feinte, hypocrisie, mensonge, vernis.*

Sinécure (n. f.) — Emploi où l'on n'a rien ou presque rien à faire ; situation de tout repos.
Cf. *planque, filon, fromage.*

Sommité (n. f.) — Personne remarquable par sa science, son talent ; partie terminale d'une plante, d'une tige.
Cf. *personnalité, ponte, mandarin, huile, pontife.*

Somptuaire (adj.) — Qui règle les dépenses, les restreint ; d'un luxe inutile, excessif.
Cf. *voluptuaire.*

Soporifique (adj. et n. m.) — Qui endort ; qui ennuie.
Cf. *somnifère, narcotique* ; *endormant, rasoir.*

Sourcilleux, euse (adj.) — Sévère, hautain ; pointilleux.
Cf. *susceptible, minutieux, tatillon, maniaque, exigeant, ombrageux, chatouilleux, délicat.*

Spécieux, ieuse (adj.) — Dont l'apparence de vérité est trompeuse.
Cf. *hypocrite, fallacieux, captieux, tartufe.*

Stentor (n. m.) — Homme à la voix retentissante, forte.
Cf. *une voix de stentor.*

Stigmatiser (v.) — Marquer le corps d'une personne en guise de châtiment ; critiquer quelqu'un durement et de façon publique.
Cf. *blâmer, flétrir, tancer, vitupérer, fustiger, anathématiser.*

Stipendier (v.) — Payer quelqu'un pour qu'il accomplisse de viles besognes.
Cf. *acheter, corrompre, soudoyer.*

Stupre (n. m.) — Débauche humiliante, honteuse.
Cf. *vice, luxure, turpitude, licence.*

Subsidiaire (adj.) — Secondaire, annexe, accessoire.
Cf. *mineur, auxiliaire, marginal, contingent.*

Suaire (n. m.) — Linceul.

Suborner (v.) — Pousser une personne à agir contre son devoir.
Cf. *corrompre, soudoyer, acheter, séduire, gagner.*

Succédané (n. m.) — Produit capable d'en remplacer un autre.
Cf. *ersatz, substitut.*

Superfétatoire (adj.) — Qui est superflu.
Cf. *accessoire, inutile, adventice.*

Suppôt (n. m.) — Personne qui en secondait une autre (Histoire) ; fidèle d'une personne ou d'une cause nocive.
Cf. *partisan, complice, séide, sectateur.*

Supputer (v.)	Évaluer (par un calcul). Cf. *compter, peser, jauger.*
Suranné, ée (adj.)	Qui n'est plus employé. Cf. *démodé, désuet, rococo, caduc, antédiluvien, obsolète, gothique, préhistorique.*
Sustentation (n. f.)	Action de nourrir.
Sybarite (n. et adj.)	Personne recherchant les plaisirs sensuels ; jouisseur. Cf. *débauché, libertin, épicurien, viveur, noceur.*
Sycophante (n. m.)	Dénonciateur, délateur. Cf. *espion, mouchard.*
Sylphide (n. f.)	Génie de l'air féminin (Mythologie) ; femme légère, pleine de grâce. Cf. *sylphe, nymphe.*
Syzygie (n. f.)	Opposition ou conjonction de la Lune (et, de façon plus générale, d'une planète) avec le Soleil.

T

Tancer (v.)	Réprimander, admonester. Cf. *sermonner, corriger, gourmander, morigéner, chapitrer, stigmatiser, fustiger, censurer.*
Tarauder (v.)	Percer ; tourmenter. Cf. *forer* ; *turlupiner.*
Thaumaturge (adj. et n. m.)	Qui fait ou prétend faire des miracles. Cf. *magicien, sorcier, fakir, marabout.*
Thuriféraire (n. m.)	Personne chargée de porter l'encensoir lors de cérémonies ; encenseur, laudateur, flagorneur. Cf. *louangeur, panégyriste.*
Tocade *ou* **toquade** (n. f.)	Enthousiasme vif et subit, souvent éphémère, pour une chose ou une personne. Cf. *caprice, folie, lubie, passade, marotte.*
Trouvère (n. m.)	Au Moyen Âge, poète et jongleur de langue d'oïl.
Truchement (n. m.)	Personne servant d'intermédiaire. Cf. *interprète, porte-parole, traducteur.*
Truculence (n. f.)	Caractère de ce qui est haut en couleur, excessif, pittoresque. Cf. *gauloiserie, gaillardise, paillardise, verdeur.*
Truisme (n. m.)	Vérité évidente, banale. Cf. *cliché, platitude, poncif, lapalissade, tautologie, topique.*

U

Ubiquité (n. f.)	Aptitude à être présent partout, ou au moins en deux endroits, à un même moment. Cf. *omniprésence.*

V

Valétudinaire (adj. et n.)	Qui est de santé fragile. Cf. *maladif, cacochyme, égrotant.*
Velléité (n. f.)	Volonté fragile, fugace, non mise à exécution. Cf. *velléitaire.*
Vélocité (n. f.)	Rapidité importante, célérité ; rapidité importante dans la manière de jouer d'un instrument de musique. Cf. *virtuosité.*
Véniel, ielle (adj.)	Se dit d'une faute pardonnable. Cf. *bénin, rémissible.*
Vernaculaire (adj.)	Qui est propre à un pays ; nom vernaculaire : nom courant, vulgaire (d'une plante ou d'un animal).
Vésanie (n. f.)	Folie. Cf. *aliénation.*
Vestige (n. m., surtout au pl.)	Ce qui subsiste de quelque chose de disparu, de détruit. Cf. *souvenir, trace, marque, stigmate, reliquat.*
Vétille (n. f.)	Chose futile. Cf. *bagatelle, rien, babiole, broutille, misère, bricole, baliverne.*
Veule (adj.)	Qui manque de volonté, d'énergie, de force, de courage. Cf. *mou, apathique, indolent, lymphatique, amorphe, lâche, pleutre.*
Viatique (n. m.)	Argent, provisions que l'on donne à un voyageur ; communion donnée à un mourant ; soutien, atout. Cf. *secours, extrême-onction.*
Vicissitude (n. f.)	Changement, révolution, succession ; au pl. : faits heureux et/ou malheureux se produisant au cours d'une vie. Cf. *tribulation, mésaventure, revers, aléa.*
Viduité (n. f.)	État d'une personne qui est veuve, veuvage ; abandon, isolement, solitude.
Vilipender (v.)	Désigner comme vil, méprisable. Cf. *déprécier, dénigrer, salir, discréditer.*

Vitupérer (v.) — Blâmer violemment.
Cf. *condamner, stigmatiser, tancer, flétrir, pester, fustiger, vilipender, fulminer, anathématiser.*

Volubile (adj.) — Se dit de la tige d'une plante qui vient s'enrouler autour d'un support ; se dit des personnes qui parlent abondamment et rapidement.
Cf. *loquace, prolixe, verbeux, verveux.*

Z

Zélateur, trice (n.) — Partisan plein de zèle ; religieux veillant sur les novices.
Cf. *apôtre, prosélyte, sectateur, émule.*

Zoïle (n. m.) — Critique envieux et malveillant.
Cf. *censeur, contempteur, détracteur.*

Entraînement

1 [Marseille] *Gabegie* signifie :
a. impôt sur le sel
b. forme imposée d'un objet
c. désordre consécutif à une gestion malhonnête ou défectueuse
d. affront public
e. marin chargé de la surveillance à bord d'un navire

2 [Marseille] C'est une avanie, ce qui lui est arrivé. *Avanie* signifie :
a. catastrophe b. affront c. malheur d. humiliation e. chance

3 [Nantes] Choisissez la proposition qui vous paraît convenir.
1. ataraxie
a. désordre du mouvement
b. manque de délicatesse
c. absence de trouble
d. empaillage des animaux
e. diminution de poids
2. parangon
a. opium camphré
b. modèle
c. pèlerin
d. exemple à ne pas suivre
e. dignitaire
3. iconoclaste
a. admirateur
b. copiste
c. peintre orthodoxe
d. destructeur d'images
e. image pieuse
4. pléthore
a. plénitude
b. action vile
c. petite quantité
d. champignon
e. surabondance

4 [Nice] La prophylaxie est :
a. un moyen de contraception
b. une méthode de prévention des maladies
c. une technique boursière
d. une façon de se comporter en public

❺ [Nice] *Éponyme* signifie :
a. qui change de nom
b. qui porte le même nom
c. qui donne son nom à quelqu'un ou quelque chose
d. qui n'aime pas son nom

❻ [Paris] Dans la série ci-après, chaque mot en majuscules est suivi de quatre ou cinq mots. Désignez éventuellement parmi ces derniers, le ou les mots dont le sens est le plus proche (synonyme). En cas d'impossibilité, utilisez la cinquième réponse : ARNC.

1. QRM - OPPROBRE
a. abjection **b.** opposition **c.** turpitude **d.** avilissement **e.** sujétion

2. QRM - ÉSOTÉRIQUE
a. égrillard **b.** sibyllin **c.** abscons **d.** hermétique **e.** grivois

3. QRU - COMMINATOIRE
a. menaçant **b.** légal **c.** miséricordieux **d.** représentant **e.** ARNC

4. QRM - COLLATION
a. comparaison **b.** adhérence **c.** confrontation **d.** en-cas **e.** lien

5. QRU - AQUILIN
a. veule **b.** maritime **c.** busqué **d.** liquide **e.** ARNC

6. QRU - SUBORNER
a. décorer **b.** commander **c.** détourner **d.** soudoyer **e.** ARNC

❼ [Poitiers] Une hagiographie est :
a. la rédaction de la vie d'un saint
b. un livre d'aventures
c. une écriture en majuscules
d. une biographie écrite par un témoin oculaire
e. la rédaction d'une plaidoirie

❽ [Poitiers] Une aporie est :
a. un pas de danse
b. une parole mémorable ayant valeur de maxime
c. un rongeur proche de la gerbille
d. une difficulté d'un raisonnement paraissant sans issue
e. une maladie mentale

Corrigé

❶ **c.** ❷ **b** et **d.** ❸ **1 c** ; **2 b** ; **3 d** ; **4 e.** ❹ **b.** ❺ **c.** ❻ **1 a, c** et **d** ; **2 b, c** et **d** ; **3 a** ; **4 a, c** et **d** ; **5 c** ; **6 d.** ❼ **a.** ❽ **d.**

3 | Figures de style et autres faits de langue

Voici des termes qui ont été proposés en concours. Ils désignent des figures de style, des mots particuliers, l'étude de certains noms, des formules figées ou encore des poèmes : tous ont trait à la langue.

A

Acronyme (n. m.) Sigle qui se lit comme un terme ordinaire.
Exemples : ONU, SAMU, SMIC, PACS, SIDA.

Acrostiche (n. m.) Poème dont les initiales de chaque vers constituent un mot lorsqu'elles sont lues verticalement.

Adage (n. m.) Maxime à caractère pratique ou juridique.
Exemples : Nul n'est censé ignorer la loi. Qui aime bien châtie bien.
(Ce terme désigne aussi des mouvements de danse effectués sur le rythme d'un adagio, c'est-à-dire effectués lentement.)

Alexandrin (n. m.) Vers de douze syllabes.
Exemple : « Je le vis, je rougis, je pâlis à sa vue. » (Racine)

Allitération (n. f.) Répétition de consonnes.
Exemple : « Pour qui sont ces serpents qui sifflent sur vos têtes ? » (Racine)

Amphibologie (n. f.) Ambiguïté d'une phrase ; double interprétation à laquelle cette dernière se prête.
Exemple : Le petit élève la lance. (*Élève* et *lance* peuvent être noms ou verbes.)

Amuïssement (n. m.) Fait de n'être plus prononcé (Phonétique).

Anacoluthe (n. f.) Brusque changement dans la construction d'une phrase.
Exemple : « Exilé sur le sol au milieu des huées, / Ses ailes de géant l'empêchent de marcher. » (Baudelaire)

Anagramme (n. f.) Mot obtenu en changeant l'ordre des lettres d'un premier terme.
Exemples : (parisien) aspirine ; (affluer) farfelu ; (robinet) obtenir.

Anaphore (n. f.) Répétition d'un mot, d'un groupe de mots, au début de différentes phrases ou au début de différents membres de phrase.

L'anaphore désigne aussi, en grammaire, le rappel, la reprise d'un mot, d'une phrase ou d'une partie d'un texte. On appelle *anaphore fidèle* la reprise d'un nom avec seul changement du déterminant.

Exemple : J'ai acheté une écharpe. *Cette écharpe* est bleue.

On appelle *anaphore verbale* la reprise, par le verbe *faire*, d'un groupe verbal antérieur.

Exemple : Il lit plus que je ne *faisais* à son âge.

On appelle *anaphore conceptuelle* ou *résomptive* (ou *anaphore résumante*), le fait de résumer une phrase, un paragraphe ou une partie d'un texte antérieur, en un syntagme.

Exemple : Il y a une dizaine d'années, ils ont divorcé dans des conditions très douloureuses. *Cet événement* a bouleversé leur vie.

Anastrophe (n. f.) — Changement de l'ordre habituel des mots.

Exemples : tambour battant ; me voici.

Anthroponymie (n. f.) — Étude des noms de personnes. L'anthroponymie est l'une des branches de l'onomastique.

Antiphrase (n. f.) — Figure de rhétorique consistant à utiliser un mot, une locution ou une phrase, en lui donnant un sens contraire à son véritable sens. On emploie généralement une antiphrase par ironie, par euphémisme ou bien par crainte.

Exemples : C'est du beau travail ! Cela commence bien !

Antonomase (n. f.) — Procédé consistant à employer un nom propre à la place d'un nom commun ou, inversement, un nom commun à la place d'un nom propre.

Exemples : un cicéron (pour un orateur disert), la Voix (pour Maria Callas), un mécène, une rossinante, un tartufe, un zoïle.

Antonyme (n. m.) — Mot qui a un sens strictement opposé à celui d'un autre terme.

Exemples : méchant/amène ; rapide/lent ; tard/tôt.

Aphérèse (n. f.) — Chute d'une ou de plusieurs lettres en début de mot.

Exemples : blème (pour problème), Ricain (pour Américain), bus (pour autobus).

Aphorisme (n. m.) — Formule résumant l'essentiel d'une question, d'une doctrine ; formule rendant compte d'un fait couramment observé.

Exemple : À chacun selon son mérite.

Apocope (n. f.) — Chute d'une ou de plusieurs lettres en fin de mot.

Exemples : télé (pour télévision), clim (pour climatisation), dermato (pour dermatologue), prof (pour professeur).

Apologue (n. m.) Court récit illustrant une leçon de morale.

Apophtegme (n. m.) Parole d'une personne illustre jugée digne d'être mémorisée, régulièrement citée.
Exemple : « Les orateurs élèvent la voix quand ils manquent d'arguments. » (Cicéron)

Aptonyme (n. m.) Nom de famille étroitement lié au métier de la personne qui le porte.
Exemples : Benjamin Millepied (danseur et chorégraphe) ; Édith Cresson (ministre de l'Agriculture).

Archaïsme (n. m.) Mot ou tour employé alors qu'il est suranné.
Exemples : moult, férir.

Assonance (n. f.) Répétition de voyelles, répétition d'un son vocalique.
Exemple : « Je fais souvent ce rêve étrange et pénétrant. » (Verlaine)

Asyndète (n. f.) Non-emploi de termes de liaison entre deux mots ou entre deux groupes de mots.
Exemples : « Je suis venu, j'ai vu, j'ai vaincu. » (César)
Bon gré, mal gré.

B

Barbarisme (n. m.) Usage fautif d'un mot qui n'existe pas ; ce mot.
Exemples : infractus, omnubiler, aéropage, rassénérer.

Blason (n. m.) Poème qui décrit précisément un être ou un objet, le loue ou l'attaque.

C

Calembour (n. m.) Jeu d'esprit fondé sur des termes qui se prononcent de la même façon ou presque.
Exemple : « Bière qui coule n'amasse pas mousse. » (Hugo)

Calligramme (n. m.) Poème dont les vers représentent graphiquement l'objet évoqué par le texte. Cf. *Calligrammes* d'Apollinaire.

Catachrèse (n. f.) Métaphore dont le sens figuré n'est plus perçu comme tel.
Exemple : le pied d'un verre.

Cataphore (n. f.) Mot ou syntagme annonçant un ou plusieurs autres termes. Un mot est cataphorique quand il annonce ce qui vient après dans le contexte.

Exemple : Écoute bien ceci : « Nous ne sortirons pas tant que tu n'auras pas rangé ta chambre. » (*Ceci* est une anaphore.)

Césure (n. f.) Pause que l'on fait, dans un vers, après une syllabe accentuée.

Chiasme (n. m.) Figure de style consistant en un croisement des termes employés.
Exemple : « Il faut *manger* pour vivre
Et non pas vivre pour *manger.* » (Molière)

Circonlocution (n. f.) Manière de s'exprimer en usant de détours.

Clausule (n. f.) Membre final d'un vers, d'une période oratoire ou bien d'une strophe.

Contrepèterie (n. f.) Permutation des lettres d'un groupe de mots produisant un sens nouveau, comique ou grivois.
Exemple : Le vieil artisan tisse en plusieurs passes (pour Le vieil artisan pisse en plusieurs tasses).

D

Diérèse (n. f.) Prononciation séparant en deux syllabes deux voyelles qui, dans un même mot, se suivent.
Exemples : plier ; caïque (diérèse signalée par le tréma).
Antonyme : *synérèse.*

Diphtongue (n. f.) Voyelle qui subit un changement de timbre au cours de son émission.

Distique (n. m.) Ensemble de deux vers formant une unité sémantique, ayant un sens complet.
Exemple : « Dans le vieux parc solitaire et glacé, / Deux formes ont tout à l'heure passé. » (Verlaine)

Doublet (n. m.) Se dit de mots qui ont la même étymologie, mais une forme et un sens différents.
Exemples : sécurité et *sûreté* ; *hôpital* et *hôtel.*

E

Églogue (n. f.) Petit poème pastoral.

Élégie (n. f.) Poème lyrique au ton triste, plaintif. Cf. *élégiaque.*

Ellipse (n. f.) Omission d'un ou de plusieurs termes dans un énoncé qui n'en demeure pas moins parfaitement compréhensible.
Exemple : Elle aime le bleu, son frère le vert.

Épenthèse (n. f.) — Apparition, dans un mot, d'une lettre ou d'une syllabe non liées à l'étymologie.
Exemple : épenthèse d'un *b* dans *chambre* qui vient de *camera.*

Épigramme (n. f.) — Poème satirique ou poème finissant par un trait satirique ; mot d'esprit, trait caustique.

Épilogue (n. m.)
Cf. *péroraison.* — Conclusion d'un discours, d'un ouvrage littéraire.

Épithalame (n. m.) — Poème écrit à l'occasion d'un mariage, pour honorer les nouveaux époux.

Euphémisme (n. m.) — Figure de mots consistant à édulcorer l'expression de sa pensée pour ne pas choquer.
Exemples : non-voyant (pour aveugle), fort (pour gros).

Exorde (n. m.) — Partie initiale d'un discours. Cf. *préambule, introduction, préface, prologue.*

G

Gémination (n. f.) — Répétition d'une lettre ou d'une syllabe.
Exemple : guéguerre.

Glossaire (n. m.) — Dictionnaire définissant des termes difficiles, anciens ou spécialisés.

Gradation (n. f.) — Figure consistant à juxtaposer des mots de force décroissante ou croissante.
Exemple : Il connaîtra bientôt le bonheur, la félicité, la béatitude !

H

Hapax *ou* apax (n. m.) — Mot, expression n'apparaissant qu'une fois dans un corpus ou à une époque donnée.

Hémistiche (n. m.) — Moitié d'un vers (alexandrin) coupé par une césure. L'hémistiche d'un alexandrin est formé de six syllabes.

Hétéronyme (n. m. et adj.) — Mot qui a le même hyperonyme qu'un autre terme, mais qui n'est ni un synonyme, ni un antonyme de cet autre terme. *Cigale* et *bourdon* sont des termes hétéronymes : ils ont le même hyperonyme *insecte,* mais ne sont ni des synonymes, ni des antonymes.

Hiatus (n. m.) — Rencontre de deux voyelles faisant partie de syllabes différentes, qui se produit à l'intérieur d'un mot (*coaguler, oaristys*) ou dans une suite de mots (*tu élèves, tu agrandis*).

Holorime (adj.)

Se dit de vers qui se prononcent de la même façon, c'est-à-dire qui sont homophones, bien que constitués de mots différents.

Exemple : « Danse, prélat ! L'abbé t'apprit l'air en plain-chant ! / Dans ce pré-là, la bête a pris l'air en pleins champs. » (Luc Étienne)

Homographe (adj. et n. m.)

Se dit de mots qui ont une orthographe identique.
Il existe des *homographes homophones* et des *homographes non homophones.*

Exemples : Homographes homophones : *vase* (récipient) et *vase* (boue) ; homographes non homophones : *affluent* (n.) et *affluent* (v.), *as* (n.) et *as* (v.), *boxer* (v.) et *boxer* (n.), *las* (adj.) et *las* (interj.), *bus*, *but*, *confluent*, *content*, *couvent*, *est*, *ester*, *excellent*, *fier*, *fils*, *lis*, *parent*, *portions*, *squatter*, *trias*, *vis*, etc.

Homonyme (adj. et n. m.)

Se dit de mots qui se prononcent de la même façon (homophones), mais qui ont des sens différents. Ces mots s'écrivent de la même façon, c'est-à-dire sont homographes, ou non.

Exemples : moule (n. m.) / moule (n. f.) ; vantail/ventail.

Homophone (adj. et n. m.)

Se dit de lettres ou de mots qui se prononcent de la même manière.

Exemples : ph et *f* ; *sain*, *saint* et *sein*.

Hypallage (n. f.)

Figure de style consistant à associer un terme – généralement un adjectif – à un mot différent de celui auquel il devrait être lié.

Exemple : « l'odeur neuve de ma robe ». (Larbaud)

Hyperbole (n. f.)

Figure de style fondée sur l'exagération. L'hyperbole consiste à donner davantage de force à une idée en employant des mots qui dépassent la pensée.

Exemple : Je vous envoie mille baisers.

Hyperonyme (n. m.)

Mot dont le sens englobe celui d'autres mots. L'hyperonyme est un terme générique : il désigne une catégorie, une classe. *Insecte* est un hyperonyme, ses hyponymes étant *mouche*, *abeille*, *cigale*, *bourdon*, *blatte*, etc.

Hypocoristique (adj. et n. m.)

Se dit d'un mot ou d'une expression qui expriment la tendresse, l'affection ; terme d'affection.

Exemples : mon chou, mon loup, mon canard, mon lapin.

Hyponyme (n. m.)

Mot dont le sens est contenu dans celui d'un autre mot, appelé *hyperonyme.* L'hyponyme désigne une sous-catégorie.

Exemples : tabouret, *chaise*, *fauteuil*, *canapé*, etc., sont des hyponymes du mot *siège*. (*Siège* est l'hyperonyme.)

Hypostase (n. f.) Changement, pour un mot, de catégorie grammaticale.
Exemple : adjectif ou verbe utilisés comme noms.

Hypotaxe (n. f.) Procédé consistant à subordonner une proposition à une autre.
Exemple : J'ai rencontré une collègue qui m'a dit que tu étais malade.

I

Idiolecte (n. m.) Façon de s'exprimer dans une langue, propre à un individu.

Idiome (n. m.) Langue particulière à une communauté.

Idiotisme (n. m.) Locution impossible à traduire mot à mot dans une autre langue.
Exemple : il y a ; tirer le diable par la queue.

Idylle (n. f.) Petit poème pastoral, généralement à caractère amoureux.

L

Lapsus (n. m.) Erreur involontaire commise à l'oral ou à l'écrit, qui consiste généralement à employer un mot pour un autre.

Lemme (n. m.) Forme sous laquelle se présente un mot au début d'un article de dictionnaire : infinitif pour un verbe, masculin singulier pour un adjectif ou un nom, etc.

Licence (n. f.) Liberté prise par un écrivain avec les règles prosodiques, syntaxiques, orthographiques.

Lipogramme (n. m.) Écrit dans lequel l'auteur s'oblige à ne pas employer une ou plusieurs lettres de l'alphabet.
Exemple : La Disparition de Georges Perec.

Litote (n. f.) Figure consistant à adoucir la formulation de sa pensée pour donner davantage de force à cette dernière.
Exemple : Il n'est pas mauvais, ce gâteau !

M

Madrigal, aux (n. m.) Petit poème traduisant des pensées tendres, galantes.

Métaphore (n. f.) Figure de style qui peut parfois être considérée comme une comparaison ne comportant pas d'outil de subordination (*ainsi que*, *comme*, etc.).
Exemple : Ses neveux sont des vautours.

Métathèse (n. f.) — Déplacement de lettres ou de syllabes dans un mot.
Exemple : Mousquite et *formage* sont devenus *moustique* et *fromage*, par métathèse. Il y a encore une métathèse quand on écrit *infractus* pour *infarctus*.

Métonymie (n. f.) — Figure de style consistant à substituer un mot à un autre, au vu de la relation qui les unit. On désigne par exemple un objet par son lieu d'origine, un individu par le vêtement qu'il porte.
Exemples : un bordeaux (pour un vin de la Gironde), le maillot jaune (pour le cycliste en tête du Tour de France, qui porte ce maillot), les bérets rouges (pour les parachutistes, qui ont des bérets rouges).

Métrique (adj. et n. f.) — Étude de la versification, des mètres.

Morphème (n. m.) — Élément signifiant minimal.
Exemples : chant, ons.

Mot-valise (n. m.) *ou* **mot porte-manteau** — Mot né de la fusion d'au moins deux mots. Le mot-valise est souvent formé de la partie initiale d'un terme et de la partie finale d'un autre terme.
Exemples : adulescent (adulte/adolescent), bobo (bourgeois/bohème), célibattante (célibataire/battante).

N

Néologisme (n. m.) — Terme nouvellement créé.

O

Ode (n. f.) — Poème fait pour être chanté ou accompagné de musique ; poème lyrique formé de strophes qui sont généralement identiques en ce qui concerne le nombre des vers et la mesure de ces derniers.

Onomastique (n. f.) — Science qui a pour objet les noms propres.

Onomatopée (n. f.) — Création d'un mot par imitation de sons évoquant l'être ou la chose que l'on désigne.
Exemple : coucou.

Oxymoron *ou* **oxymore** (n. m.) — Figure consistant en l'union de deux termes contradictoires.
Exemples : « obscure clarté » (Corneille) ; silence éloquent.

P

Palindrome (n. m. et adj.)
Mot ou groupe de mots pouvant être lus dans les deux sens, sans changement de signification.
Exemples : ressasser ; c'est sec.

Palinodie (n. f.)
Dans l'Antiquité, poème où l'auteur revenait sur ce qu'il avait dit dans une œuvre précédente.
(Aujourd'hui, ce terme est généralement employé au pluriel et désigne une rétractation, un changement d'opinion.)

Pantoum (n. m.)
Poème à forme fixe se composant de quatrains à rimes croisées.

Parabole (n. f.)
Récit allégorique contenant une morale, un enseignement.

Paradigme (n. m.)
Terme pris pour modèle quand on décline un mot, conjugue un verbe ; ensemble des formes que prend ce mot-type.
Exemples : aimer (pour la conjugaison des verbes du 1er groupe), *finir* (pour ceux du deuxième groupe).

Parataxe (n. f.)
Figure consistant à juxtaposer des propositions ou des phrases sans indiquer la nature du lien qui existe entre elles.
Exemple : Elle n'a pas travaillé, elle a échoué.

Parémiologie (n. f.)
Science ayant pour objet les proverbes.

Paronomase (n. f.)
Figure consistant à rapprocher des termes se ressemblant par le son, mais différant par le sens, c'est-à-dire des paronymes.
Exemple : Qui se ressemble s'assemble.

Paronyme (adj. et n. m.)
Se dit de mots presque homophones qui ont une signification différente. Ces termes peuvent être facilement confondus.
Exemples : collision/collusion ; prodige/prodigue ; sacrilège/sortilège.

Pataquès (n. m.)
Liaison incorrecte entre deux termes ; grosse faute de langage.

Patronyme (n. m.)
Nom de famille qui est transmis par le père, nom patronymique.
Exemples : Dupont, Poumerol, Durand, Bertin, Beylot.

Périphrase (n. f.)
Figure consistant à exprimer en plusieurs termes ce qui pourrait l'être en un seul.
Exemple : la capitale de la France (pour Paris).

Périssologie (n. f.)
Pléonasme particulièrement critiquable.
Exemple : monter en haut.

Pléonasme (n. m.) — Mot ou expression répétant ce qui a été exprimé.
Exemples : constellé d'étoiles ; dune de sable ; schah d'Iran.

Polysémique (adj.) — Qui a plusieurs sens (Linguistique).
Exemples : macérer, cru, glauque, blanc, vert, saillie, collation, leste, etc.

Prétérition (n. f.) — Figure consistant à déclarer qu'on ne parle pas, qu'on ne va pas parler, d'une chose dont, en réalité, on parle.
Exemples : Il s'agit de madame Curmi, pour ne pas la nommer. Je ne te rappellerai pas que tu passes bientôt un concours.

Prolepse (n. f.) — Figure de rhétorique consistant à réfuter une objection avant même qu'elle ne soit faite.
Exemple : Vous allez me dire que vous avez été mal préparés à cet examen, mais avez-vous suffisamment travaillé ?

Prologue (n. m.) — Introduction. Cf. *préface*, *préambule*, *prélude*, *exorde*, *prolégomènes (n. m. pl.)*, *avant-propos*.

Prosodie (n. f.) — Prononciation correcte des mots (vx) ; ensemble des règles de versification que l'on suit en grec, en latin ou dans toute autre langue.

Prosopopée (n. f.) — Figure de style consistant à faire agir et parler un mort, un absent, un animal ou un inanimé.

Q

Quatrain (n. m.) — Poème ou strophe comportant quatre vers.

R

Redondance (n. f.) — Abondance excessive et inutile de paroles, grandiloquence ; répétition inutile, redite.

Rondeau (n. m.) — Poème à forme fixe, très apprécié au Moyen Âge.

S

Sémantique (n. f.) — Science ayant pour objet la signification des mots.

Sentence (n. f.) — Formule exprimant de façon dogmatique une réflexion morale, une opinion.

Sirvente *ou* **sirventès** (n. m.) — Poème satirique, au Moyen Âge.

Solécisme (n. m.) Faute de syntaxe consistant en un usage fautif de formes correctes.
Exemples : Je veux qu'il va. Je me rappelle de ce voyage.

Sonnet (n. m.) Poème composé de deux quatrains et de deux tercets.

Sottie *ou* sotie (n. f.) Farce (XIVe-XVIe s.) s'attaquant à la vie politique ou sociale.

Syllepse (n. f.) Accord fait selon le sens, non selon les règles grammaticales.
Exemple : Minuit sonnèrent (pour Minuit sonna). La grammaire demande d'écrire *sonna*, *minuit* étant un n. m. singulier.

Synalèphe (n. f.) Réunion de syllabes en une seule par synérèse, élision ou contraction.

Synecdoque (n. f.) Cas particulier de métonymie consistant à élargir ou à restreindre le sens d'un mot. On désigne la partie pour le tout, la matière pour l'objet, l'espèce pour le genre, le particulier pour le général, et inversement. « En un mot, dans la métonymie je prends un nom pour un autre, au lieu que dans la synecdoque, je prends le plus pour le moins, ou le moins pour le plus. » (César Chesneau Du Marsais, *Des Tropes*)
Exemples : une voile (pour un voilier), le fer (pour l'épée), le pain (pour la nourriture).

Synérèse (n. f.) Prononciation unissant en une seule syllabe deux voyelles qui, dans un même mot, se suivent.
Exemple : violon prononcé [vjɔlɔ̃].
Antonyme : *diérèse.*

Synonyme (adj. et n. m.) Mot qui a le même sens qu'un autre terme, ou un sens très voisin.
Exemples : coûteux/onéreux ; honnête/probe ; ingambe/leste.

T

Tautologie (n. f.) Répétition inutile d'une idée sous une forme différente.

Toponymie (n. f.) Étude des noms de lieux ; ensemble de ces noms (pour une langue, une région, un pays).

Trope (n. m.) Figure dans laquelle on donne aux mots un sens qui diffère de leur sens propre. En d'autres termes, un trope est l'emploi d'un mot ou de plusieurs dans un sens figuré. La catachrèse, la métaphore, la métonymie, la synecdoque et l'antonomase sont des tropes.

V

Villanelle (n. f.) Poème à forme fixe de la Renaissance ; chanson ou poésie champêtre, pastorale.

Z

Zeugma *ou* **zeugme** (n. m.) Figure consistant à faire dépendre d'une même préposition, d'un même verbe, des compléments dissemblables. *Exemple :* « Vêtu de probité candide et de lin blanc ». (Hugo)

Entraînement

❶ [Lille] Quand j'appelle Napoléon « le vainqueur d'Austerlitz », j'utilise :
a. une périphrase b. une paraphrase

❷ [Lille] Reliez les termes suivants à leur définition :

1. Pléonasme	**a.** Terme ou expression qui ne fait qu'ajouter une répétition à ce qui vient d'être annoncé.
2. Tautologie	**b.** Manière d'employer un mot, une locution dans un sens contraire au sens véritable par ironie ou euphémisme.
3. Redondance	**c.** Abondance, excessivité dans le discours (répétitions).
4. Antiphrase	**d.** Vice logique consistant à présenter, comme ayant un sens, une proposition dont le prédicat ne dit rien de plus que le sujet.
5. Litote	**e.** Figure de rhétorique qui consiste à atténuer l'expression de sa pensée pour faire entendre le plus en disant le moins.

❸ [Marseille] C'est faire une hyperbole que :
a. d'humilier quelqu'un sans raison b. de sous-estimer quelqu'un
c. d'exagérer par rhétorique d. de faire l'apologie du mal e. de louanger

❹ [Marseille] Trouvez le ou les intrus qui n'ont pas leur place au niveau du sens.
a. métaphore b. métonymie c. métempsycose d. ellipse e. métathèse

❺ [Marseille] *Ricains* pour *Américains*, c'est :
a. aphérèse b. apocope c. acronyme d. anacoluthe e. syllepse

❻ [Marseille] Esope reste ici et se repose / élu par cette crapule / Eric a ciré :
a. anagrammes b. acrostiches c. holorimes d. palindromes e. calligrammes

❼ [Marseille] Avec les lettres de *crâne*, on compose les mots *ancre*, *nacre*, *rance*.
a. acrostiches b. holorimes c. calligrammes d. palindromes e. anagrammes

❽ [Marseille] Je suis mort de rire :
a. hyperbole b. litote c. euphémisme d. métonymie e. image

❾ [Marseille] À midi, il prit son manteau et la porte :
a. zeugma b. litote c. euphémisme d. métaphore e. anacoluthe

⑩ [Nantes] Choisissez la proposition qui vous paraît convenir. *Asyndète* :
a. trouble fonctionnel
b. perte de sensibilité
c. absence de liaison
d. absence de symptôme
e. absence de déduction

⑪ [Nantes] Dites si la proposition est vraie (V) ou fausse (F).
1. La métrite est la science qui étudie les éléments dont sont formés les vers.
2. Le sonnet est un poème de quatorze vers.
3. Dans « taon », qui se dit [tã], la réunion des deux syllabes est une diérèse.

⑫ [Nice] Laquelle de ces expressions n'est pas un pléonasme ?
a. un faux prétexte
b. réduire au minimum
c. au grand maximum

⑬ [Nice] « Les vendredis sanglants et lents d'enterrements. » Cette citation de Guillaume Apollinaire contient :
a. une allitération
b. une assonance
c. une euphonie

⑭ [Nice] « Se rappeler de quelque chose d'important » est :
a. un solécisme
b. un barbarisme
c. une forme correcte

⑮ [Poitiers] Un oxymore est :
a. La juxtaposition de deux mots de sens contraire dont l'alliance est inhabituelle
b. Un procédé d'atténuation pouvant avoir recours à une double négation
c. Une manière d'exagérer
d. Un refus argumenté d'argumenter
e. Un procédé visant à rectifier ce que l'on vient de dire

⑯ [Tours] Quels sont les mots valises ?
a. autobus
b. velcro
c. fanzine
d. tigron
e. caméléon

Corrigé

① a. ② **1** a ; **2** d ; **3** c ; **4** b ; **5** e. ③ c. ④ c. ⑤ a. ⑥ d. ⑦ e. ⑧ a. ⑨ a. ⑩ c. ⑪ **1 F** (métrique ; métrite, n. f. : inflammation de l'utérus) ; **2 V** ; **3 F** (synérèse). ⑫ b. ⑬ b. ⑭ a. ⑮ a. ⑯ a (automobile/omnibus), b (velours/crochet), c (fanatic/magazine) et d (tigre/lion).

4 | Les homonymes lexicaux

Voici des homonymes, c'est-à-dire des mots qui se prononcent de la même façon.

Sachez distinguer ces termes, sachez orthographier et définir chacun d'entre eux. Vous les rencontrerez dans des dictées, dans des textes à corriger, dans des QCM d'orthographe ou de vocabulaire. (L'astérisque qui apparaît après certains groupes d'homonymes indique que ces termes peuvent être tenus pour homonymes, par suite de la disparition d'une différenciation de sons chez certains locuteurs.)

A

Abaisse (n. f.) ; Abbesse (n. f.)
Abbé (n. m.) ; Abée (n. f.)
Accord (n. m.) ; Accore (n., adj.) ; Accort (adj.) ; Acore (n. m.)
Acétique (adj.) ; Ascétique (adj.)
Acquis (n. m., adj.) ; Acquit (n. m.)
Acre (n. f.) ; Âcre (adj.)*
Age (n. m.) ; Âge (n. m.)*
Air (n. m.) ; Aire (n. f.) ; Ère (n. f.) ; Erre (n. f.) ; Ers (n. m.) ; Haire (n. f.) ; Hère (n. m.) ; R (n. m. inv.)
Airer (v.) ; Errer (v.)
Alêne *ou* alène (n. f.) ; Allène (n. m.) ; Haleine (n. f.)
Alevin (n. m.) ; Alvin (adj.)
Allée (n. f.) ; Aller (v.) ; Haler (v.) ; Hâlé (adj.) ; Hâler (v.)*
Allogène (adj.) ; Halogène (n. m.)
Aman (n. m.) ; Amant (n.)
Ami (n., adj.) ; Amict (n. m.) ; Ammi (n. m.)
Ancrer (v.) ; Encrer (v.)
Andain (n. m.) ; Andin (adj., n.)
Annone (n. f.) ; Anone (n. f.)
Ante (n. f.) ; Ente (n. f.)
Août (n. m.) ; Hou (interj.) ; Houe (n. f.) ; Houx (n. m.) ; Ou (conj., n. m.) ; Où (pron., adv. rel. et interrog.)
Are (n. m.) ; Arrhes (n. f. pl.) ; Ars (n. m.) ; Art (n. m.) ; Hart (n. f.)
Assaut (n. m.) ; Asseau (n. m.)
Atèle (n. m.) ; Attelle (n. f.)
Aubère (adj., n. m.) ; Haubert (n. m.)
Auspices (n. m. pl.) ; Hospice (n. m.)
Avant (prép., adv., n. m.) ; Avent (n. m.)

B

Baccara (n. m.) ; Baccarat (n. m.)
Bagage (n. m.) ; Baguage (n. m.)
Bai (adj.) ; Baie (n. f.) ; Bey (n. m.)
Bailler (v.) ; Bâiller (v.) ; Bayer (v.)*
Balade (n. f.) ; Ballade (n. f.)
Balai (n. m.) ; Balais (adj. m.) ; Ballet (n. m.)
Baptistaire (adj.) ; Baptistère (n. m.)
Bar (n. m.) ; Bard (n. m.) ; Barre (n. f.)
Bardeau (n. m.) ; Bardot (n. m.)
Bau (n. m.) ; Baud (n. m.) ; Baux (pl. de *bail*, n. m.) ; Beau (adj.) ; Bot (adj.)
Baume (n. m.) ; Bôme (n. f.)
Bécard (n. m.) ; Bécarre (n. m.)

Blème (n. m.) ; Blême (adj.)
Bonace (n. f.) ; Bonasse (adj.)
Bord (n. m.) ; Bore (n. m.) ; Bort (n. m.)
Brai (n. m.) ; Braies (n. f. pl.)
Brocard (n. m.) ; Brocart (n. m.)
Brou (n. m.) ; Brout (n. m.)
Buté (adj.) ; Butée (n. f.) ; Buter (v.) ; Butter (v.)

C

Cabillaud (n. m.) ; Cabillot (n. m.)
Caddie (n. m.) ; Cadi (n. m.)
Cadran (n. m.) ; Quadrant (n. m.)
Cagneux (adj.) ; Khâgneux (n.)
Cahot (n. m.) ; Chaos (n. m.) ; K.-O. (n. m. inv., adj. inv.)*
Caner (v.) ; Canné (adj.) ; Canner (v.)
Cantique (n. m.) ; Quantique (adj.)*
Car (conj., n. m.) ; Carre (n. f.) ; Quart (adj., n. m.)
Carte (n. f.) ; Kart (n. m.) ; Quarte (adj. f., n. f.)
Catarrhe (n. m.) ; Cathare (n., adj.)
Cellier (n. m.) ; Sellier (n. m.)
Cène (n. f.) ; Saine (f. de *sain*, adj.) ; Scène (n. f.) ; Seine (n. f.) ; Sen (n. m.)
Censé (adj.) ; Sensé (adj.)
Centon (n. m.) ; Santon (n.)
Cep (n. m.) ; Cèpe (n. m.)
Cerf (n. m.) ; Serf (n.) ; Serre (n. f.)
Cession (n. f.) ; Session (n. f.)
Cétacés (n. m. pl.) ; Sétacé (adj.)
Chair (n. f.) ; Chaire (n. f.) ; Cheire (n. f.) ; Cher (adj., adv.) ; Chère (n. f.)
Chas (n. m.) ; Chat (n.) ; Schah *ou* shah (n. m.)*
Chasse (n. f.) ; Châsse (n. f.)*
Chassie (n. f.) ; Châssis (n. m.)*
Chaumer (v.) ; Chômer (v.)
Chemineau (n. m.) ; Cheminot (n., adj.)
Choper (v.) ; Chopper (v.)
Choral (adj., n. m.) ; Chorale (n. f.) ; Corral (n. m.)
Chrême (n. m.) ; Crème (n. f., adj.)
Cilice (n. m.) ; Silice (n. f.)
Cire (n. f.) ; Cirre (n. m.) ; Sire (n. m.)
Cithare (n. f.) ; Sitar (n. m.)
Collocation (n. f.) ; Colocation (n. f.)*
Colon (n. m.) ; Côlon (n. m.)*
Coma (n. m.) ; Comma (n. m.)
Commande (n. f.) ; Commende (n. f.)
Contrechamp (n. m.) ; Contre-chant (n. m.)
Coolie (n. m.) ; Coulis (adj. m., n. m.)
Coquillard (n. m.) ; Coquillart (n. m.)
Cote (n. f.) ; Cotte (n. f.)
Cour (n. f.) ; Courre (v.) ; Cours (n. m.) ; Court (adj., adv., n. m.)
Crac (interj.) ; Crack (n. m.) ; Craque (n. f.) ; Krach (n. m.) ; Krak (n. m.)
Cuisseau (n. m.) ; Cuissot (n. m.)

D

Dais (n. m.) ; Dès (prép.) ; Dey (n. m.)
Déférer (v.) ; Déferrer (v.)
Dégoûter (v.) ; Dégoutter (v.)
Délacer (v.) ; Délasser (v.)*
Desceller (v.) ; Desseller (v.)
Détoner (v.) ; Détonner (v.)
Différenciation (n. f.) ; Différentiation (n. f.)
Différend (n. m.) ; Différent (adj.)

E

Écho (n. m.) ; Écot (n. m.)
Égailler (s') (v.) ; Égayer (v.)
Empâtement (n. m.) ; Empattement (n. m.)*
Enté (adj.) ; Enter (v.) ; Hanté (adj.) ; Hanter (v.)
Envi (n. m., cf. *à l'envi*) ; Envie (n. f.)
Épair (n. m.) ; Épeire (n. f.)
Épicer (v.) ; Épisser (v.)
Éthique (n. f., adj.) ; Étique (adj.)
Exaucer (v.) ; Exhausser (v.)
Exprès (adj.) ; Express (adj., n. m.)

F

Féerie (n. f.) ; Férie (n. f.)
Filtre (n. m.) ; Philtre (n. m.)
Fine (f. de *fin*, adj., n. f.) ; Fines (n. f. pl.) ; Finn (n. m.)
Flamand (adj., n.) ; Flamant (n. m.)
Flan (n. m.) ; Flanc (n. m.)
Foi (n. f.) ; Foie (n. m.)
Fond (n. m.) ; Fonds (n. m.) ; Fonts (n. m. pl.)
Fratrie (n. f.) ; Phratrie (n. f.)
Fréter (v.) ; Fretter (v.)

G

Gal (n. m.) ; Gale (n. f.) ; Galle (n. f.)
Gallon (n. m.) ; Galon (n. m.)
Gaz (n. m.) ; Gaze (n. f.)
Geai (n. m.) ; Jais (n. m.) ; Jet (n. m.)
Geindre (v.) ; Gindre (n. m.)
Genet (n. m.) ; Genêt (n. m.)
Gens (n. m. et f. pl.) ; Gent (n. f., adj.) ; Jan (n. m.)
Giron (n. m.) ; Girond (adj.)
Glaciaire (adj.) ; Glacière (n. f.)
Golf (n. m.) ; Golfe (n. m.)
Gon (n. m.) ; Gond (n. m.) ; Gong (n. m.)
Goûter (v., n. m.) ; Goutter (v.)
Goûteux (adj.) ; Goutteux (adj.)
Graffiter (v.) ; Graphiter (v.)
Gray (n. m.) ; Grès (n. m.)
Gril (n. m.) ; Grill (n. m.)

H

Halage (n. m.) ; Hallage (n. m.)
Hautain (adj.) ; Hautin (n. m.)
Heaume (n. m.) ; Home (n. m.) ; Ohm (n. m.)
Heur (n. m.) ; Heure (n. f.) ; Heurt (n. m.)
Hobby (n. m.) ; Obi (n. f.)

I

Icone (n. m.) ; Icône (n. f.)
Intercession (n. f.) ; Intersession (n. f.)

J

Jar (n. m.) ; Jard *ou* jar (n. m.) ; Jarre (n. f., n. m.) ; Jars (n. m.)

L

Lacer (v.) ; Lasser (v.)*
Lai (adj., n. m.) ; Laid (adj.) ; Laie (n. f.) ; Lais (n. m.) ; Lait (n. m.) ; Laye (n. f.) ; Legs (n. m.) ; Lei (pl. de *leu*, n. m.) ; Lez, les *ou* lès (prép.)
Lice (n. f.) ; Lis *ou* lys (n. m.) ; Lisse (adj., n. f.)
Lieu (n. m.) ; Lieue (n. f.)
Lithique (adj.) ; Lytique (adj.)
Loch (n. m.) ; Looch (n. m.) ; Loque (n. f.)
Lori (n. m.) ; Loris (n. m.) ; Lorry (n. m.)
Lut (n. m.) ; Luth (n. m.) ; Lutte (n. f.)

M

Mai (n. m.) ; Maie (n. f.) ; Mais (adv., conj.) ; Maye (n. f.) ; Mets (n. m.)
Maki (n. m.) ; Maquis (n. m.)
Manse (n. f. *ou* m.) ; Mense (n. f.)
Marc (n. m.) ; Mare (n. f.) ; Marre (adv.)
Mari (n. m.) ; Marri (adj.)
Marocain (adj., n.) ; Maroquin (n. m.)
Maté (n. m.) ; Mater (v.) ; Mâter (v.)*
Matin (n. m.) ; Mâtin (n. m.)*
Mature (adj.) ; Mâture (n. f.)*
Maul (n. m.) ; Môle (n. f., n. m.)
Maure ou vx more (n., adj.) ; Mors (n. m.) ; Mort (n. f., adj., n.)
Mécano (n. m.) ; Meccano (n. m.)
Médaillé (adj., n.) ; Médailler (v.) ; Médaillier (n. m.)
Micelle (n. f.) ; Missel (n. m.)
Mir (n. m.) ; Mire (n. f.) ; Myrrhe (n. f.)
Mou (adj., adv., n. m.) ; Moue (n. f.) ; Moût (n. m.)

N

Noroît (n. m.) ; Norrois *ou* norois (n., adj.)

O

Ordinand (n. m.) ; Ordinant (n. m.)

P

Pacage (n. m.) ; Pacquage (n. m.)
Paierie (n. f.) ; Pairie (n. f.) ; Péri (n. f., adj.)
Pair (n. m., adj.) ; Paire (n. f.) ; Père (n. m.) ; Pers (adj. m.)
Pal (n. m.) ; Pale (n. f.) ; Pâle (adj.)*
Pali (n. m., adj.) ; Palis (n. m.)
Palier (n. m.) ; Pallier (v.)
Palot (n. m.) ; Pâlot (adj.)*
Paneton (n. m.) ; Panneton (n. m.)

Pater (n. m. inv.) ; Patère (n. f.)
Peaucier (adj. m., n. m.) ; Peaussier (n. m.)
Péché (n. m.) ; Pécher (v.) ; Pêcher (n. m., v.)
Peine (n. f.) ; Pêne (n. m.) ; Penne (n. f.)
Phénix (n. m.) ; Phœnix (n. m.)
Pi (n. m. inv.) ; Pie (n. f., adj. inv., adj. f.) ; Pis (n. m., adv.)
Pipeau (n. m.) ; Pipo (n. m.)
Piton (n. m.) ; Python (n. m.)
Placage (n. m.) ; Plaquage (n. m.)
Plain (adj., n. m.) ; Plein (adj., n. m.)
Plan (adj., n. m.) ; Plant (n. m.)
Plastic (n. m.) ; Plastique (adj., n.)
Policlinique (n. f.) ; Polyclinique (n. f.)
Prémices (n. f. pl.) ; Prémisse (n. f.)

R

Rai (n. m.) ; Raie (n. f.) ; Rets (n. m.)
Rainette (n. f.) ; Reinette (n. f.) ; Rénette (n. f.)*
Raisonner (v.) ; Résonner (v.)*
Râler (v.) ; Raller (v.)*
Rancard *ou* rencard (n. m.) ; Rancart (n. m.)
Recru (adj.) ; Recrû (n. m.) ; Recrue (n. f.)
Reine (n. f.) ; Rêne (n. f.) ; Renne (n. m.)
Repaire (n. m.) ; Repère (n. m.)
Repairer (v.) ; Repérer (v.)
Résidant (adj., n.) ; Résident (n., adj.)
Rho (n. m. inv.) ; Rot (n. m.) ; Rôt (n. m.)
Roder (v.) ; Rôder (v.)*
Roman (n. m., adj.) ; Romand (adj.)
Rondeau (n. m.) ; Rondo (n. m.)
Rot (n. m.) ; Rote (n. f.)

S

Sain (adj., n. m.) ; Saint (n., adj.) ; Sein (n. m.) ; Seing (n. m.) ; Cinq (devant consonne) (adj. numér. inv.)
Satire (n. f.) ; Satyre (n. m.)
Saut (n. m.) ; Sceau (n. m.) ; Seau (n. m.) ; Sot (adj., n.)
Scellé (n. m.) ; Sceller (v.) ; Seller (v.)
Sceptique (n., adj.) ; Septique (adj.)
Serein (adj., n. m.) ; Serin (n. m.)
Silphe (n. m.) ; Sylphe (n. m.)
Soc (n. m.) ; Socque (n. m.)
Sou (n. m.) ; Soue (n. f.) ; Soûl (adj.) ; Sous (prép.)
Strass (n. m.) ; Strasse (n. f.)
Succin (n. m.) ; Succinct (adj.)
Sur (prép., adj.) ; Sûr (adj.)
Sureau (n. m.) ; Suros (n. m.)

T

Tacaud (n. m.) ; Taco (n. m.) ; Tacot (n. m.)
Tache (n. f.) ; Tâche (n. f.)*
Tain (n. m.) ; Teint (n. m., adj.) ; Thym (n. m.) ; Tin (n. m.)
Talé (adj.) ; Taler (v.) ; Taller (v.)
Tan (n. m.) ; Tant (adv., nominal) ; Taon (n. m.) ; Temps (n. m.)
Taraud (n. m.) ; Taro (n. m.) ; Tarot (n. m.)
Tau (n. m. inv.) ; Taud (n. m.) ; Taux (n. m.) ; Tôt (adv.)
Taulier (n.) ; Tôlier (n. m.)
Taure (n. f.) ; Tore (n. m.) ; Torr (n. m.) ; Tors (adj., n. m.) ; Tort (n. m.)
Teinter (v.) ; Tinter (v.)

Termite (n. m.) ; Thermite (n. f.)
Têt (n. m.) ; Tête (n. f.) ; Tette (n. f.)
Tic (n. m.) ; Tique (n. f.)
Tournoi (n. m.) ; Tournois (adj.)
Triaire (n. m.) ; Trière (n. f.)
Tribu (n. f.) ; Tribut (n. m.)
Troll (n. m.) ; Trolle (n. f., n. m.)

V

Vair (n. m.) ; Ver (n. m.) ; Verre (n. m.) ; Vers (prép., n. m.) ; Vert (adj., n. m.)
Vantail (n. m.) ; Ventail (n. m.)
Vanter (v.) ; Venter (v.)
Verni (adj., n. m.) ; Vernis (n. m.)
Vesce (n. f.) ; Vesse (n. f.)
Volatil (adj.) ; Volatile (adj., n. m.)

Entraînement

❶ [Lille] Combien le mot « sot » compte-t-il d'homonymes ?
a. 1 **b.** 2 **c.** 3 **d.** 4 **e.** 5

❷ [Lille] Combien le mot « vert » compte-t-il d'homonymes ?
a. 1 **b.** 2 **c.** 3 **d.** 4 **e.** 5

❸ [Lille] Selon le sens, on peut écrire :
a. buter **b.** butter **c.** buter *ou* butter

❹ [Marseille] Il avait fait bonne .... avec ses invités.
a. chaire **b.** chairre **c.** chair **d.** chère **e.** cherre

❺ [Marseille] Il ne cesse pas de ...., c'est ennuyeux !
a. bailler **b.** bâiller **c.** baîller **d.** baier **e.** bayer

❻ [Marseille] Rappelle-toi que nous avons .... un pacte.
a. cellé **b.** scellé **c.** sellé **d.** scélé **e.** celé

❼ [Paris] QRM - Indiquez les mots soulignés incorrects.
a. C'est à dessein que nous avons pris la route forestière.
b. Ses yeux étaient d'un noir de geai.
c. Lassé d'attendre, il a soudain pris le mord aux dents.
d. Pour ce déjeuner, chacun paiera son écho.
e. Elle devrait prendre des cours de tennis.

❽ [Paris] QRM - Indiquez les phrases qui contiennent un mot souligné mal orthographié.
a. On ne se chauffe plus guère au coke.
b. Croyez-vous encore en sa bonne foie ?
c. Une clôture à claire-voie entoure leur jardin.
d. Il faut mettre des poix chiches dans le couscous.
e. Elles ont réclamé à corps et à cri une nouvelle augmentation.

❾ [Paris] QRM - Indiquez les mots soulignés mal orthographiés.
a. Son appétit allait de paire avec sa gourmandise.
b. Essayons d'aller au fonds du problème.
c. Les toits de bardeaux sont encore nombreux par ici.
d. Ce vieux robinet qui goutte est agaçant.
e. La population halogène est importante dans votre pays.

10 [Paris] QRM - Indiquez les phrases contenant un mot souligné mal orthographié.
a. C'est très difficile pour elle de prendre <u>partie</u>.
b. Il a pris <u>fait et cause</u> pour son collaborateur.
c. Ils ont payé un lourd <u>tribu</u> à la reconquête de leur liberté.
d. Le <u>pêne</u> de la porte d'entrée est coincé.
e. J'ai un peu oublié les vieilles <u>balades</u> que nous aimions réciter.

11 [Poitiers] Il faut écrire en respectant l'orthographe des mots soulignés :
a. J'aime le <u>cuissot</u> de sanglier.
b. Il est <u>sensé</u> connaître ses obligations.
c. Saint Étienne est le premier chrétien qui ait subi le <u>martyre</u>.
d. Ce fauteuil Louis XIII <u>détonne</u> dans cet ensemble des années trente.
e. Ce sont les <u>prémisses</u> de l'été.

12 [Poitiers] Parmi les noms suivants, quel est celui (ou quels sont ceux) qui a (ou ont) un autre nom comme homonyme ?
a. poignet **b.** houx **c.** filtre **d.** prémices **e.** plastique

Corrigé

1 **c** (saut, sceau, seau). **2** **d** (vair, ver, verre, vers). **3** **c** (buter : tuer, heurter ; butter : disposer la terre en petites buttes). **4** **d.** **5** **b.** **6** **b.** **7** **b** (jais), **c** (mors) et **d** (écot ; payer son écot : payer sa quote-part, sa contribution, sa part). **8** **b** (foi), **d** (pois) et **e** (à cor et à cri). **9** **a** (allait de pair), **b** (fond) et **e** (allogène). **10** **a** (prendre parti), **c** (tribut ; ne pas confondre ce nom masculin avec le n. f. *tribu*) et **e** (ballades ; ne pas confondre *ballade* - poème - et *balade* - promenade). **11** **a**, **c** et **d** (**b** : censé, **e** : prémices, n. f. pl.). **12** **b** (houe, août, ou), **c** (philtre), **d** (prémisse) et **e** (plastic).

5 | Les paronymes

Voici une liste de paronymes qu'il est nécessaire de connaître. Les paronymes sont des mots qui se prononcent presque de la même façon et qui, de ce fait, sont souvent confondus.

Vos concours vous demandent de savoir faire une distinction entre les termes de chaque couple et d'employer chacun à bon escient. On n'attend généralement pas de vous, en revanche, que vous sachiez que certains couples sont composés de mots qui peuvent être synonymes. Bien plus, si vous en tenez compte, il vous arrivera de ne pas pouvoir répondre aux questions qui vous seront présentées.

Consumer et *personnaliser*, par exemple, ont fait l'objet de questions en 2009 et en 2011, à Paris. Si l'on avait en tête que *consumer* et *consommer* peuvent être synonymes, si l'on pensait que *personnaliser* et *personnifier* peuvent l'être aussi, il était impossible de suivre la consigne et de trouver – dans les listes présentées – des mots ayant un sens différent ; en d'autres termes, il était impossible de faire l'exercice proposé.

L'idéal serait donc que vous commenciez par apprendre les définitions et les synonymes présentés ci-dessous puis – si vous en avez le temps – que vous cherchiez chacun de ces termes dans un dictionnaire afin de voir en quoi certains se rejoignent.

A

Abjuration (f. : abandon, reniement)	– Adjuration (f. : prière)
Abjurer (v. : abandonner, renier)	– Adjurer (v. : demander, prier)
Ablation (f. : amputation)	– Oblation (f. : action par laquelle on fait don de quelque chose ou de soi-même à Dieu)
Acceptation (f. : résignation, accord)	– Acception (f. : signification)
Addiction (f. : dépendance)	– Adduction (f. : fait de conduire, notamment fait de conduire des eaux d'un endroit à un autre)
Adhérence (f. : liaison, collage)	– Adhésion (f. : approbation)
Affabilité (f. : amabilité)	– Affabulation (f. : fable)
Affectation (f. : attribution ; préciosité)	– Affection (f. : amour)
Affiler (v. : aiguiser)	– Effiler (v. : défaire, effilocher)
Affiner (v. : façonner ; éduquer)	– Raffiner (v. : épurer, purifier)
Affleurer (v. : émerger)	– Effleurer (v. : frôler, caresser)
Affliger (v. : peiner, chagriner)	– Infliger (v. : administrer, imposer)
Agacement (m. : irritation)	– Agacerie (f. : coquetterie, simagrée)
Agonir (v. : injurier ; accabler)	– Agoniser (v. : expirer, mourir)

Ajustage (m. : assemblage, réunion)	– Ajustement (m. : habillement ; adaptation)
Alcoolique (adj. : relatif à l'alcool)	– Alcoolisé (p. passé : additionné d'alcool, viné)
Allocation (f. : indemnité)	– Allocution (f. : discours)
Allusion (f. : évocation)	– Illusion (f. : chimère, rêve)
Alternance (f. : rotation)	– Alternative (f. : choix)
Amnistie (f. : absolution, pardon)	– Armistice (m. : trêve)
Amoral (adj. : étranger à la morale)	– Immoral (adj. : obscène ; malhonnête)
Anoblir (v. : donner à une personne un titre de noblesse)	– Ennoblir (v. : élever, exhausser)
Antinomie (f. : contradiction)	– Antonymie (f. : relation entre antonymes)
Approbation (f. : accord, acceptation)	– Improbation (f. : blâme, réprobation)
Apurer (v. : reconnaître l'exactitude d'un compte)	– Épurer (v. : purifier)
Aquatique (adj. : qui vit dans l'eau)	– Aquifère (adj. : qui contient de l'eau)
Arcade (f. : voûte, arc)	– Arcane (m. : mystère, secret)
Aréole (f. : cercle coloré qui entoure le mamelon d'un sein)	– Auréole (f. : halo, nimbe)
Artificiel (adj. : fabriqué ; affecté)	– Artificieux (adj. : rusé, retors)
Astrologue (m. : devin, mage)	– Astronome (m. : savant étudiant la structure et les mouvements des astres)
Avanie (f. : offense, affront)	– Avarie (f. : dommage, dégât)
Aventuré (adj. : hasardeux, risqué)	– Aventureux (adj. : audacieux)
Aveulir (v. : affaiblir, amollir)	– Avilir (v. : abaisser, corrompre)

B

Ballottage (m. : résultat négatif d'une élection, aucun candidat n'ayant recueilli la majorité requise pour être élu)	– Ballottement (m. : oscillation, balancement)
Bateleur (n. : forain, acrobate)	– Batelier (n. : marinier, gondolier)
Béguine (f. : religieuse, nonne)	– Biguine (f. : danse de la Martinique)
Billion (m. : million de millions)	– Billon (m. : monnaie ; bille de bois ; ados)
Bimensuel (adj. et n. m. : deux fois par mois)	– Bimestriel (adj. et n. m. : tous les deux mois)
Blanchiment (m. : action de peindre en blanc)	– Blanchissement (m. : fait de blanchir, de devenir blanc)
Boutoir (m. : groin du sanglier, du porc)	– Butoir (m. : heurtoir)

C

Campanile (m. : tour, construite près d'une église, qui abrite les cloches)	– Campanule (f. : plante dont les fleurs ont la forme de cloches)
Cangue (f. : ancien instrument de torture chinois)	– Gangue (f. : enveloppe)
Canneler (v. : orner de sillons, de rainures)	– Canner (v. : garnir un siège d'un treillis de jonc, de rotin)
Capital (adj. et n. m. : essentiel)	– Capiteux (adj. : enivrant)
Capitation (f. : impôt levé par tête)	– Capitulation (f. : reddition, renoncement)
Carminatif (adj. : qui permet l'expulsion des gaz intestinaux)	– Carminé (adj. : rouge vif)
Carnassier (adj. et n. : qui se nourrit de proies en vie)	– Carnivore (adj. et n. : qui se nourrit de chair animale, qui en consomme)
Carotide (f. : chacune des deux grosses artères conduisant le sang à la tête)	– Parotide (f. : glande salivaire)
Cérébral (adj. : intellectuel, mental)	– Cervical (adj. : relatif à la nuque)
Cérémonial (m. : rituel, protocole)	– Cérémoniel (adj. : relatif aux cérémonies)
Circoncire (v. : enlever, retrancher, le prépuce)	– Circonscrire (v. : entourer, cerner)
Circonlocution (f. : périphrase, ambages)	– Circonvolution (f. : enroulement, spirale)
Coasser (v. : crier, se dit de la grenouille et du crapaud)	– Croasser (v. : crier, se dit du corbeau et de la corneille)
Cognation (f. : parenté naturelle, et notamment parenté par les femmes)	– Cognition (f. : connaissance)
Colimaçon (m. : escargot)	– Collimation (f. : fait de donner à un appareil d'optique une direction déterminée)
Collision (f. : choc, accident)	– Collusion (f. : complicité, connivence)
Colorer (v. : donner une ou des couleurs à une substance quelconque)	– Colorier (v. : couvrir un dessin, une surface, de couleurs différentes)
Commémoraison (f. : simple évocation que l'Église fait d'un saint le jour de sa fête lorsque cette dernière coïncide avec une autre fête religieuse plus importante)	– Commémoration (f. : cérémonie célébrant le souvenir d'une personne ou d'un événement)
Complexion (f. : constitution, tempérament)	– Complexité (f. : complication, difficulté)
Compréhensible (adj. : intelligible)	– Compréhensif (adj. : bienveillant, indulgent)
Concentré (adj. et n. m. : produit riche en matière active)	– Condensé (adj. et n. m. : résumé, compendium)

Concentrer (v. : rassembler, réunir) – Condenser (v. : réduire, résumer)
Conflagration (f. : bouleversement, conflit) – Déflagration (f. : détonation, explosion)
Conjectural (adj. : hypothétique, incertain) – Conjoncturel (adj. : qui concerne la situation économique à un moment donné)
Conjecture (f. : hypothèse, prévision) – Conjoncture (f. : situation économique à un moment déterminé)
Consommer (v. : accomplir ; manger) – Consumer (v. : détruire, brûler ; épuiser)
Continuation (f. : action de continuer quelque chose) – Continuité (f. : fait d'être continu)
Conventionné (adj. : lié à la Sécurité sociale par une convention de tarifs) – Conventionnel (adj. : classique, traditionnel)
Crédible (adj. : croyable, fiable) – Crédule (adj. : candide, confiant)
Cryptogame (adj. et n. m. : se dit des plantes aux organes reproducteurs peu visibles) – Cryptogramme (m. : message écrit en langage chiffré, dont le sens est caché)
Cuirassé (adj. et n. m. : qui est protégé par une cuirasse ; navire de guerre puissamment blindé) – Cuirassier (m. : cavalier qui portait une cuirasse)

D

Décade (f. : dix jours) – Décennie (f. : dix ans)
Décocher (v. : lancer, envoyer) – Décrocher (v. : dépendre, descendre)
Défloraison (f. : chute des fleurs ; moment où cette chute a lieu) – Défloration (f. : fait de faire perdre, à une jeune fille vierge, sa virginité)
Démarcage (*ou* démarquage) (m. : démarque ; plagiat) – Démarcation (f. : limite, délimitation)
Démystification (f. : éclaircissement, explication) – Démythification (f. : désacralisation)
Démystifier (v. : détromper) – Démythifier (v. : désacraliser)
Dentition (f. : formation des dents) – Denture (f. : ensemble des dents)
Déprécation (f. : prière faite pour obtenir un pardon) – Déprédation (f. : vol ; malversation)
Désaffectation (f. : fait de ne plus destiner un lieu à un usage déterminé) – Désaffection (f. : désamour, désintérêt)
Désintéressement (m. : abnégation, générosité) – Désintérêt (m. : indifférence, détachement)
Digestible (adj. : digeste, digérable) – Digestif (adj. et n. m. : qui a trait à la digestion ; liqueur de fin de repas)
Diptyque (m. : œuvre comportant deux parties) – Dytique (m. : coléoptère)

Documentaliste (n. : personne recherchant, classant, conservant, etc., des documents, pour un organisme) – Documentariste (n. : cinéaste faisant des documentaires)
Duplication (f. : action de doubler ; reproduction) – Duplicité (f. : fausseté, hypocrisie)

E

Éboulement (m. : chute, écroulement) – Éboulis (m. : décombres, gravats)
Ébouriffant (adj. : étonnant, inouï) – Ébouriffé (adj. : dépeigné, décoiffé)
Échoir (v. : survenir ; arriver à échéance) – Échouer (v. : perdre la partie)
Éclairage (m. : lumière qui éclaire ; point de vue) – Éclairement (m. : action d'éclairer, de donner de la lumière)
Effraction (f. : bris de serrures ou de clôture commis afin d'entrer dans une propriété) – Infraction (f. : délit, manquement)
Égaler (v. : être égal à, équivaloir) – Égaliser (v. : rendre égal, niveler)
Égrotant (adj. : maladif, cacochyme) – Ergotant (p. présent : chicanant)
Éhonté (adj. : cynique, impudent) – Honteux (adj. : abject ; penaud)
Émerger (v. : surgir, apparaître) – Immerger (v. : couler, baigner)
Éminent (adj. : haut ; remarquable) – Imminent (adj. : immédiat, prochain)
Épancher (v. : répandre ; révéler) – Étancher (v. : faire cesser l'écoulement d'un liquide)
Épigraphe (f. : inscription, exergue) – Épitaphe (f. : inscription sur une tombe)
Éruption (f. : jaillissement, explosion) – Irruption (f. : invasion, attaque)
Eschatologie (f. : étude de ce que devient l'homme après sa mort, le monde après sa disparition) – Scatologie (f. : propos ou écrit grossier traitant d'excréments)
Eschatologique (adj. : qui a trait à l'eschatologie) – Scatologique (adj. : relatif à la scatologie)
Estacade (f. : barrage) – Estocade (f. : coup d'épée)
Évection (f. : inégalité du mouvement de la Lune) – Éviction (f. : expulsion, exclusion)
Éventaire (m. : étalage, vitrine) – Inventaire (m. : dénombrement, catalogue)
Évoquer (v. : remémorer, rappeler) – Invoquer (v. : appeler à l'aide, implorer ; avoir recours à)
Exalter (v. : exciter, enflammer) – Exulter (v. : jubiler, éclater de joie)
Excessivement (adv. : exagérément) – Extrêmement (adv. : très)
Exempt (adj. et n. m. : dépourvu de, sans) – Exempté (p. passé : qui est dispensé d'une charge)

Exhalaison (f. : émanation, effluve) – Exhalation (f. : rejet de l'air par les poumons)
Expansible (adj. : dilatable) – Expansif (adj. : démonstratif, exubérant)

F

Flagrance (f. : évidence) – Fragrance (f. : parfum)
Flairer (v. : sentir ; deviner) – Fleurer (v. : exhaler une odeur, embaumer)
Forfait (m. : crime ; abonnement) – Forfaiture (f. : malversation ; trahison)
Formication (f. : fourmillement) – Fornication (f. : péché de la chair ; coït)
Fraction (f. : morceau, fragment) – Fractionnement (m. : morcellement, fragmentation)
Fraîcheur (f. : froid ; naïveté) – Fraîchin (m. : odeur de poisson frais)
Funèbre (adj. : lugubre, sinistre) – Funéraire (adj. : relatif aux funérailles, aux tombes)

G

Galibot (m. : manœuvre, ouvrier) – Galipot (m. : résine extraite du pin)
Glaciaire (adj. : relatif aux glaciers) – Glacial (adj. : froid, glacé)
Glèbe (f. : terre cultivée) – Grèbe (m. : oiseau aquatique)
Gonflage (m. : action de remplir un pneumatique d'air) – Gonflement (m. : enflure d'une partie du corps)
Gourmand (adj. et n. : glouton ; amateur de bonne chère) – Gourmet (m. : connaisseur de bonne chère)
Grabat (m. : mauvais lit ; lit d'une personne malade) – Gravats (m. pl. : restes d'une construction démolie)
Gradation (f. : progression par degrés) – Graduation (f. : divisions tracées sur un instrument de mesure)

H

Habileté (f. : adresse, dextérité) – Habilité (f. : aptitude juridique à exercer certains droits ou à en jouir)
Hiberner (v. : connaître un état d'engourdissement durant l'hiver) – Hiverner (v. : se mettre à l'abri durant l'hiver)

I

Idiotie (f. : bêtise) – Idiotisme (m. : locution impossible à traduire mot à mot dans une autre langue)

Inanité (f. : vacuité, futilité) – Inanition (f. : épuisement dû à un manque de nourriture)

Inapte (adj. et n. : incapable) – Inepte (adj. : stupide)

Inclinaison (f. : pente, déclivité) – Inclination (f. : penchant, goût)

Incompréhensible (adj. : sibyllin) – Incompréhensif (adj. : intolérant)

Inculper (v. : accuser) – Inculquer (v. : apprendre, imprimer dans l'esprit)

Indiction (f. : fait de fixer la date d'un concile ou d'un synode) – Induction (f. : raisonnement allant du particulier au général, de l'expérience à la théorie)

Industriel (adj. et n. : qui concerne l'industrie, c'est-à-dire la transformation de matières premières en produits de consommation) – Industrieux (adj. : habile, ingénieux)

Infecter (v. : contaminer, corrompre, empester) – Infester (v. : ravager, envahir)

Ingérence (f. : intervention, immixtion) – Ingestion (f. : fait d'avaler)

Inhabileté (f. : gaucherie, maladresse) – Inhabilité (f. : inaptitude juridique à exercer certains droits ou à en jouir)

Intégralité (f. : totalité) – Intégrité (f. : honnêteté, probité)

Intègre (adj. : honnête) – Intégré (p. passé et adj. : incorporé, assimilé)

J

Judiciaire (adj. : relatif à la justice) – Juridique (adj. : relatif au droit)

Justesse (f. : exactitude, précision) – Justice (f. : équité, honnêteté, impartialité)

Justiciable (adj. et n. : qui est de la compétence de telle juridiction) – Justifiable (adj. : défendable, excusable)

L

Lapider (v. : attaquer, tuer en jetant des pierres) – Lapidifier (v. : changer en pierre, pétrifier)

Largesse (f. : libéralité, générosité) – Largeur (f. : étendue, ampleur, envergure)

Libation (f. : fait de répandre un liquide pour honorer un dieu) – Libration (f. : balancement d'un astre)

Liminaire (adj. : initial, introductif) – Limonaire (m. : orgue à manivelle)

Littéraire (adj. et n. : qui concerne la littérature) – Littéral (adj. : exact, mot à mot, textuel)

Lupin (m. : plante herbacée) – Lupulin (m. : poussière que produisent les cônes du houblon)

Luxation (f. : entorse, foulure) – Luxure (f. : débauche, lasciveté)

Luxuriant (adj. : abondant ; exubérant) – Luxurieux (adj. : lascif, sensuel, débauché)

M

Marial (adj. : qui concerne la Vierge Marie) – Marital (adj. : qui concerne le mari)

Marine (f. de *marin*) (adj. : qui vit dans la mer) – Maritime (adj. : qui est situé au bord de la mer)

Matador (m. : torero ; personne haut placée) – Matamore (m. : bravache, fanfaron)

Maturation (f. : mûrissement, mûrissage) – Maturité (f. : âge adulte, plénitude)

Méritant (adj. : qui a du mérite, se dit généralement d'une personne) – Méritoire (adj. : qui mérite l'estime, se dit généralement d'une chose)

Miction (f. : fait d'uriner) – Mixtion (f. : fait de mélanger différentes substances)

Mirmillon (m. : gladiateur) – Myrmidon (m. : avorton)

Monition (f. : avertissement qu'adresse l'autorité ecclésiastique avant de prononcer une censure) – Munition (f. : provisions ; projectiles, explosifs, etc., utilisés pour charger les armes à feu)

Mousseux (adj. et n. m. : qui produit de la mousse ou en contient) – Moussu (adj. : qui est recouvert d'une mousse végétale)

Mystification (f. : tromperie, farce) – Mythification (f. : sacralisation)

Mystifier (v. : tromper, berner) – Mythifier (v. : transformer un être, une chose, en mythe)

N

Nationaliser (v. : étatiser) – Naturaliser (v. : acclimater ; empailler)

Nival (adj. : relatif, dû à la neige) – Nivéal (adj. : qui pousse dans la neige)

Nodule (m. : petite protubérance) – Notule (f. : annotation à un texte, note)

Notable (adj. et n. m. : remarquable, important) – Notoire (adj. : évident, manifeste)

Notation (f. : note, remarque ; appréciation) – Notification (f. : annonce, avis)

Noter (v. : écrire ; évaluer) – Notifier (v. : annoncer, signaler)

Numération (f. : façon de noter les nombres) – Numérotation (f. : action d'affecter d'un numéro d'ordre)

O

Officiel (adj. et n. : qui est certifié par une autorité reconnue) – Officieux (adj. : serviable ; non officiel)

Oiseux (adj. : inutile, futile, superflu) – Oisif (adj. et n. : inactif ; paresseux)

Ombragé (adj. : qui est couvert par l'ombrage des arbres) – Ombrageux (adj. : craintif ; soupçonneux)

Opportun (adj. : convenable, propice) – Opportuniste (n. et adj. : personne qui sait tirer parti des circonstances)

Oppressé (adj. : essoufflé ; angoissé) – Opprimé (adj. et n. : tyrannisé, exploité)

Oppresser (v. : étouffer, serrer) – Opprimer (v. : écraser, tyranniser)

Original (adj. : bizarre, extraordinaire) – Originel (adj. : originaire, initial)

Ouvrable (adj. : se dit d'un jour consacré au travail) – Ouvré (adj. : travaillé, ouvragé)

P

Paladin (m. : chevalier) – Palatin (n. et adj. : seigneur conseillant le souverain ; relatif à un palais ; relatif au palais)

Palastre (m. : boîtier renfermant le mécanisme d'une serrure) – Pilastre (m. : colonne, pilier)

Papillonner (v. : voltiger, batifoler) – Papilloter (v. : scintiller ; cligner, clignoter)

Paraphrase (f. : commentaire diffus) – Périphrase (f. : circonlocution, ambages)

Partial (adj. : injuste) – Partiel (adj. : limité, fragmentaire)

Passager (n. et adj. : éphémère, fugitif) – Passant (adj. et n. : fréquenté)

Percepteur (n. et adj. : collecteur d'impôts) – Précepteur (n. : maître, professeur, éducateur)

Péremption (f. : annulation) – Préemption (f. : priorité accordée à un acheteur, lors d'un achat)

Péricarde (m. : membrane enveloppant le cœur) – Péricarpe (m. : partie du fruit entourant la graine)

Perpétrer (v. : se dit d'un acte criminel, accomplir, commettre)	– Perpétuer (v. : immortaliser, conserver)
Personnalisation (f. : individualisation)	– Personnification (f. : symbole, incarnation)
Personnaliser (v. : individualiser, particulariser)	– Personnifier (v. : incarner, symboliser)
Pétrolier (n. m. et adj. : relatif au pétrole)	– Pétrolifère (adj. : qui contient du pétrole)
Plaidoirie (f. : discours prononcé devant des juges, par un avocat)	– Plaidoyer (m. : apologie, éloge)
Pliage (m. : action de plier)	– Plissage (m. : action de former des plis)
Plier (v. : rabattre un papier ou un tissu sur lui-même, partiellement ou totalement)	– Ployer (v. : courber, fléchir)
Polémologie (f. : étude de la guerre)	– Pomologie (f. : partie de l'arboriculture consacrée aux fruits)
Pondéré (adj. : posé, sage, calme)	– Pondéreux (adj. et n. m. : lourd ; dense)
Possession (f. : bien, propriété)	– Possessivité (f. : comportement d'une personne ayant des sentiments exclusifs à l'égard d'une autre)
Prééminent (adj. : premier, prépondérant)	– Proéminent (adj. : renflé, protubérant)
Prescription (f. : commandement ; ordonnance)	– Proscription (f. : condamnation, bannissement)
Prescrire (v. : ordonner, commander)	– Proscrire (v. : bannir, chasser)
Prodige (m. : miracle ; surdoué)	– Prodigue (adj. : généreux ; dépensier)
Production (f. : création, produit)	– Productivité (f. : rendement, fertilité)
Prolongation (f. : fait de prolonger dans le temps)	– Prolongement (m. : fait de prolonger dans l'espace)
Prolonger (v. : allonger, continuer)	– Proroger (v. : retarder, repousser)
Publiciste (n. : juriste qui s'est spécialisé en droit public)	– Publicitaire (adj. et n. : personne s'occupant de publicité)
Puerpéral (adj. : qui concerne l'accouchement)	– Purpurin (adj. : pourpre, rouge)

R

Rabattre (v. : diminuer, abattre)	– Rebattre (v. : battre de nouveau ; parcourir ; répéter)
Raccommodage (m. : réparation)	– Raccommodement (m. : réconciliation)
Raffinage (m. : épuration, purification)	– Raffinement (m. : délicatesse, élégance)
Rechaper (v. : réparer un pneu usé)	– Réchapper (v. : échapper ; guérir)
Réciproque (adj. et n. : mutuel)	– Respectif (adj. : particulier, personnel)

Recouvrer (v. : récupérer) – Recouvrir (v. : couvrir de nouveau, entièrement)
Recréer (v. : créer de nouveau, refaire) – Récréer (v. : amuser, divertir)
Réfaction (f. : réduction) – Réfection (f. : réparation, restauration)
Répons (m. : antienne, cantique) – Réponse (f. : réplique, riposte)
Résiliation (f. : annulation, révocation) – Résilience (f. : endurance, résistance)
Respectable (adj. : honnête, honorable) – Respectueux (adj. : déférent, humble)
Resserrage (m. : action de resserrer un boulon, une vis) – Resserrement (m. : contraction, rétrécissement)
Roulage (m. : circulation) – Roulement (m. : grondement ; alternance)
Rétraction (f. : contraction) – Rétractation (f. : désaveu, reniement)
Routier (adj. et n. : camionneur) – Routinier (adj. : traditionnel, habituel)

S

Sacrilège (m. : profanation, impiété) – Sortilège (m. : magie, sorcellerie)
Scabieux (adj. : qui a trait à la gale) – Scabreux (adj. : licencieux ; dangereux)
Séculaire (adj. : antique, ancien) – Séculier (adj. : profane, laïque)
Simple (adj. et n. : facile ; compréhensible) – Simpliste (adj. : qui simplifie outre mesure)
Somptuaire (adj. : qui concerne les dépenses) – Somptueux (adj. : magnifique, splendide)
Souffrir (v. : avoir mal ; supporter) – Soufrer (v. : répandre du soufre, enduire de soufre)
Spirituel (adj. : plaisant, fin) – Spiritueux (adj. et n. m. : alcool, liqueur)
Stalactite (f. : concrétion se formant de haut en bas) – Stalagmite (f. : concrétion se formant de bas en haut)
Sécurité (f. : tranquillité, confiance) – Sûreté (f. : certitude, assurance)
Subordination (f. : dépendance) – Subornation (f. : corruption)
Suggestion (f. : inspiration, proposition) – Sujétion (f. : servitude, dépendance)

T

Tabulaire (adj. : en forme de table) – Tubulaire (n. f. et adj. : en forme de tube)
Temporaire (adj. : passager, provisoire) – Temporel (adj. : terrestre)
Tendresse (f. : affection, attachement) – Tendreté (f. : caractère de ce qu'il est aisé de mâcher)

Torpide (adj. : somnolent, abruti) – Turpide (adj. : ignoble, immonde)

Triomphal (adj. : qui constitue une victoire éclatante) – Triomphant (adj. : qui a obtenu une victoire éclatante)

U

Usagé (adj. : usé, vieux) – Usité (adj. : en linguistique, qui est fréquemment employé)

V

Vénéneux (adj. : qui renferme un poison) – Venimeux (adj. : se dit d'un animal ou d'une plante produisant du venin)

Voluptuaire (adj. : se dit de dépenses de luxe, de dépenses superflues) – Voluptueux (adj. : sensuel, lascif)

X

Xénophile (adj. et n. : qui éprouve de la sympathie pour les étrangers) – Xérophile (adj. : en botanique, qui vit dans les lieux secs)

ATTENTION Veillez d'autre part à ne pas confondre les expressions suivantes :

De concert (en accord, d'un commun accord) → De conserve (en marine, se dit de plusieurs bateaux qui naviguent ensemble)

Mettre à jour (actualiser ; n'avoir aucun retard)→ Mettre au jour (créer, mettre au monde ; rendre une chose publique, la faire connaître)

Entraînement

❶ [Caen] Indiquez les phrases sémantiquement et syntaxiquement correctes.
a. Je ne prends pas le mot dans la même acceptation.
b. Attendez l'acception du tribunal pour agir.
c. L'acceptation de la famille d'accueil peut demander des semaines.
d. C'est une acception qui n'est pas encore entrée dans les dictionnaires.
e. Que mettez-vous sous cette acception ?

❷ [Caen] Indiquez les phrases sémantiquement et syntaxiquement correctes.
a. Le service des allocutions familiales.
b. À qui faut-il verser l'allocation ?
c. L'allocation du ministre a été tonitruante.
d. L'allocation a été traduite pour les demandeurs d'asile.
e. L'allocation de bienvenue.

❸ [Marseille] Il y a eu une collusion :
a. connivence
b. entente secrète et malveillante
c. choc
d. télescopage
e. dispute

❹ [Nancy] Repérez les phrases qui présentent une impropriété lexicale.
a. Un nombre respectueux de convives étaient déjà arrivés.
b. Le coiffeur lui a égalé les cheveux.
c. La chaleur torride l'opprimait.
d. Il invoqua les difficultés financières pour justifier les mesures draconiennes.
e. Au coucher du soleil, le ciel se colorie de rose à l'horizon.
f. Un éboulement rocheux barre la route du col.
g. La première décennie du mois de juillet a été très pluvieuse.
h. Le blanchissage de ce mur devient nécessaire.

❺ [Poitiers] Parmi les propositions suivantes, indiquez celle (ou celles) qui est (ou sont) exacte(s).
a. Le mot « chair » a au moins un homonyme, homophone mais non homographe.
b. Les adjectifs « frêle » et « fragile » sont des synonymes.
c. Les adjectifs « grand » et « petit » sont des paronymes.
d. Les noms « collusion » et « collision » sont des paronymes.
e. Les adjectifs « riche » et « pauvre » sont des antonymes.

Corrigé

❶ **c**, **d** et **e** (**a** : acception ; **b** : proposition acceptable si l'on donne à *acception* son sens premier, c'est-à-dire celui d'*acceptation*). ❷ **b** (**a** : allocations ; **c** : allocution ; **d** : allocution ; **e** : on parle généralement d'*allocution de bienvenue*, mais le syntagme proposé n'a rien d'incorrect…). ❸ **a** et **b** (**c**, **d** et **e** = collision). ❹ **a** respectable ; **b** égalisé ; **c** oppressait ; **d** phrase correcte ; **e** colore ; **f** éboulis ; **g** décade ; **h** blanchiment. ❺ **a** (chaire, cheire, cher, chère), **b**, **d** et **e**.

6 | Des locutions françaises

Voici des expressions qu'il est souhaitable de connaître, principalement si l'on passe les concours de Bordeaux, de Caen, de Poitiers, de Tours, de Rouen et de Marseille. Il ne s'agit évidemment pas d'une liste exhaustive…

A

À cor et à cri (demander, réclamer, vouloir qqch.)	Avec beaucoup d'insistance, à toute force
À la fortune du pot	Sans cérémonie, sans préparatifs spéciaux
À pied d'œuvre	Tout près des travaux de construction en cours ; sur place, prêt à agir
À propos de bottes	Sans raison valable, sans motif
À vue de nez	À peu près, d'une manière approximative
Adorer le veau d'or	Vouer un culte à l'argent
Âge canonique	Âge de quarante ans (âge minimum pour une servante d'ecclésiastique) ; par ext., âge assez avancé
Âge d'or	Temps de prospérité, d'épanouissement
Âge ingrat	Âge de la puberté, adolescence
Aller à Canossa	S'humilier devant son adversaire, admettre la supériorité de ce dernier
Aller, demeurer, être, habiter au diable Vauvert, au diable vert	Aller, demeurer, être, habiter très loin
(Aller) de mal en pis	(Aller) de plus en plus mal, (aller) en empirant
Aller grand-erre	Aller à bonne allure, vite
Aller son train de sénateur	Aller gravement, lentement
Allumer ses quinquets	Ouvrir les yeux, regarder avec attention
Alpha et l'oméga (L')	Le début et la fin
Amarrer à couple (S')	S'amarrer bord à bord, côte à côte
Âne bâté (Un)	Un individu très ignorant
Appel du pied	Manière discrète d'exprimer un souhait ; fait d'attirer l'attention d'une personne sur soi, par un signe
Apprenti sorcier (L')	Celui qui, imprudemment, déclenche des événements qu'il est incapable d'enrayer
Appuyer sur la chanterelle	Mettre l'accent sur le point délicat, de façon à convaincre
Argent lui brûle les doigts (L')	Il ne sait pas le garder

Arriver comme mars en carême	Arriver à propos ou de façon inévitable
Au bas mot	En faisant l'évaluation la plus faible possible
Au marc le franc	De manière proportionnelle
Au petit pied	En plus petit, en raccourci
Au pied de la lettre	Au sens propre, au sens littéral
Au pied levé	Inopinément, à l'improviste
Aux abois	Dans une situation désespérée
Aux frais de la princesse	Gratuitement, sans bourse délier
Avaler des couleuvres	Supporter des avanies sans protester ; croire n'importe quoi
Avaleur de sabres	Saltimbanque faisant pénétrer un sabre, une lame, dans son tube digestif
Avoir barre sur qqn	Triompher de son adversaire au jeu ; *au figuré :* avoir une influence sur qqn, le dominer
Avoir besoin de deux grains d'ellébore	Être atteint de folie
Avoir bon pied, bon œil	Être en parfaite santé
Avoir de la branche	Avoir de la distinction, de la classe (cf. Avoir grand air)
Avoir des accointances	Avoir des connaissances, des relations
Avoir l'esprit de l'escalier (*ou* d'escalier)	Mettre trop de temps à trouver ses reparties, les trouver quand il n'est plus temps
Avoir l'étoffe de	Avoir la capacité de
Avoir l'heur de (et *inf.*)	Avoir la chance de
Avoir l'œil américain	Être observateur, remarquer qqch. sur-le-champ
Avoir la bouche en cul de poule	Avoir des lèvres contractées et arrondies, et par là même une expression peu naturelle
Avoir la pépie	Avoir extrêmement soif
Avoir la tête près du bonnet	Être emporté (cf. *Être soupe au lait*)
Avoir le diable au corps	Déployer une activité débordante ; être entraîné par des passions charnelles ; faire le mal
Avoir le don d'ubiquité	Pouvoir être partout en même temps
Avoir le nez creux	Avoir de la clairvoyance, du flair
Avoir le pied à l'étrier	Être en passe de partir ; *au figuré :* être bien placé pour réussir dans la profession choisie
Avoir le verbe haut	Avoir une voix au timbre élevé ; parler fort ; décider avec présomption, mépris
Avoir les coudées franches	Pouvoir agir en toute liberté
Avoir les deux pieds dans le même sabot	N'être pas capable d'agir
Avoir maille à partir avec qqn	Avoir un différend, une dispute avec qqn

Avoir pignon sur rue	Avoir une maison importante, un magasin connu ; avoir une situation bien assise
Avoir un air penché	Avoir un air pensif, absent
Avoir un cœur d'artichaut	Tomber facilement amoureux de qqn
Avoir une coquetterie dans l'œil	Être atteint d'un strabisme peu important
Avoir une taie sur l'œil	Être aveuglé par des opinions préconçues, privé de sa lucidité
Avoir voix au chapitre	Avoir le droit d'exprimer son avis

B

Baroud d'honneur	Combat dont on sait qu'on sortira vaincu, mais qu'on livre pour l'honneur
Bâtir des châteaux en Espagne	Former des projets chimériques
Bâton de maréchal	Le poste le plus élevé auquel on puisse prétendre
Battre à fer émoulu (Se)	Se battre avec des armes aiguisées, non émoussées
Battre en brèche	Attaquer à coups de canon de façon à faire une brèche ; *au figuré :* attaquer, ruiner, affaiblir
Battre froid à qqn	Traiter qqn avec froideur
Battre le fer pendant qu'il est chaud	Profiter, sans attendre, d'une situation favorable
Battre sa coulpe	Manifester son repentir (cf. *Faire son mea-culpa*)
Bayer aux corneilles	Perdre son temps à regarder en l'air, de façon niaise
Bille en tête	Droit au but, avec audace
Boire du petit-lait	Voir son amour-propre flatté, se repaître de louanges
Brandon de discorde	Chose ou personne occasionnant une dissension
Brave à trois poils	Soldat d'une bravoure éprouvée ; fier-à-bras, matamore
Brochant sur le tout	En outre, de surcroît
Brûler la chandelle par les deux bouts	Dilapider son argent, gâcher sa santé
Brûler, couper les ponts	Mettre un terme aux relations que l'on a avec une personne ; se refuser un retour en arrière
Brûler ses vaisseaux	Accomplir un acte qui rend impossible toute marche arrière, tout revirement

C

C'est la Bérézina	C'est un échec total
C'est le tonneau des Danaïdes	C'est une tâche interminable ; c'est une chose qui exige des dépenses sans fin

Cautère sur une jambe de bois (Un)	Un remède inefficace, inadapté
Ce n'est pas un Adonis	Ce n'est pas un très bel homme
Ceindre le tablier	Entrer dans la franc-maçonnerie
Chanter pouilles à qqn	Accabler qqn de reproches
Chanter toujours la même antienne	Rabâcher, ressasser
Chauffer à blanc	Élever la température jusqu'à ce que le métal devienne blanc ; *au figuré :* préparer intensivement une personne, la motiver
Chercher des crosses à qqn	Provoquer qqn
Chevalier d'industrie	Individu dénué de scrupules vivant d'expédients ; escroc
Coiffer (un concurrent) sur le poteau	Battre qqn de justesse
Collet monté	Qui affecte la gravité, l'austérité ; guindé
Compte d'apothicaire	Compte extrêmement complexe, très long
Contre vents et marées	Envers et contre tout ; au mépris de tous les obstacles
Cote mal taillée	Compromis non satisfaisant
Coup de bélier	Choc que produit l'eau dans une conduite fermée brusquement ; choc violent
Coup de caveçon	Punition
Coup de Jarnac (Un)	Coup imprévu mais loyal (*emploi critiquable :* coup déloyal)
Coup de semonce	Coup de canon appuyant l'ordre donné à un navire de montrer ses couleurs, voire d'arrêter sa course ; *au figuré :* manœuvre d'intimidation
Coup de Trafalgar	Accident désastreux et inopiné
Coupe claire	Suppression très importante
Couper les cheveux en quatre	Être exagérément pointilleux ; pinailler
Courir la gueuse	Se jeter, vivre dans la débauche
Courir la prétentaine	Vagabonder ; avoir de nombreuses aventures amoureuses (cf. *Courir le guilledou*)
Courir le cachet	Être tenu à chercher des engagements, des leçons
Courir le cotillon	Rechercher avec ardeur des conquêtes féminines
Cousu de fil blanc	Trop apparent pour tromper qqn
Coûter les yeux de la tête	Être extrêmement onéreux
Croquer le marmot	Attendre longuement et impatiemment
Cuisse de nymphe émue	Rose incarnadin, rose chair

D

Damer le pion à qqn	L'emporter sur qqn, se montrer supérieur
De bon aloi	De bonne qualité, de bonne réputation
De but en blanc	Brusquement, à brûle-pourpoint
De derrière les fagots	D'une qualité excellente, remarquable
De gré à gré	À l'amiable, sans procès
De guingois	De biais, de travers
De haut parage	De haute extraction, naissance
De pied en cap	Des pieds à la tête, de la tête aux pieds
Découvrir le pot aux roses	Découvrir le mystère, le secret, d'une affaire
Défaut de la cuirasse (Le)	Le talon d'Achille ; le point faible, sensible
Déjeuner de soleil	Étoffe dont la couleur perd rapidement son éclat ; chose de courte durée
Demander quartier	Demander à avoir la vie sauve, demander grâce
Déménager à la cloche de bois	Déménager de manière clandestine, afin de ne pas payer
Dépouiller le vieil homme	Se défaire de mœurs corrompues, dissolues
Depuis le cèdre jusqu'à l'hysope	Du plus grand jusqu'au plus petit
Descendre dans l'arène	Se lancer dans un combat ; entrer en lutte
Dessus du panier (Le)	Le meilleur ; la meilleure société (cf. *Le fin du fin*)
Détenir le ruban bleu de qqch.	Être supérieur aux autres dans un domaine
Dieu tutélaire (Un)	Un protecteur
Dire pis que pendre de qqn	Médire grandement de qqn ; calomnier qqn
Discussion à fleurets mouchetés	Discussion ne visant pas à blesser profondément
Discuter du sexe des anges	Avoir des discussions oiseuses, stériles
Donner de la tablature à qqn	Susciter des embarras, des difficultés, à qqn
Donner l'estocade à (un adversaire)	Porter le coup de grâce à un adversaire, l'achever
Dormir sur ses deux oreilles	N'être pas inquiet

E

Échapper belle (L')	Échapper de peu à un danger
Échelles du Levant (Les)	Les ports d'Asie Mineure
Élever qqn sur le pavois	Célébrer qqn, l'exalter (cf. *Mettre sur un piédestal*)
Embarquer pour Cythère (S')	Être amoureux
En aller à vau-l'eau (S')	S'en aller au fil de l'eau ; *au figuré :* péricliter, décliner
En cinq sec	Rapidement

En faire accroire	Tromper, abuser
En filigrane	D'une manière implicite, entre les lignes
En tapinois	À la dérobée, sournoisement
En un tour de main, en un tournemain	Très vite, très rapidement
Enferrer jusqu'à la garde (S')	Se méprendre totalement ; se placer dans une situation extrêmement embrouillée
Enfoncer une porte ouverte	Prouver une évidence, dire une platitude
Entre chien et loup	Au crépuscule
Entrer en lice	Engager une discussion, une lutte
Envoyer qqn ad patres	Le faire mourir
Être à la botte de qqn	Être aux ordres de qqn, lui être entièrement dévoué
Être à la masse	(En parlant d'un fil électrique) être en contact avec la masse électrique ; (en parlant d'un individu) être déboussolé
Être amoureux des onze mille vierges	S'éprendre de toutes les femmes
(Être) au banc des accusés	Se trouver dans une situation d'accusation
Être aux aguets	Être aux écoutes, guetter
Être bâti à chaux et à sable	Être très robuste
Être dans l'œil du cyclone	Être au beau milieu des difficultés
Être dans les bras de Morphée	Dormir
Être dans ses petits souliers	Être gêné, mal à l'aise
Être en délicatesse avec qqn	Se trouver dans une situation délicate avec qqn, avoir des motifs de se plaindre de lui
Être frais émoulu de	Être récemment sorti d'une école
Être haut en couleur	Avoir un teint rouge ; être truculent
Être l'homme d'un seul livre	Être un auteur dont la renommée est établie sur un unique livre ; être borné
(Être) le bras armé (de qqn, qqch.)	Être celui qui exécute
Être le dindon de la farce	Être pris pour dupe dans une affaire, être l'objet d'une mauvaise plaisanterie
Être logé à la même enseigne que qqn	Être dans la même situation, connaître les mêmes difficultés
Être né coiffé	Être chanceux
Être riche comme Crésus	Être extrêmement riche
Être sous la férule de qqn	Devoir obéir à qqn
Être tiré à quatre épingles	Être vêtu avec un très grand soin
Être toujours sur la brèche	Lutter constamment, être continûment en pleine activité

F

Face de carême (Une)	Un visage maigre et extrêmement pâle
Faire amende honorable	Demander pardon, reconnaître ses torts en public
Faire bienvenir de qqn (Se)	Se faire bien accueillir
Faire Charlemagne	Quitter le jeu sur une victoire, sans offrir de revanche à son adversaire
Faire chorus	Exprimer collectivement son approbation, être du même avis
Faire de la perruque	Travailler pour son usage personnel, pendant ses heures de travail et avec le matériel de l'employeur
Faire des gorges chaudes de qqch., de qqn	Faire des plaisanteries malveillantes sur une chose ou une personne
Faire faute de (Se)	Se priver, s'abstenir de
Faire feu des quatre fers	Se dit d'un cheval frappant le pavé de ses fers ; *au figuré :* utiliser tous les procédés possibles, être plein de fougue
Faire florès	Être en vogue, remporter des succès
Faire force de rames	Ramer énergiquement
Faire fort de (Se)	Se déclarer capable de
Faire gras	Manger de la viande
Faire la lippe	Bouder
Faire la mouche du coche	S'agiter beaucoup en vain, sans rendre de véritables services
Faire la part du feu	*Au figuré :* abandonner, sacrifier une chose afin de sauver le reste
Faire la pige à quelqu'un	Le surpasser, faire mieux que lui
Faire le baron	Être complice d'un charlatan, d'un escroc
Faire le chien couchant	Être servile, obséquieux
Faire le diable à quatre	Faire beaucoup de bruit ; faire beaucoup d'efforts pour empêcher une chose ou l'obtenir ; mener une vie désordonnée
Faire litière de qqch.	Ne pas tenir compte de qqch.
Faire long feu	Manquer son but ; ne pas aboutir ; rater son effet
Faire maigre	Ne manger ni aliments gras ni viande les jours fixés par la religion chrétienne
Faire marcher la planche à billets	Émettre du papier-monnaie en trop grande quantité et favoriser, par là même, l'inflation
Faire partie du sérail	Faire partie d'une élite
Faire ses choux gras de qqch.	Tirer profit de qqch.
Faiseuse d'anges	Avorteuse

Fait à coups de hache	Fait grossièrement (se dit particulièrement d'une personne au visage ou au corps manquant de finesse)
Faux prophète	Usurpateur, imposteur
Festin de Balthazar	Repas somptueux, succulent
Feu sacré (Le)	L'enthousiasme
Fieffé menteur (Un)	Un fameux, un sacré menteur
Fin du fin (Le)	Ce qu'il y a de plus fin, le nec plus ultra
Fine fleur de qqch. (La)	L'élite, le gratin
Flèche du Parthe (La)	Trait mordant qu'on décoche au terme d'une conversation
Fleur au fusil (La)	Avec enthousiasme, avec entrain
Forcer la note	Exagérer
Foudre de guerre (Un)	Un grand guerrier, un grand militaire
Franchir, passer le Rubicon	Prendre une décision hasardeuse irrévocable, définitive (cf. *Sauter le pas*)
Frères servants	Religieux employés, dans un monastère, à de menus travaux manuels (cf. *Frères lais*)

G

Gibier de potence	Criminel méritant d'être tué, pendu, ou sévèrement châtié ; mauvais sujet
Grand clerc	Qualifié, compétent, expert

H

Habiller qqn pour l'hiver	Dire du mal de qqn (cf. *Tailler un costard à qqn*)
Hausser du col (Se)	Prendre des airs avantageux, importants
Homme de paille	Prête-nom dans une affaire malhonnête
Homme lige de (une personne, une organisation)	Personne totalement dévouée à une autre, à une organisation ; personne qui obéit inconditionnellement
Hurler avec les loups	Agir comme ceux avec lesquels on est

I

Il y a péril en la demeure	Il faut agir rapidement ; il serait dangereux de différer davantage

J

Jeter le gant à qqn	Provoquer qqn, le défier
Jeter le mauvais œil	Porter malheur
Jeter une pierre, des pierres dans le jardin de qqn	Attaquer qqn de manière indirecte, allusive ou l'attaquer directement
Jouer cartes sur table	Agir de façon loyale
Jouer l'arlésienne	Ne pas se manifester
Jouer les Cassandre	Faire des prophéties dramatiques, quitte à n'être pas cru
Jouer les utilités	Avoir un rôle accessoire, secondaire (cf. *Deuxième ou second couteau*)
Jouer les violettes	Agir avec retenue, discrétion
Jugement de Salomon	Jugement sage, équitable

L

Latin macaronique	Latin de cuisine, latin très approximatif
Lettre morte	Sans effet, sans suite, inutile
Levée de boucliers	*Au figuré :* action de s'opposer à une autorité, quelle qu'elle soit
Livres iréniques	Livres visant à rétablir la paix entre chrétiens
Long d'une aune	Fort long

M

Manger des ortolans	Manger des mets succulents, onéreux
Manger la soupe sur la tête de qqn	Dépasser qqn en taille, être plus grand que lui
Manger son blé en herbe	Utiliser son revenu par anticipation, par avance
Manger son pain blanc (le premier)	Connaître des débuts heureux ; jouir d'un moment favorable qui ne durera pas
Marcher sur les brisées de qqn	Faire concurrence à qqn, dans un domaine qui lui est propre
Marin de bateau-lavoir	Marin amateur, piètre marin (cf. *Marin d'eau douce*)
Mener la vie à grandes guides	Dépenser beaucoup, vivre dans l'opulence
Mener une vie de bâton de chaise	Avoir une vie très agitée, voire dissolue
Merle blanc	Personne ou chose très rare, voire introuvable
Mettre (qqn ou qqch.) à l'index	Condamner, boycotter, exclure

Mettre en perce	Faire une ouverture, dans un tonneau, de façon à pouvoir en tirer le vin
Mettre flamberge au vent	Tirer l'épée en vue de se battre ; *au figuré* : être d'une humeur combative
Mettre la puce à l'oreille	Éveiller des soupçons, intriguer
Mettre les points sur les i	Préciser avec force certaines choses
Mettre martel en tête (Se)	Se soucier, se tourmenter
Mettre qqch. sous le boisseau	Dissimuler une chose, la garder secrète
Mettre qqn au ban de la société	Le déclarer indigne de toute estime et le proscrire
Mettre qqn au pilori	Signaler qqn à l'indignation publique (cf. *Vouer qqn aux gémonies*)
Mettre qqn dans de beaux draps	Mettre qqn dans une situation délicate
Miroir aux alouettes	Petite planche, garnie de miroirs, montée sur un pivot, que l'on fait tourner au soleil de façon à attirer les oiseaux ; *au figuré :* ce qui fascine, trompe
Monter sur Pégase ; enfourcher (son) Pégase	Versifier, rimer
Monter sur ses ergots	Adopter une attitude menaçante ; s'exprimer avec colère
Monter sur ses grands chevaux	S'emporter, réagir avec arrogance
Mouton à cinq pattes	Personne ou chose exceptionnelle, extrêmement rare (cf. *Merle blanc*)

N

N'avoir garde de (faire une chose)	Éviter soigneusement de (faire une chose)
N'avoir pas froid aux yeux	Être courageux, déterminé, effronté
N'avoir point de cesse que	Ne pas s'arrêter avant que, persévérer jusqu'à ce que
N'en pouvoir mais	N'y rien pouvoir
N'être pas sans savoir que	Ne pas ignorer que, savoir parfaitement que
Ne pas desserrer les dents	Ne pas parler, se taire
Ne pas être en odeur de sainteté	N'être pas estimé par qqn
Ne pas faire de quartier	Tuer sauvagement tout le monde ; être impitoyable
Ne plus savoir où se mettre	Être gêné, honteux
Nettoyer les écuries d'Augias	Mettre un terme à la corruption

O

Œuvre pie	Œuvre pieuse, acte pieux
Oraison jaculatoire	Courte prière pleine de ferveur

P

Par indivis	Indivisément, en commun
Pas de clerc	Action maladroite, bévue
Passer qqch. à l'as	Négliger, escamoter, dissimuler
Passer sous les fourches caudines	Subir une épreuve pénible, humiliante
Payer de mots (Se)	Se contenter de mots, de paroles creuses
Payer en monnaie de singe	Récompenser par de vaines promesses ; se moquer de
Payer rubis sur l'ongle	Payer sur-le-champ et complètement ce qui est dû
Pays de cocagne	Pays imaginaire dans lequel on a de tout à profusion
Peigner la girafe	Faire un travail inutile ; s'ennuyer à ne rien faire
Perdre la tramontane	Être dérouté, déconcerté
Pierre angulaire de qqch. (La)	La base de qqch. ; l'élément fondateur, fondamental
Pierre d'achoppement	Ce qui est cause de difficultés, d'embarras
Plancher des vaches (Le)	La terre ferme (opposée à l'air ou à la mer)
Pont aux ânes	Difficulté mineure qui arrête seulement les ignorants ; évidence, banalité
Porter aux nues	Exalter, louer avec ardeur (cf. *Porter qqn au pinacle*)
Porter fort pour qqn (Se)	Se porter garant de qqn
Porter le coup de grâce à qqn	Achever qqn, l'anéantir
Porter qqn au pinacle	Combler qqn d'éloges (cf. *Porter aux nues*)
Pousser des cris d'orfraie	Pousser des cris stridents, des hurlements
Prendre des vessies pour des lanternes	Commettre une grossière erreur
Prendre la mouche	Se fâcher, s'irriter ; se vexer
Prendre la poudre d'escampette	Prendre la fuite, déguerpir
Prendre le mors aux dents	Se mettre en colère ; attaquer un travail avec ardeur
Prendre le Pirée pour un homme	Commettre une erreur grossière
Prendre le taureau par les cornes	Affronter les difficultés
Prendre qqch. sous son bonnet	Prendre la responsabilité de qqch.
Prendre qqn à partie	Attaquer qqn, l'incriminer, s'en prendre à lui
Prendre (qqn) sans vert	Prendre qqn de court, au dépourvu

Prendre son bâton de pèlerin	Partir en pèlerinage ; aller voir des personnes tour à tour afin de défendre une idée
Profil de médaille	Visage, personne aux traits fins, réguliers

Q

Querelle byzantine	Querelle, exagérément compliquée, dont on finit par ne plus connaître le sujet, la cause

R

Réchauffer un serpent dans son sein	Faire du bien à un être qui se retournera contre vous
Regarder en chiens de faïence (Se)	Se regarder hostilement, en silence
Remettre sur l'enclume	Travailler de nouveau (une production de l'esprit) en vue de l'améliorer
Rendre gorge	Restituer ce qu'on a pris de façon illicite
Renvoyer qqch. aux calendes grecques	Remettre qqch. à un moment qui, jamais, n'arrivera
Réponse de Normand	Réponse ambiguë, équivoque
Rester sur son quant-à-soi	Conserver une attitude réservée, garder ses distances
Retourner sa veste	Changer d'avis, de parti
Revers de la médaille (Le)	L'aspect déplaisant d'une chose, le mauvais côté
Rire homérique	Rire sonore et incoercible
River son clou à qqn	Réduire qqn au silence par une réponse péremptoire
Roche(r) de Sisyphe	Situation psychique particulièrement éprouvante, faite d'un sentiment d'absurdité, d'ennui et de désespoir mêlés
Rompre en visière	*Au figuré :* attaquer, contredire véhémentement, en face

S

Sac et la cendre (Le)	La pénitence
Saigner qqn à blanc	Pressurer qqn, le priver de ses ressources
Saint des Saints (Le)	Le sanctuaire ; la partie la plus isolée, la plus difficile d'accès
Sans ambages	Sans détours, directement, franchement
Sans coup férir	Sans combattre, sans se heurter à des difficultés
Savoir gré à qqn	Avoir de la gratitude, de la reconnaissance envers qqn

Sel de la terre (Le)	L'élite, le meilleur
Sentir le fagot	Se dit d'une personne ou d'une chose qui est soupçonnée d'hérésie, éveille la méfiance ou donne une impression de danger (cf. *Sentir le roussi*)
Séparer le bon grain de l'ivraie	Séparer les bons d'avec les méchants
Sexe faible, beau sexe, deuxième sexe (Le)	Les femmes
Solution de continuité	Séparation des parties, d'une chose concrète ou abstraite ; en médecine, fracture, plaie
Sonner le glas de qqch.	Annoncer l'arrêt, la fin de qqch.
Sous couleur de	En prenant comme prétexte, sous prétexte de
Sous l'égide de	Sous la protection de
Soutenir, nier mordicus	Soutenir, nier avec opiniâtreté, obstinément
Statue pédestre	Statue représentant un homme à pied
Supplice de Tantale	État de celui qui a à sa portée l'objet de ses désirs, mais qui ne peut l'atteindre
Suppôt de Satan	Individu très méchant

T

Tailler des croupières à qqn	Susciter des embarras à qqn
Talon d'Achille (Le)	Le point faible
Talon rouge	Personne élégante
Taxi en maraude	Taxi roulant à vide, en quête de clients
Tenir (qqn) en lisière(s)	Exercer un empire sur (qqn)
Tenir la dragée haute à qqn	Faire payer cher à une personne ce qu'elle désire
Tenir le haut du pavé	Occuper le premier rang ; jouir d'une grande estime
Termes de palais	Termes utilisés dans les plaidoiries, les actes judiciaires
Tirer à hue et à dia	Tirer en sens contraire ; *au figuré :* adopter des procédés contradictoires, agir de manière désordonnée
Tirer la manche à (de) qqn	Solliciter qqn
Tirer le diable par la queue	Manquer d'argent, boucler difficilement son budget
Tirer les marrons du feu	S'exposer à des dangers, peiner au seul profit d'autrui ; se tirer d'affaire avec adresse
Tomber de Charybde en Scylla	Échapper à un danger pour tomber dans un danger plus important (cf. *Aller de mal en pis*)
Tour de bâton	Profit secret, illicite
Tout de go	Sans préambule, sans préparation, sans façon
Traîneur de sabre	Militaire qui fanfaronne, fait le brave
Trancher le nœud gordien	Résoudre de façon violente une difficulté

Travail de bénédictin (Un)	Travail nécessitant patience et minutie
Travail de Romain (Un)	Un travail difficile et long
Travail de Titan (Un)	Un travail gigantesque
Trouver son chemin de Damas	Se convertir
Tuer le veau gras	Faire un festin pour honorer qqn, à l'occasion d'une réunion de famille

V

Vaches maigres	Périodes de misère, de disette
Vendeur d'orviétan	Charlatan, dupeur, imposteur
Vendre la mèche	Divulguer, dévoiler un secret
Vers de mirliton	Mauvais vers
Victoire à la Pyrrhus	Victoire remportée au prix de lourds sacrifices
Vie de patachon (Une)	Une vie dissipée, déréglée
Vieille(s) lune(s)	Époques disparues, idées dépassées
Vieux briscard	Homme ayant une grande expérience
Violon d'Ingres	Hobby, passe-temps préféré
Vivre de l'air du temps	Ne disposer d'aucune ressource matérielle
Vœu pieux	Vœu sans espoir d'exaucement
Voix de crécelle	Voix aiguë, déplaisante
Voix de rogomme	Voix d'ivrogne ; voix éraillée, enrouée, rauque
Volée de bois vert	Coups de bâton ; *au figuré :* critiques virulentes
Vouer (qqn, qqch.) aux gémonies	Accabler qqn, qqch. de mépris, en public
Vous me la baillez belle, vous me la baillez bonne	Vous cherchez à m'en faire accroire, vous cherchez à me tromper

Y

(Y) perdre son latin	Ne plus rien, n'y plus rien comprendre

Entraînement

❶ [Bordeaux] Pour chaque expression, le synonyme proposé est-il correct (réponse A) ou incorrect (réponse B) ?

1. Faire le baron : se prendre pour ce qu'on n'est pas
2. Faire de la perruque : travailler pour son compte dans son entreprise
3. C'est la Bérézina : c'est la fête
4. De derrière les fagots : d'une qualité extraordinaire
5. Effectuer un travail de Titan : réaliser une vengeance
6. La bailler belle : vouloir duper quelqu'un

❷ [Caen] Indiquez le ou les sens des locutions.

1. Passer à l'as :
a. jouer le premier as de son jeu
b. offrir quelque chose à une vedette
c. réussir une balle de service
d. escamoter
e. être considéré comme un gagnant

2. Être à la masse :
a. être déboussolé
b. défendre les intérêts du prolétariat
c. être armé d'une massue
d. prendre du poids
e. être relié à une masse électrique

3. S'enferrer jusqu'à la garde :
a. attendre fébrilement l'heure de garde
b. mettre des chaussures à crampons
c. s'abstenir soigneusement de faire quelque chose
d. se tromper lourdement
e. se blesser avec une arme blanche

❸ [Marseille] Aller au diable vauvert :
a. aller très loin, dans un endroit habité par le diable
b. partir habiter près d'Arles
c. partir pour pratiquer la sorcellerie
d. se démener comme un beau diable
e. partir prêcher de bonnes paroles

❹ [Marseille] Bâtir des châteaux en Espagne :
a. être riche comme Crésus
b. se nourrir de chimères
c. échafauder des projets irréalisables
d. être complètement instable
e. ne jamais profiter de rien

❺ [Poitiers] « Dire de quelqu'un qu'il joue les Cassandre » veut dire :
a. qu'il ment
b. qu'il tente de séduire
c. qu'il prophétise des malheurs
d. qu'il parle avec un humour corrosif
e. qu'il se prend pour un roi

6 [Poitiers] S'embarquer pour Cythère veut dire :
a. être amoureux, avoir un rendez-vous galant
b. partir à l'aventure
c. partir pour un long voyage
d. partir pour ne plus revenir
e. aller vers de grosses difficultés affectives ou financières

7 [Poitiers] « Monter sur Pégase » ou « Enfourcher (son) Pégase » veut dire :
a. se lancer dans des discours lyriques ou poétiques
b. s'adonner à l'astronomie, Pégase étant une constellation de l'hémisphère boréal
c. aussi « monter sur ses grands chevaux »
d. faire des projets insensés
e. temporiser

8 [Tours] Indiquez la ou les définitions correctes :
a. À l'instar : contrairement
b. Brûler ses vaisseaux : échouer
c. Esprit de l'escalier : vivacité intellectuelle
d. Montrer patte blanche : donner des garanties solides
e. Il n'y a pas péril en la demeure : La maison n'est pas menacée

Corrigé

1 **1 B** ; **2 A** ; **3 B** ; **4 A** ; **5 B** ; **6 A**. 2 **1 d** ; **2 a** et **e** (pour **e**, cf. le *Trésor de la Langue Française* : « Électr. *Masse électrique*, grandeur sur laquelle un champ électrique exerce son action. Dans une machine ou une installation, ensemble des parties conductrices d'électricité qui restent normalement hors tension. *Ce fil est relié à la masse, est à la masse*, est en contact avec cet ensemble. ») ; **3 d**. 3 **a.** 4 **b** et **c.** 5 **c.** 6 **a.** 7 **a.** 8 **d.**

7 | Les expressions latines

Voici des expressions latines dont il vous faut connaître le sens, surtout si vous passez les concours de Poitiers, de Marseille et de Tours.

A contrario	À partir de la chose qui est contraire
A fortiori	À plus forte raison
A minima	De la plus petite peine
A posteriori	Après coup
A priori	Au premier abord
Ab hoc et ab hac	À tort et à travers
Ab intestat	Sans testament
Ab irato	Sous l'empire de la colère
Ab ovo	Depuis le commencement
Ad absurdum	Jusqu'à l'absurde
Ad hoc	Adéquat
Ad hominem	À l'égard de l'homme
Ad libitum	À volonté
Ad litem	Pour le procès
Ad litteram	Mot pour mot
Ad patres	Vers les ancêtres
Ad unum	Jusqu'au dernier
Ad valorem	Selon la valeur
Casus belli	Cas de guerre
Coram populo	Publiquement
De auditu	Par ouï-dire
De commodo et incommodo	Sur l'avantage et l'inconvénient
De facto	De fait
De jure	De droit
De plano	Sans difficulté
De visu	Pour l'avoir vu
Deo gratias	Rendons grâces à Dieu
Et alii	Et les autres
Et cætera	Et ainsi de suite
Ex abrupto	Brusquement
Ex cathedra	Avec solennité
Ex eventu	Après l'événement
Ex nihilo	En partant de rien
Ex professo	Avec compétence
Exempli gratia	Par exemple
Felix culpa	Heureuse faute

Flatus vocis	Un souffle de voix
Grosso modo	En gros
Hic et nunc	Sur-le-champ
Honoris causa	À titre honorifique
Id est	C'est-à-dire
In abstracto	Dans l'abstrait
In extenso	Dans toute son étendue
In extremis	À l'agonie
In fine	À la fin
In globo	En masse
In limine	Au début
In nuce	En résumé
In partibus	Sans fonction réelle
In præsenti	Dans le temps présent
In præsentia	En présence de
In situ	Dans son milieu naturel
In spiritu	En esprit
In terminis	En dernier lieu
In vitro	En laboratoire
In vivo	Dans un organisme vivant
Intuitu personæ	Eu égard à la personne
Ipso facto	Sans formalité
Jus belli	Le droit de la guerre
Lapsus calami	Lapsus que l'on fait en écrivant
Lapsus linguæ	Lapsus que l'on fait en parlant
Larga manu	Abondamment
Lato sensu	Au sens large
Loco citato	À l'endroit cité
Manu militari	Par la force
Mater dolorosa	La mère douloureuse
Modus operandi	Mode opératoire
Modus vivendi	Manière de vivre ; arrangement, compromis, accommodement entre deux parties en litige
Motu proprio	De plein gré, spontanément
Mutatis mutandis	En faisant les changements nécessaires
Ne varietur	Qu'il ne soit rien changé
Nec plus ultra	Ce qu'il y a de mieux
Nihil obstat	Rien ne s'oppose
Nota bene	Note bien
Numerus clausus	Nombre fermé
Opere citato	Dans l'ouvrage cité
Per capita	Par tête
Persona grata	Personne bienvenue

Post meridiem	Après-midi
Pretium doloris	Le prix de la douleur
Pro domo	Pour sa propre cause
Pro forma	Pour la forme (cf. *facture pro forma*)
Pro tempore	Selon les circonstances
Quantum satis	En quantité suffisante
Quo vadis ?	Où vas-tu ?
Res militaris	L'art militaire
Sine die	Sans jour fixé
Sine qua non	Indispensable
Stricto sensu	Au sens strict
Sub Jove	À la belle étoile
Sui generis	Propre à une chose
Ultima verba	Dernières paroles
Urbi et orbi	Partout
Verbi gratia	Par exemple
Vice versa	Réciproquement
Volens nolens	Qu'on le veuille ou non
Vox populi	La voix du peuple
Vulgum pecus	Le commun des mortels

Entraînement

1 [Lille] Classez les expressions latines dans le même ordre que celui donné à leurs traductions respectives :

1. approprié
2. à volonté
3. mère nourricière
4. de son espèce
5. au sens large

a. *sui generis*
b. *ad hoc*
c. *lato sensu*
d. *alma mater*
e. *ad libitum*

2 [Marseille] *Ad libitum* :
a. au sens strict
b. au dernier moment
c. pour toujours
d. à volonté
e. en quantité égale

3 [Poitiers] Pour chacune des expressions latines suivantes, quelle est celle ou quelles sont celles dont le sens proposé est exact ?
a. *Opere citato* veut dire « Dans l'ouvrage cité ».
b. *Nec plus ultra* veut dire « Sans plus tarder ».
c. *Persona grata* veut dire « Personne à écarter, à éviter ».
d. *Modus vivendi* veut dire « Accord entre deux parties ».
e. *Hic et nunc* veut dire « Sur-le-champ ».

❹ [Poitiers] Il est juste de traduire :
a. *ab irato* par « rapidement »
b. *sine die* par « sans fixer de jour »
c. *ex cathedra* par « avec justice »
d. *ab ovo* par « dès l'origine »
e. *in partibus* par « partiellement »

❺ [Poitiers] Le sens adverbial des locutions latines suivantes est :
a. « en gros » pour *grosso modo*
b. « avec énergie » pour *motu proprio*
c. « de manière fine » pour *in fine*
d. « sans juridiction » pour *in partibus*
e. « dans l'enceinte d'une ville » pour *intra-muros*

Corrigé

❶ **b**, **e**, **d**, **a** et **c**. ❷ **d**. ❸ **a**, **d** et **e** (**b** : « ce qu'il y a de mieux », **c** : « personne ayant ses entrées dans un milieu fermé »). ❹ **b** et **d** (**a** : « sous l'empire de la colère », **c** : « du haut de la chaire », **e** : « sans fonction réelle »). ❺ **a**, **d** et **e** (**b** : « de plein gré », **c** : « à la fin »).

8 | Le genre des noms

Les pages qui suivent rassemblent des noms dont il vous faut connaître le genre. Vous devez effectivement pouvoir dire en concours si un nom est masculin, s'il est féminin, s'il est masculin ou féminin, s'il est masculin et féminin.

Un nom masculin ou féminin peut être employé au masculin ou au féminin avec un même sens. Un nom masculin et féminin est un nom qui est attesté, au masculin et au féminin, avec des sens différents. C'est du moins comme cela que l'on vous présente les choses en concours. Faites attention : connaître le genre des noms demande un long travail de mémorisation. (Nous nous sommes fondée sur le *Petit Robert* pour établir ces listes).

A. Noms masculins

Abîme
Abysse
Acrostiche
Acrotère
Adage
Aérolithe
Agrume
Albâtre
Amalgame
Ambre
Amiante
Anthracite
Antidote
Antipode
Antre
Aphte
Apogée
Appendice
Arcane
Armistice
Aromate
Arôme
Arpège
Asphalte
Asphodèle
Astérisque
Astragale
Athénée
Augure
Autographe
Autoradio
Axiome
Balustre
Capuce
Causse
Cerne
Cimeterre
Cippe
Colchique
Comté
Cytise
Décombres
Edelweiss
Édicule
Effluve
Élastique
Éloge
Élytre
Embâcle
Emblème
Empyrée
Empyreume
En-tête
Entracte
Épilogue
Épisode
Épithalame
Épitomé
Équinoxe
Ergastule
Érysipèle
(*ou* Érésipèle)
Érythème
Esclandre
Escompte
Estran
Évangile
Exergue
Exode
Exorde
Faste
Follicule
Granule
Graphite
Haltère
Hanap
Hémisphère
Hémistiche
Henné
Hiéroglyphe
Hosanna
Hospice
Hyménée
Hypogée

Icone
Idiome
Insigne
Interclasse
Intermède
Interstice
Intervalle
Involucre
Iris
Ivoire
Jamboree
Jaspe
Jujube
Lactose
Libelle
Lignite
Limbe
Lombes
Mânes
Mazagran
Méandre
Midi
Myosotis
Myrte
Naphte
Narcisse
Nimbe
Nonce
Obélisque
Ocelle
Opercule
Ophicléide
Opprobre
Opuscule
Orbe
Orle
Ove
Ovule
Pampre
Pataquès
Pétale
Pétiole
Planisphère
Pore
Quadrige
Quinconce
Rail
Retable
Riel
Sagard
Salamalec
Schiste
Sépale
Sévices
Socque
Stigmate
Stipe
Surah
Svastika
Sylphe
Tentacule
Termite
Thyrse
Tilde
Trille
Triqueballe
Trope
Tubercule
Tulle
Uretère
Viscère
Vivre

B. Noms féminins

Abscisse
Abside
Absinthe
Acanthe
Acné
Acoustique
Acropole
Aérogare
Affres
Agrafe
Alcôve
Algèbre
Alluvion
Amaryllis
Améthyste
Amibe
Amnistie
Anagramme
Anicroche
Antichambre
Apostille
Apostrophe
Appoggiature
Arabesque
Argile
Aspirine
Astuce
Atmosphère
Aura
Autoroute
Autoscopie
Azalée
Bakélite
Bisque
Bretèche
Campanule
Câpre
Caténaire
Chimère
Clepsydre
Clovisse
Colophane
Coloquinte
Congère
Coquecigrue
Cortès
Cosse
Crédence
Créosote
Cupule
Dartre
Drachme
Dragée
Ébène

Ébonite
Écritoire
Égide
Enclume
Éphélide
Éphéméride
Épice
Épigraphe
Épistaxis
Épitaphe
Épithète
Épître
Équivoque
Esbroufe
Escarre
Espada
Féra
Fontanelle
Fumeterre
Gemme
Glaire
Hématie
Hièble
Hysope
Icône
Idylle
Igname
Immondice
Malachite
Mandibule
Métope
Mœurs
Nacre
Octave
Once
Opale
Orbite
Orfraie
Oriflamme
Patelle
Patenôtre
Périssoire
Piastre
Pièze
Prémisse
Primeur
Primevère
Rissole
Sandaraque
Scolopendre
Scorsonère
Sépia
Spore
Squame
Stance
Strate
Syzygie
Ténèbres
Trirème
Urticaire
Vêpres
Vésicule
Vicomté

C. Noms masculins ou féminins

Les noms suivis d'un astérisque sont masculins ou féminins à l'un de leurs sens et sont en quelque sorte « à cheval » sur cette liste et sur la suivante. Nous avons donc choisi de les faire figurer dans les deux listes. Prenons l'exemple de *lime*. *Lime* est un nom féminin lorsqu'il désigne l'outil servant à polir ; *lime* est un nom masculin *ou* féminin quand il désigne un petit citron vert.

Acmé
Aglycone
Alvéole
Antienzyme
Apoenzyme
Aprèm
Après-midi
Arolle
Avant-guerre
Avant-midi
Barbouze*
Baston
Belon
Bogue*
Carpocapse
Chaintre
Chapska
Chibouque
Chistera
Coca*
Cola*
Coenzyme
Cotyle
Country
Éphémère
Fétuque
Fullerène
Goulache
Happy end
Harissa
Harmonique
H. L. M.
Holding
Hymne*
Imago*
Jaque
Jet-set
Lime*
Limule
Livedo
Manse
Manucure
Manzanilla
Métaldéhyde
Météorite
Mirepoix
Nasique*
Notonecte

Nymphée
Oasis
Oolithe
Ope
Ophrys
Palabre
Parka
Pentatome
Perce-neige
Phalène
Phonolithe
Poiscaille
Poliste
Protogine
Protophyte
Psylle*
Quatre-épices
Quatre-quatre
Réglisse*
Relâche*
Schappe
Schapska
Sex-shop
Squatine
Stout
Syrinx
Tachine
Tanagra
Tennis*
Thermos
Township
Vérétille
Wateringue

D. Noms masculins et féminins

Quelques-uns de ces termes ont, à un même genre, plusieurs sens : un seul, ici, vous est généralement rappelé.

A

Aide	M. : Individu apportant son aide à une personne. F. : Action de joindre ses efforts à ceux d'une autre personne ; appui ainsi accordé.
Aria	M. : Souci, ennui. F. : Solo chanté dans un opéra ; mélodie.
Arrière-main	M. : Partie postérieure d'un cheval. F. : Dos de la main.
Asclépiade	M. : Vers formé d'un spondée, de deux choriambes et d'un iambe. F. : Plante à fleurs odorantes.
Aune	M. : Arbre qui prend racine dans un sol humide (*Aune* ou *Aulne*). F. : Ancienne mesure de longueur égale à 1,18 m.

B

Baliste	M. : Poisson. F. : Machine de guerre antique qui permettait de lancer des projectiles.
Bamboula	M. : Tam-tam d'Afrique Noire. F. : Danse exécutée en suivant la musique de ce tam-tam ; fête.
Barbe	M. : Cheval de selle très prisé par les Arabes. F. : Poils poussant sur les joues et le menton.
Barbouze	M. (ou f.) : Agent secret. F. : Barbe.
Barde	M. : Poète celtique. F. : Fine tranche de lard que l'on place autour d'une viande à rôtir.

Beigne M. : (Canada) Beignet.
F. : Gifle.

Bogue M. (ou f.) : Défaut que présente un programme informatique.
F. : Enveloppe de la châtaigne.

C

Cache M. : Tout élément utilisé pour masquer, protéger.
F. : Cachette.

Carpe M. : Ensemble d'os compris entre l'avant-bras et le métacarpe.
F. : Poisson de la famille des cyprinidés.

Cartouche M. : Dans une carte de géographie, au bas d'un tableau, etc., emplacement qui est destiné à recevoir un titre, un commentaire.
F. : Étui rempli de poudre, d'explosif.

Casse M. : (Familier) Cambriolage.
F. : Fait de casser ou de se casser ; résultat de cette action.

Caustique M. : Substance attaquant les tissus animaux ou végétaux.
F. : Enveloppe des rayons lumineux après qu'ils ont été réfléchis ou réfractés par une surface.

Cave M. : Celui qui n'appartient pas au « milieu », à la pègre.
F. : Somme d'argent que chaque joueur engage, dans certains jeux de cartes.

Chantilly M. : Dentelle à mailles hexagonales, exécutée au fuseau.
F. : Crème fouettée, mousseuse et sucrée.

Cloche M. : Chapeau cloche (chapeau de femme hémisphérique, qui va en s'élargissant sur les bords).
F. : Instrument de bronze émettant un son retentissant ; milieu des clochards.

Clope M. : Mégot de cigarette, de cigare.
F. : Cigarette.

Coca M. (ou f.) : Arbrisseau.
F. : Substance que l'on extrait des feuilles de coca.

Coche M. : Ancienne voiture à cheval.
F. : Entaille.

Coco M. : Fruit du cocotier (grosse noix à la chair blanche, comestible) ; individu bizarre, peu recommandable.
F. : Abréviation familière de *cocaïne.*

Coke M. : Charbon.
F. : Abréviation familière de *cocaïne.*

Cola M. : Arbre.
F. (ou m.) : Noix de cola.

Comice M. : Association d'agriculteurs cherchant à perfectionner leurs techniques de culture et d'élevage.
F. : poire.

Cornette M. : Officier qui portait l'étendard d'une compagnie de cavalerie (porte-étendard).
F. : Ancienne coiffure de femme ; coiffure que portaient notamment certaines religieuses.

Couple M. : Réunion d'une femme et d'un homme.
F. : Lien utilisé pour attacher ensemble des animaux (Vénerie).

Crème M. : Café auquel on a ajouté un peu de crème ou de lait.
F. : Entremets à base de lait et d'œufs.

Crêpe M. : Étoffe de laine ou de soie.
F. : Galette très fine.

Critique M. : Personne émettant un jugement sur les œuvres d'art, les œuvres littéraires.
F. : Fait de critiquer.

Curie M. : Unité de mesure d'activité des matières radioactives (Ci).
F. : Division de la tribu romaine (Antiquité).

D

Décime M. : Dix centimes ; majoration de 10 % d'une taxe.
F. : Impôt que prélevait le roi sur les revenus du clergé.

Demi-solde M. : Militaire percevant une demi-solde.
F. : Solde réduite que perçoit un militaire en état de disponibilité.

Doris M. : Petit bateau de pêche à fond plat.
F. : Mollusque qui vit sur les rochers.

Drille M. : Soldat vagabond (cf. *un joyeux drille*).
F. : Outil servant à forer.

E

Échiffre M. : Dans un escalier, mur supportant les extrémités des marches.
F. : Sur les remparts d'une ville, petite construction qui sert d'abri.

Écho M. : Répétition d'un son.
F. : Abréviation d'*échographie*.

Enseigne M. : Officier qui était chargé de porter le drapeau.
F. : Panonceau signalant un établissement au public.

Épigramme M. : *Épigramme d'agneau* : morceau de poitrine qu'on sert grillé.
F. : Poème satirique.

Escarpe M. : Voleur n'hésitant pas à tuer.
F. : Talus de maçonnerie ou de terre (terme relatif aux fortifications).

Espace M. : Surface, étendue.
F. : En typographie, petite pièce métallique servant à séparer les mots.

F

Faune M. : Personnage mythologique aux pieds et aux cornes de chèvre, aux longues oreilles, au corps velu.
F. : Animaux peuplant un milieu, une région précise.

Finale M. : Dernière partie d'une composition musicale.
F. : Épreuve terminale d'une compétition.

Flasque M. : Dans un mécanisme, plaque dont on se sert comme support.
F. : Petit flacon qui est plat.

Foudre M. : Gros tonneau.
F. : Décharge électrique, accompagnée de tonnerre et d'éclairs, se produisant lors d'orages.

Fourgue M. : Marchand conservant des objets qu'il sait avoir été volés.
F. : Marchandise qui a été volée.

G

Gambette M. : Échassier dont les pieds sont rouges.
F. : Jambe.

Garde M. : Homme chargé de surveiller un lieu.
F. : Fait de garder, de surveiller quelque chose.

Geste M. : Mouvement du corps.
F. : Ensemble de poèmes du Moyen Âge présentant les exploits d'un héros.

Gîte M. : Lieu où l'on couche, où on loge.
F. : Inclinaison d'un bateau sur un bord ; endroit où prend place un navire échoué.

Graves M. : Vin produit à partir de vignobles cultivés sur des graves (n. f. pl.).
F. : (n. f. pl.) Terrains de Gironde, formés de graviers, d'argile et de sable.

Greffe M. : Dans un tribunal, bureau où l'on conserve les originaux des jugements.
F. : Opération consistant à implanter une pousse d'une plante dans une autre plante.

Guide M. : Ouvrage renseignant sur une ville, une région, un pays.
F. : Jeune fille membre d'un groupe féminin de scoutisme.

H

Haute-contre M. : Homme, chanteur, qui a cette voix.
F. : Voix masculine de registre aigu.

Hémostatique M. : Substance permettant d'arrêter une hémorragie.
F. : Étude de l'équilibre du sang dans les vaisseaux.

Hollande M. : Fromage hollandais à croûte rouge ; papier de luxe.
F. : Toile ou porcelaine fabriquée en Hollande.

Hydromètre M. : Instrument destiné à mesurer la hauteur d'une marée.
F. : Insecte qui porte également le nom d'*araignée d'eau*.

Hymne M. : Chant célébrant un héros. F. (ou m.) : Chant glorifiant Dieu.

I

Imago M. (ou f.) : État adulte de l'insecte.
F. : Image inconsciente d'une personne, formée dans l'enfance, qui oriente les relations ultérieures d'un sujet avec autrui.

Interligne M. : Espace séparant deux lignes imprimées.
F. : Lame métallique utilisée pour espacer les lignes (Typographie).

J

Jarre M. : Gros poil raide du pelage des animaux ou des laines.
F. : Grand récipient en terre.

L

Lapidaire M. : Meule employée pour polir les pierres précieuses, les verres, etc.
F. : Personne travaillant ou vendant des pierres précieuses.

Laque M. : Objet d'art sur lequel a été appliqué un vernis spécifique.
F. : Espèce de résine suintant d'arbres d'Extrême-Orient ; produit utilisé pour fixer les cheveux.

Légume M. : Plante potagère dont l'homme utilise une partie (feuille, racine, bulbe, etc.) pour se nourrir.
F. : Individu influent, important.

Leucite M. : Élément caractéristique des cellules végétales.
F. : Silicate d'aluminium et de potassium.

Lévite M. : Membre de la tribu de Lévi ; prêtre, séminariste.
F. : Longue redingote.

Lime Masc. (ou f.) : Fruit que donne le limettier (petit citron vert).
F. : Outil utilisé pour polir métaux, bois, etc.

Litre M. : Unité de mesure de volume qui équivaut à un décimètre cube.
F. : Bande noire ornant les murs d'une église lors des obsèques d'une personnalité.

Livre M. : Ouvrage imprimé.
F. : Moitié d'un kilogramme.

Lucernaire M. : Office religieux qui était célébré le soir.
F. : Méduse.

M

Manche M. : Partie d'un outil permettant de le tenir.
F. : Partie du vêtement couvrant le bras.

Manœuvre M. : Ouvrier chargé de tâches ne demandant pas de formation particulière.
F. : Exercice que font les soldats en temps de paix.

Marine M. : Soldat des marines anglaise ou américaine ; couleur bleu foncé.
F. : Forces navales d'une nation.

Matricule M. : Numéro d'inscription sur une matricule (= numéro d'immatriculation).
F. : Registre sur lequel on inscrit, avec un numéro d'ordre, le nom des personnes entrant dans une collectivité, dans un groupe organisé, tels que l'armée, les hôpitaux, les prisons, etc.

Mauve M. : Couleur mauve.
F. : Plante herbacée à fleurs violettes ou roses.

Mémoire M. : Dissertation sur un sujet précis que l'on peut être amené à soutenir devant un jury.
F. : Souvenir que laisse une personne défunte.

Merci M. : Remerciement.
F. : Pitié.

Mi-temps M. : Travail, activité rémunérée, à mi-temps.
F. : Pause coupant un match en deux.

Millefeuille M. : Gâteau présentant une superposition de feuilles de pâte et de crème.
F. : Plante aux feuilles longues, étroites et très découpées.

Mode M. : Forme du verbe traduisant l'attitude du locuteur à l'égard de ce qu'il dit.
F. : Façon de s'habiller, de penser ou d'agir prisée dans une société déterminée, durant un temps limité.

Môle M. : Construction qui préserve l'entrée d'un port des vagues de la mer.
F. : Poisson au corps aplati, qui porte aussi le nom de *poisson-lune*.

Monotype M. : Petit voilier appartenant à une série, construit sur le même modèle que d'autres bateaux.
F. : Composeuse fondant chaque caractère séparément (Imprimerie).

Morne M. : (Dans une île) Petite montagne, colline.
F. : Espèce d'anneau dont on garnissait la pointe des lances pour rendre ces dernières moins dangereuses.

Moufle M. : En chimie, vase de terre qui permet à un corps d'être soumis à l'action du feu sans être en contact avec la flamme.
F. : Sorte de gant séparant uniquement le pouce du reste de la main.

Moule M. : Objet creux qui reçoit une substance liquide ou pâteuse à laquelle il donne sa forme, une fois qu'elle s'est solidifiée.
F. : Mollusque comestible.

Mousse M. : Jeune marin.
F. : Accumulation de petites bulles à la surface d'un liquide.

Musette M. : Bal musette (bal où l'on dansait au son de la cornemuse, où l'on danse aujourd'hui au son de l'accordéon).
F. : Sac en toile, généralement porté en bandoulière ; cornemuse.

N

Napoléon M. : Pièce d'or sur laquelle est représenté le visage de Napoléon Ier ou celui de Napoléon III.
F. : Nom donné à une variété de bigarreau dont la chair blanche est ferme.

Nasique M. : Grand singe.
F. (ou m.) : Grande couleuvre.

Neume M. : Signe utilisé dans la notation du plain-chant.
F. : Dans le plain-chant, courte mélodie.

Nocturne M. : Rapace sortant uniquement la nuit.
F. : Ouverture d'un magasin en soirée.

O

Ocre M. : Couleur d'un brun jaune ou d'un brun rouge.
F. : Matière colorante naturelle, jaune brun ou rouge.

Œuvre M. : Production d'un artiste ; en architecture, bâtisse.
F. : Fruit d'un travail, d'une activité.

Ombre M. : Poisson de la famille des salmonidés.
F. : Zone sombre produite par un corps qui ne laisse pas passer les rayons lumineux.

Onagre M. : Âne sauvage.
F. : Plante de la famille des onagracées.

P

Page M. : Jeune noble de sexe masculin, placé auprès d'un personnage important afin d'apprendre le métier des armes.
F. : Côté d'une feuille de papier.

Paillasse M. : Clown.
F. : Enveloppe de toile remplie de feuilles, de paille, etc., utilisée comme matelas.

Palme M. : Mesure de longueur antique, égale à 7,4 cm.
F. : Feuille d'un palmier.

Pandore M. : Gendarme.
F. : Instrument de musique à cordes pincées, utilisé aux XVIe et XVIIe siècles.

Parallèle M. : Comparaison que l'on fait entre deux choses, deux êtres.
F. : Droite qui est parallèle à une autre.

Passe M. : Clef pouvant ouvrir des serrures différentes.
F. : Action de passer.

Pendule M. : Masse suspendue à un point fixe, qui oscille sous l'action de la pesanteur.
F. : Petite horloge.

Période M. : Phase, dans l'évolution d'une chose ; degré qu'atteint une chose.
F. : Espace de temps.

Plastique M. : Matière synthétique.
F. : Formes du corps humain, leur beauté.

Platine M. : Métal précieux.
F. : Dans un microscope, plateau sur lequel est posé l'élément à observer.

Pleurite M. : En zoologie, partie latérale d'un insecte.
F. : Inflammation de la plèvre, sans épanchement.

Ponte M. : Personnage influent ; au baccara, à la roulette, etc., personne jouant contre le banquier.
F. : Action de produire des œufs.

Physique M. : Aspect extérieur d'une personne.
F. : Science étudiant les propriétés de la matière.

Pique M. : Aux cartes, celle des deux couleurs noires qui représente un fer de pique stylisé.
F. : Espèce de lance.

Poêle M. : Appareil de chauffage.
F. : Ustensile de cuisine, habituellement rond, qui possède une longue queue.

Pourpre M. : Mollusque.
F. : Substance colorante rouge foncé.

Psylle M. : Charmeur de serpents.
F. (ou m.) : Insecte (espèce de cigale minuscule).

Q

Quadrille M. : Danse exécutée par quatre couples.
F. : Chacun des groupes de cavaliers d'un carrousel.

Quintefeuille M. : En architecture, rosace à cinq lobes.
F. : Plante dont la feuille a cinq folioles.

R

Rade M. : Bistrot, bar, café.
F. : Vaste bassin dans lequel les bateaux peuvent mouiller, s'abriter.

Radio M. : (vieilli) Opérateur de télégraphie sans fil (T. S. F.).
F. : Station qui émet des émissions en utilisant les ondes hertziennes.

Réclame M. : En fauconnerie, signe ou cri permettant de faire revenir l'oiseau.
F. : Publicité.

Régale M. : Jeu d'orgue à anches, portant aussi le nom de *voix humaine*.
F. : Droits qui appartenaient en propre au souverain.

Réglisse M. (ou f.) : Racine d'une réglisse.
F. : Plante employée en confiserie et en pharmacie.

Relâche M. (ou f.) : Interruption d'un travail, détente en résultant.
F. : Escale d'un navire ; lieu où le navire fait halte.

Rencontre M. : En héraldique, tête d'un animal présentée de face.
F. : Fait de se trouver, par hasard, en présence d'une autre personne.

Rhingrave M. : Titre que portaient certains princes d'Allemagne.
F. : Haut-de-chausses très large.

Rocaille M. : Style qui se caractérisait par la représentation d'éléments naturels (coquillages, feuillages, etc.) aux formes contournées.
F. : Ensemble de cailloux.

S

Sagittaire M. : Signe zodiacal.
F. : Plante aquatique portant également le nom de *flèche d'eau*.

Sarcophage M. : (Antiquité, haut Moyen Âge) Cercueil de pierre.
F. : Grosse mouche qui dépose ses larves sur des cadavres.

Sati M. : Rite, aboli en 1829, consistant en l'immolation d'une veuve sur le bûcher funéraire de son mari (Inde).
F. : Veuve qui se faisait ainsi brûler vive sur le bûcher funéraire de son époux, par fidélité conjugale (Inde).

Scolie M. : En géométrie, remarque sur un théorème, une proposition.
F. : Note servant à la compréhension des auteurs classiques.

Secrétaire M. : Meuble dans lequel on range des papiers.
F. : Salariée chargée de répondre au téléphone, de prendre des rendez-vous, de rédiger, etc.

Semi-remorque M. : Ensemble que constituent une semi-remorque et le véhicule qui la tire.
F. : Remorque de camion qui n'a pas de roues à l'avant.

Serpentaire M. : Rapace se nourrissant surtout de serpents.
F. : Nom donné communément à une variété d'arum.

Solde M. : Dans un compte, différence existant entre les débits et les crédits.
F. : Rémunération d'un militaire.

Somme M. : Action de dormir.
F. : Résultat d'une addition, total.

Souris M. : Sourire.
F. : Rongeur de petite taille.

Statuaire M. : Celui qui sculpte des statues.
F. : Art de créer des statues.

T

Tennis M. : Sport se pratiquant avec des raquettes.
F. (ou m.) : chaussure à semelle en caoutchouc.

Tonique M. : Substance raffermissant la peau ; substance fortifiante.
F. : Première note d'un ton, d'une gamme.

Torque M. : Collier de métal qu'ont porté les Gaulois, puis les soldats romains.
F. : Rouleau de fil de laiton ou de fer.

Tour M. : Circonférence d'une chose plus ou moins ronde.
F. : Bâtiment très haut.

Transat M. : Chaise longue en toile, qui se plie.
F. : Course de voiliers qui parcourent l'Atlantique, d'un bord à l'autre.

Trial M. : Course de motos tout-terrains.
F. : Moto conçue pour un trial.

Trolle M. : Plante herbacée aux fleurs jaune d'or.
F. : Manière de chasser au hasard, au gré de sa fantaisie.

Trompette M. : Personne jouant de la trompette, trompettiste.
F. : Instrument à vent.

V

Vapeur M. : Bateau à vapeur.
F. : Ensemble de gouttes d'eau extrêmement petites, en suspension dans l'air.

Vase M. : Récipient dans lequel on met, entre autres, des fleurs.
F. : Matières organiques, sables, etc., déposés au fond des eaux dormantes.

Vigile M. : Individu chargé de surveiller des locaux.
F. : Veille d'une fête catholique d'importance.

Voile M. : Pièce de tissu servant à cacher.
F. : Pièce de toile qui reçoit l'action du vent, permettant ainsi à un bateau d'avancer.

Ajoutons deux choses, pour finir :

– *Amour*, *délice* et *orgue* sont masculins au singulier, féminins au pluriel.

– *Gens* est un nom masculin pluriel qui, dans certaines circonstances, devient féminin. (cf. 3e partie).

Entraînement

❶ [Besançon] Repérez le ou les mots qui peuvent être féminin et masculin.
a. enseigne **b.** aire **c.** mémoire **d.** repaire **e.** vigile

❷ [Lille] Cochez « A » si le nom suivant est au masculin, « B » s'il est au féminin, « C » s'il peut prendre l'un ou l'autre genre :
1. Acrostiche **2.** Acoustique **3.** Voile **4.** Mode **5.** Acné
6. Écritoire **7.** Gens **8.** Obélisque **9.** Haltère **10.** Anagramme
11. Gîte **12.** Granule **13.** Mannequin

❸ [Marseille] Quels sont les mots qui, en gardant la même orthographe, changent de sens ?
a. paillasse **b.** page **c.** mousse **d.** souris **e.** terme

❹ [Nice] *Orgue* est un nom :
a. masculin **b.** féminin **c.** les deux

❺ [Paris] QRM - Certains noms peuvent être soit masculins, soit féminins selon leurs sens différents. Indiquez ceux qui entrent dans cette catégorie.
a. office **b.** paire **c.** équivoque **d.** vigile **e.** ombre

❻ [Paris] QRM - Indiquez les noms féminins.
a. éphéméride **b.** escarre **c.** stalagmite **d.** éphémère **e.** esclandre

❼ [Paris] QRM - Indiquez les noms masculins.
a. antidote **b.** termite **c.** épître **d.** gemme **e.** antipode

❽ [Poitiers] Parmi les mots suivants, quel est celui ou quels sont ceux qui appartiennent au genre masculin ?
a. échappatoire **b.** emblème **c.** interclasse **d.** edelweiss **e.** gemme

❾ [Poitiers] Parmi les définitions suivantes liées au genre de chacun des mots, quelle est celle (ou quelles sont celles) qui est (ou sont) exacte(s) ?
a. La platine est une pièce ou un support plat de divers instruments.
b. La couple désigne en mécanique un système de forces.
c. Un greffe désigne un appareil à greffer.
d. Un paillasse est un bateleur.
e. Une relâche désigne un arrêt dans le cours d'une navigation.

❿ [Toulouse] Quelle est l'expression correctement orthographiée ?
a. L'épitaphe, sur le monument, était élogieuse.
b. Nos soldes, cette année, se sont bien vendues.
c. L'apogée de sa gloire fut atteinte après cette victoire.
d. Des agrumes importées d'Afrique.

Corrigé

❶ **a**, **c** et **e**. ❷ **1 A** ; **2 B** ; **3 C** ; **4 C** ; **5 B** ; **6 B** ; **7 C** ; **8 A** ; **9 A** ; **10 B** ; **11 C** ; **12 A** ; **13 C**. ❸ **a**, **b**, **c** et **d**. ❹ **c** (*orgue* est masculin au singulier, féminin au pluriel). ❺ **a**, **d** et **e** (*office* est encore parfois attesté comme un nom féminin lorsqu'il désigne la pièce attenante à la cuisine même si certains dictionnaires lui refusent aujourd'hui le double genre, cf. « Divers noms de genre douteux », *Le bon usage*, pp. 612-617). ❻ **a**, **b**, **c** et **d** (*éphémère* est un nom masculin ou féminin). ❼ **a**, **b** et **e**. ❽ **b**, **c** et **d**. ❾ **a**, **d** et **e**. ❿ **a** (**b** : se sont vendus, **c** : fut atteint, **d** : importés).

9 | Mots déformés, emplois critiqués

Vous allez trouver ci-dessous, d'une part, des mots et des expressions déformés, des pléonasmes qui vous sont proposés en concours ; d'autre part, des termes auxquels on attribue généralement un sens incorrect, termes qu'il vous faut repérer dans les phrases ou les textes à corriger et qu'il vous faut éviter d'employer abusivement lorsque vous rédigez.

Mots et expressions déformés

Mots déformés	Formes correctes	Mots déformés	Formes correctes
Arborigène	**Aborigène**	Mémotechnique	**Mnémotechnique**
Avortif	**Abortif**	Nocosomial	**Nosocomial**
Aréoport	**Aéroport**	Omnubiler	**Obnubiler**
Aménophile	**Anémophile**	Opprobe	**Opprobre**
Aéropage	**Aréopage**	Panigyrique	**Panégyrique**
Astragan	**Astrakan**	Pantomine	**Pantomime**
Cachexique	**Cachectique**	Pécunier	**Pécuniaire**
Carapaçon	**Caparaçon**	Pénitentier (adj.)	**Pénitentiaire**
Carapaçonner	**Caparaçonner**	Périgrination	**Pérégrination**
Commissairiat	**Commissariat**	Spalmodier	**Psalmodier**
En définitif	**En définitive**	Spittacisme	**Psittacisme**
Dilemne	**Dilemme**	Regaillardir	**Ragaillardir**
Sur ces entrefaits	**Sur ces entrefaites**	Rassénérer	**Rasséréner**
Fratras	**Fatras**	Rabattre les oreilles	**Rebattre les oreilles**
Filigramme	**Filigrane**	Rénumération	**Rémunération**
Frustre (adj.)	**Fruste**	Rénumérer	**Rémunérer**
Être gré	**Savoir gré**	Soupoudrer	**Saupoudrer**
Huluberlu	**Hurluberlu**	Troublion	**Trublion**
Il faut mieux	**Il vaut mieux**	Vrombrir	**Vrombir**
Infractus	**Infarctus**	Vrombrissement	**Vrombissement**

Pléonasmes

PLÉONASMES	TOURS CORRECTS
Agonir d'injures	**Agonir *ou* accabler d'injures**
Apanage exclusif	**Apanage *ou* bien exclusif**
À partir de dorénavant	**À partir de maintenant *ou* dorénavant**
Au fur et à mesure	**À mesure** (*au fur et à mesure* est un pléonasme consacré par l'usage)
Au grand maximum	**Au maximum**
Au jour d'aujourd'hui	**Aujourd'hui**
Au(x) lieu et place de qqn, en lieu et place de qqn	**À la place de qqn (dans l'exercice de ses fonctions, de ses droits)**
Autrement plus	**Autrement *ou* plus** *Exemple :* Elle est autrement intelligente que lui. *ou* Elle est plus intelligente que lui.
S'avérer vrai, exact	**S'avérer ou se révéler vrai, exact**
Car en effet	**Car ou en effet**
Cohabiter ensemble, collaborer ensemble, comparer ensemble, coopérer ensemble, joindre ensemble, partager ensemble, se concerter ensemble, se réunir ensemble, unir ensemble	**Cohabiter, collaborer, comparer, coopérer, joindre, partager, se concerter, se réunir, unir**
Commémorer un anniversaire ; commémorer le souvenir de	**Célébrer, fêter un anniversaire ; Célébrer, rappeler le souvenir de**
Se contenter seulement de	**Se contenter de**
Défiler successivement	**Défiler**
Dépenses somptuaires	**Dépenses somptueuses, voluptuaires**
Descendre en bas	**Descendre**
Deux alternatives (pour deux partis possibles)	**Une alternative**
Un doyen d'âge	**Un doyen** (*doyen d'âge* se dit pour désigner la personne la plus vieille, dans une assemblée délibérante)
Enfin, pour conclure ; enfin, pour finir ; enfin, pour terminer	**Enfin *ou* pour conclure, pour finir, pour terminer**
S'entraider mutuellement	**S'entraider**
Exulter de joie	**Exulter**
Une fausse perruque, un faux prétexte	**Une perruque, un prétexte**
Un fétu de paille	**Un fétu *ou* un brin de paille**
Une heure de temps	**Une heure**
Incessamment sous peu	**Incessamment *ou* sous peu**
Une longue litanie	**Une litanie *ou* une longue énumération**
Un mineur de moins de dix-huit ans	**Un mineur**

Le moindre petit (défaut, détail, etc.)	**Le moindre (défaut, détail, etc.) *ou* le plus petit (défaut, détail, etc.)**
Un monopole exclusif	**Un monopole**
Monter en haut	**Monter**
Obérer de dettes	**Obérer *ou* accabler de dettes**
Opposer son veto à qqch.	**Mettre son veto à qqch.**
Une orthographe correcte	**Une orthographe**
En outre de cela	**En outre *ou* en plus de cela**
Panacée universelle	**Panacée**
Prédire à l'avance, d'avance ; préparer à l'avance, d'avance ; prévenir à l'avance, d'avance ; prévoir à l'avance, d'avance ; pronostiquer à l'avance, d'avance ; réserver à l'avance, d'avance ; retenir à l'avance, d'avance	**Prédire, préparer, prévenir, prévoir, pronostiquer, réserver, retenir**
Préférer plutôt	**Préférer**
Puis après, puis ensuite	**Puis *ou* après, ensuite**
Refaire de nouveau, refaire encore, refaire la même chose	**Refaire *ou* faire de nouveau, faire encore, faire la même chose**
Schah de Perse, d'Iran	**Schah**
Secousse séismique, sismique	**Secousse tellurique *ou* phénomène séismique, sismique**
Suffire juste, seulement, simplement	**Suffire**
Être sûr et certain de, que	**Être sûr *ou* être certain de, que**
Sur un même pied d'égalité	**Sur un même pied *ou* sur un pied d'égalité**
Tous sont unanimes	**Ils sont unanimes *ou* tous sont d'accord**
Voire même	**Voire**

Emplois critiqués

Mots	Sens indûment attribués	Sens corrects
Achalander	Pourvoir en marchandises, approvisionner (cf. *achalandage*, *achalandé*)	Pourvoir en clients, attirer la clientèle
À nouveau	Une seconde fois, encore une fois À remplacer par *de nouveau*	Différemment, sur de nouvelles bases
Au niveau de	Quant à, en ce qui concerne	À la hauteur de *Exemple :* L'eau est montée au niveau de la table.
Baser	Fonder, établir *Exemple :* Je base tous mes espoirs sur ce dernier concours.	Installer dans une base *Exemple :* Nos soldats seront basés à Toulon.

Basique	De base, fondamental, essentiel *Exemple :* l'anglais basique	Qui a trait à une base, qui en possède les propriétés (chimie)
Conséquent	Important *Exemple :* Il a fait un effort conséquent.	Qui agit avec constance ; qui raisonne avec cohérence ; qui est en accord avec
Contacter	Prendre contact avec qqn, entrer en contact avec qqn	Terme à réserver aux domaines du commerce international et du renseignement
De par	Du fait de, étant donné, à cause de *Exemple :* Il a échoué à son concours de par ses absences répétées.	De la part de, au nom de, par la volonté de *Exemples :* de par le roi, de par la loi ; en quelque endroit de *Exemple :* de par le monde
De suite	Immédiatement, aussitôt À remplacer par *tout de suite*	Successivement, d'affilée *Exemple :* Il a bu deux verres de suite.
Des fois (loc.)	Parfois, quelquefois	Expression à bannir
Digeste (adj.)	Se dit d'un aliment que l'on digère avec facilité À remplacer par *digestible*	Terme à bannir
Excessif	Très grand, extrême	Qui outrepasse la mesure ; qui est incapable de modération
Excessivement	Très, extrêmement *Exemple :* Il est excessivement intelligent.	De façon excessive, exagérément *Exemple :* Il est excessivement cher.
Finaliser	Achever une chose, la présenter sous une forme presque définitive *Exemple :* Nous finaliserons ce projet lundi soir.	Donner un but, une fin à qqch.
Impact	Influence, effet (sur l'opinion) *Exemple :* Comment mesurer l'impact de cette campagne publicitaire ?	Collision entre deux corps ; effet d'une action brutale, sur qqch. ou qqn
Initier	Être à l'origine de, entreprendre, inaugurer *Exemple :* C'est elle qui a initié ce projet.	Inculquer à une personne les rudiments d'une discipline
Interpeller	Attirer l'attention, susciter un intérêt *Exemple :* Le sort des enfants m'interpelle.	Appeler une personne, s'adresser à qqn de façon brusque
Naguère	Autrefois, anciennement, jadis	Depuis peu, il y a peu, récemment
Opportunité	Occasion *Exemple :* J'ai eu l'opportunité d'assister à ses cours.	Qualité de ce qui est opportun *Exemple :* Nous devons discuter de l'opportunité d'une telle loi.
Passager	Très fréquenté *Exemple :* une rue passagère À remplacer par *passant, ante*	Qui dure peu de temps ; qui est de passage.

Périple	(Long) voyage par voie de terre *Exemple :* Leur périple en Dordogne leur a permis de rencontrer de nombreux Anglais.	Fait de naviguer autour d'une mer, d'un continent
Pluvieux	Où il pleut abondamment, où la pluie est fréquente *Exemple :* une région pluvieuse	Qui est caractérisé par la pluie, qui apporte la pluie *Exemples :* un climat, un temps, un vent pluvieux
Positiver	Montrer son optimisme, manifester sa confiance *Exemple :* Vous devriez essayer de positiver !	Terme à bannir
Réaliser	Prendre conscience de qqch. ; se rendre compte de qqch. *Exemple :* J'ai réalisé trop tard que j'avais mal travaillé.	Rendre réel, accomplir
Répercuter	Transmettre *Exemple :* Je répercuterai tes volontés.	Renvoyer un son, une image
Repousser	Reporter, différer, remettre à plus tard *Exemple :* J'ai repoussé la date de mon oral.	Pousser de nouveau, pousser en arrière
Risquer	Avoir une chance de *Exemple :* Je risque de réussir ce concours.	Mettre en danger ; s'exposer à un danger
Sévérité	Caractère dangereux, grave ; gravité *Exemple :* Ils n'ont rien dit de la sévérité de cette maladie.) (cf. *sévère, sévèrement*)	Absence d'indulgence, rigueur, austérité
Soi-disant (adj.)	Que l'on affirme (à tort) être tel *Exemple :* Ce soi-disant pédophile est un honnête citoyen ! Un soi-disant apprentissage À remplacer par *prétendu, ue*	Qui se dit être tel *Exemple :* un soi-disant duc
Solutionner	Trouver une solution à, résoudre	Terme à bannir
Stupéfaire	Frapper une personne de stupeur À remplacer par *stupéfier*	Terme à bannir
Tout d'un coup	Subitement, soudainement À remplacer par *tout à coup*	D'un seul coup, en une seule fois

Entraînement

1 [Marseille] Il a subi l' .... de ses pairs.
a. opprobre b. opprobe c. opprôbe d. opprôbre e. oppraube

2 [Nancy] Repérez les phrases qui présentent une impropriété lexicale ou une incorrection structurelle.
a. Ses parents avaient une exploitation agricole conséquente.
b. Je te promets que ce n'est pas moi qui ai cassé le vase.
c. As-tu fini de me rabattre les oreilles avec tes sornettes ?
d. À partir de dorénavant, de nouvelles mesures de sécurité seront envisagées.
e. À cette occasion, tous les amis ont défilé successivement à la maison.
f. Au niveau du contenu, ce roman est sans intérêt.

3 [Paris] QRM – Indiquez les mots soulignés incorrects.
a. Savez-vous utiliser un aéromètre ?
b. Ils n'ont qu'un aérodrome de petite taille.
c. Les aéronautes jouissent toujours d'un certain prestige.
d. Ils avaient convoqué tout un aéropage d'ingénieurs de l'aviation.
e. De nombreux médicaments se présentent sous forme d'aérosols.

4 [Paris] QRU – Indiquez le mot éventuellement mal orthographié.
a. l'aérobie b. un aérolithe c. un aéropage d. l'aérophagie e. ARNC

5 [Poitiers] Il est incorrect de dire ou d'écrire :
a. des périgrinations b. des problèmes pécuniers
c. une oasis d. à l'envie e. il vaut mieux

6 [Poitiers] Il est correct de dire :
a. Aller de mal en pire
b. Pallier à un inconvénient
c. Au point de vue pécuniaire
d. Les risques sont réduits au minimum
e. Il me rabat les oreilles avec son histoire

7 [Tours] Quels mots sont des barbarismes ?
a. agonir b. infrarctus c. rénumération d. sujétion e. perpétrer

Corrigé

1 a. 2 a (importante), b (je t'assure que), c (rebattre les oreilles), d (dorénavant *ou* à partir de maintenant), e (ont défilé à la maison), f (en ce qui concerne le contenu). 3 a (aréomètre) et d (aréopage). 4 c (aréopage). 5 a (pérégrinations), b (pécuniaires) et d (à l'envi). 6 c et d (a : aller de mal en pis ; b : pallier un inconvénient ; e : il me rebat les oreilles). 7 b (infarctus) et c (rémunération).

10 | Les animaux : leurs petits, leurs cris

Il convient de s'intéresser aux animaux et à leurs cris si l'on passe les concours de Poitiers, de Lyon ou de Lille.

Mâle	Femelle	Petit	Action de crier	Cri (ou bruit) produit
Abeille (n. f.), **faux bourdon** (n. m.)	Abeille (n. f.)	—	Bourdonner, vrombir	Bourdonnement, vrombissement
Aigle (n. m.)	Aigle (n. f.)	Aiglon (n. m.), aiglonne (n. f.)	Glatir, trompeter	Glatissement
Alouette (n. f.)	Alouette (n. f.)	—	Grisoller, tirelirer, turluter	Grisollement, tireli *ou* tirelis
Âne (n. m.)	Ânesse (n. f.)	Ânon (n. m.)	Braire	Braiment
Bécasse (n. f.)	Bécasse (n. f.)	Bécasseau (n. m.), béchot (n. m.)	Crouler	Croule
Bœuf (n. m.), **taureau** (n. m.)	Vache (n. f.)	Veau (n. m.), génisse (n. f.), taure (n. f.)	Beugler, meugler, mugir	Beuglement, meuglement, mugissement
Bouc (n. m.)	Chèvre (n. f.), bique (n. f. fam.)	Cabri (n. m.), chevreau (n. m.), bicot (n. m. pop.), biquet (n. m. fam.), biquette, (n. f.), chevrette, n. f.)	Bêler (chèvre), bégueter, chevroter	Bêlement (chèvre), béguètement, chevrotement
Buffle (n. m.)	Bufflonne (n. f.), bufflesse (n. f.)	Bufflon (n. m.), buffletin (n. m.)	Beugler, mugir, souffler	Beuglement, mugissement, soufflement
Caille (n. f.)	Caille (n. f.)	—	Cacaber, carcailler, courcailler, margauder, margotter	Courcaillet
Canard (n. m.)	Cane (n. f.)	Caneton (n. m.), canardeau (n. m.)	Cancaner, nasiller	Cancanage (rare), nasillement

Cerf (n. m.)	Biche (n. f.)	Faon (n. m.) (cf. brocard, n. m. ; daguet, n. m. ; hère, n. m. ; verdet, n. m.)	Bramer, raire, râler, raller, réer	Brame, bramée, bramement, raire
Chacal (n. m.)	Chacal (n. m.)	—	Aboyer, japper	Aboiement, jappement, jappage
Chameau (n. m.)	Chamelle (n. f.)	Chamelon (n. m.)	Blatérer	Blatèrement
Chat (n. m.), **matou** (n. m.)	Chatte (n. f.)	Chaton (n. m.) (*chatonne*, n. f., dans le *Petit Robert*)	Feuler, miauler, ronronner	Feulement, miaulement, ronronnement
Chat-huant (n. m.)	Chat-huant (n. m.)	—	Chuinter, huer, hululer *ou* ululer	Chuintement, hululement *ou* ululement
Chauve-souris (n. f.)	Chauve-souris (n. f.)	—	Grincer	Grincement
Cheval (n. m.), **étalon** (n. m.)	Jument (n. f.)	Poulain (n. m.), pouliche (n. f.)	S'ébrouer, hennir	Ébrouement, hennissement
Chevreuil (n. m.)	Chevrette (n. f.)	Chevrotin (n. m.), faon (n. m.) (cf. brocard, n. m.)	Bramer, raire, réer	Brame, bramée, bramement, raire
Chien (n. m.)	Chienne (n. f.)	Chiot (n. m.)	Aboyer, clabauder, glapir (*chiot*), grogner, gronder, hurler, japper	Aboiement, clabaudage, glapissement (*chiot*), grognement, grondement, hurlement, jappement
Chien de chasse (n. m.)	Lice (n. f.)	—	Clabauder, clatir	Clabaudage, clatissement
Chimpanzé (n. m.)	Chimpanzé (n. m.)	—	Crier, hurler	Cri, hurlement
Chouette (n. f.)	Chouette (n. f.)	—	Chuinter, huer, hululer *ou* ululer	Chuintement, hululement *ou* ululement
Cigale (n. f.)	Cigale (n. f.)	—	Chanter, craqueter, striduler	Chant, craquètement *ou* craquettement, stridulation

Cigogne (n. f.)	Cigogne (n. f.)	Cigogneau (n. m.) (cicognat, n. m. ; cicon[n]eau, n. m.)	Claqueter, craquer, craqueter, glottorer	Craquètement *ou* craquettement
Coq (n. m.)	Poule (n. f.)	Poussin (n. m.), poulet (n. m.)	*Le coq* : chanter, coqueliner, coqueriquer ; *la poule* : caqueter, claqueter, crételer, glousser ; *le poussin*, *le poulet* : piailler, piauler	*Le coq* : chant, cocorico *ou* coquerico ; *la poule* : caquet, caquetage, caquètement, gloussement ; *le poussin*, *le poulet* : piaillement, piaulement
Corbeau (n. m.)	Corbeau (n. m.)	Corbillat (n. m.)	Crailler, croasser, grailler	Craillement, croassement, graillement
Corneille (n. f.)	Corneille (n. f.)	Cornillat (n. m.)	Crailler, croasser, grailler	Craillement, croassement, graillement
Crapaud (n. m.)	Crapaud (n. m.)	(cf. têtard, n. m.)	Coasser	Coassement
Criquet (n. m.)	Criquet (n. m.)	—	Striduler	Stridulation
Crocodile (n. m.)	Crocodile (n. m.)	—	Lamenter, vagir	Vagissement
Cygne (n. m.)	Cygne (n. m.)	—	Lamenter, siffler, trompeter	Sifflement
Daim (n. m.)	Daine (n. f.)	Faon (n. m.) (cf. brocard, n. m.)	Bramer, râler	Brame, bramée, bramement
Dindon (n. m.)	Dinde (n. f.)	Dindonneau (n. m.)	Glouglouter, glousser	Glouglou, glougloutement, gloussement
Dromadaire (n. m.)	Dromadaire (n. m.)	Chamelon (n. m.)	Blatérer	Blatèrement
Éléphant (n. m.)	Éléphant (n. m.), éléphante (n. f., rare)	Éléphanteau (n. m.)	Baréter, barrir	Barrissement, barrit
Épervier (n. m.), **tiercelet** (n. m.), **mouchet** (n. m., vx)	Épervier (n. m.)	—	Glapir, piailler, piauler	Glapissement, piaillement, piaulement
Faisan (n. m.)	Faisane (n. f.)	Faisandeau (n. m.)	Criailler, glapir	Criaillement, glapissement
Faucon (n. m.), **tiercelet** (n. m.)	Faucon (n. m.)	—	Réclamer	—

Fauvette (n. f.)	Fauvette (n. f.)	—	zinzinuler	—
Geai (n. m.)	Geai (n. m.)	—	Babiller, cacarder, cajoler, jaser	Babil, babillage, cacardement
Goéland (n. m.)	Goéland (n. m.)	—	pleurer	—
Gorille (n. m.)	Gorille (n. m.)	—	Crier, hurler	Cri, hurlement
Grenouille (n. f.)	Grenouille (n. f.)	(cf. têtard, n. m.)	Coasser	Coassement
Grillon (n. m.)	Grillon (n. m.)	—	Crépiter, crisser, grésiller, striduler	Crépitement, crissement, grésillement, stridulation
Grue (n. f.)	Grue (n. f.)	Gruau (n. m.), gruon (n. m.)	Craquer, craqueter, glapir	Craquètement, glapissement
Guêpe (n. f.)	Guêpe (n. f.)	—	Bourdonner, vrombir	Bourdonnement, vrombissement
Héron (n. m.)	Héron (n. m.)	Héronneau (n. m.)	huer	—
Hibou (n. m.)	Hibou (n. m.)	—	Bouboular, huer, hululer *ou* ululer, miauler	Hululement *ou* ululement, miaulement
Hirondelle (n. f.)	Hirondelle (n. f.)	Hirondeau (n. m.)	Gazouiller, trisser	Gazouillement, gazouillis
Huppe (n. f.)	Huppe (n. f.)	Huppette (n. f.)	Pupuler	—
Hyène (n. f.)	Hyène (n. f.)	—	Hurler, miauler	Hurlement, miaulement
Jars (n. m.)	Oie (n. f.)	Oison (n. m.)	Cacarder, criailler, jargonner, siffler	Cacardement, criaillement, sifflement
Lapin (n. m.)	Lapine (n. f.)	Lapereau (n. m.)	Clapir, couiner, glapir	Couinement, glapissement
Lévrier (n. m.)	Levrette (n. f.)	Levron (n. m.), levronne (n. f.)	Cf. *chien*	Cf. *chien*
Lièvre (n. m.)	Hase (n. f.)	Levraut *ou* levreau (n. m.), liévreteau (n. m.)	Couiner, vagir	Couinement, vagissement
Lion (n. m.)	Lionne (n. f.)	Lionceau (n. m.)	Rugir	Rugissement
Loup (n. m.)	Louve (n. f.)	Louveteau (n. m.)	Hurler	Hurlement
Marmotte (n. f.)	Marmotte (n. f.)	—	Siffler	Sifflement
Merle (n. m.)	Merlette (n. f.)	Merleau (n. m.)	Babiller, flûter, siffler	Babil, babillage, sifflement
Mésange (n. f.)	Mésange (n. f.)	—	Zinzinuler	—
Moineau (n. m.)	Moineau (n. m.)	—	Babiller, pépier	Babil, babillage, pépiement
Mouche (n. f.)	Mouche (n. f.)	—	Bourdonner	Bourdonnement

Mouton (n. m.), **bélier** (n. m.)	Brebis (n. f.)	Agneau (n. m.), agnelle (n. f.) (cf. vacive, n. f.)	*Mouton, agneau, brebis :* bêler, chevroter ; *bélier :* blatérer	*Mouton, agneau, brebis :* bêlement chevrotement ; *bélier :* blatèrement
Otarie (n. f.)	Otarie (n. f.)	—	Bêler, grogner, rugir	Bêlement, grognement, rugissement
Ours (n. m.)	Ourse (n. f.)	Ourson (n. m.)	Grogner, gronder	Grognement, grondement
Panthère (n. f.)	Panthère (n. f.)	—	Feuler, rugir	Feulement, rugissement
Paon (n. m.)	Paonne (n. f.)	Paonneau (n. m.)	Brailler, criailler	Braillement, criaillement
Perdrix (n. f.)	Perdrix (n. f.)	Perdreau (n. m.)	Cacaber, criailler, glousser, rappeler	Criaillement, gloussement, rappel
Perroquet (n. m.)	Perroquet (n. m.)	—	Babiller, criailler, jaser, parler	Babil, babillage, criaillement
Phoque (n. m.)	Phoque (n. m.)	—	Bêler, grogner, rugir	Bêlement, grognement, rugissement
Pie (n. f.)	Pie (n. f.)	—	Babiller, cajoler, jacasser, jaser	Babil, babillage, jacassement
Pigeon (n. m.)	Pigeon (n. m.), pigeonne (n. f., rare)	Pigeonneau (n. m.)	Caracouler, roucouler	Roucoulade, roucoulement, roucoulis
Pinson (n. m.)	Pinson (n. m.)	—	Ramager, siffler	Ramage, sifflement
Pintade (n. f.)	Pintade (n. f.)	Pintadeau (n. m.)	Cacaber, criailler	Criaillement
Porc (n. m.), **cochon** (n. m.), **verrat** (n. m.)	Truie (n. f.)	Porcelet (n. m.), cochonnet (n. m.), goret (n. m.) (cf. nourrain *ou* nourrin, n. m.)	Grogner, groiner *ou* grouiner	Grognement, grouinement
Rat (n. m.)	Rate (n. f.)	Raton (n. m.)	Couiner	Couinement
Renard (n. m.)	Renarde (n. f.)	Renardeau (n. m.)	Glapir, japper	Glapissement, glapis, jappement, jappage
Rhinocéros (n. m.)	Rhinocéros (n. m.)	—	Baréter, barrir	Barrissement

Rossignol (n. m.)	Rossignol (n. m.), rossignole (n. f., rare)	Rossignolet (n. m.)	Chanter, gringotter, rossignoler	Chant
Sanglier (n. m.)	Laie (n. f.)	Marcassin (n. m.)	Grogner, grommeler	Grognement, grommellement
Sauterelle (n. f.)	Sauterelle (n. f.)	—	Striduler	Stridulation (n. f.)
Serpent (n. m.)	Serpent (n. m.)	Serpenteau (n. m.)	siffler	sifflement
Singe (n. m.)	Guenon (n. f.)	—	Crier, hurler	Cri, hurlement
Souris (n. f.)	Souris (n. f.)	Souriceau (n. m.)	Chicoter, couiner	Chicotement, couinement
Taon (n. m.)	Taon (n. m.)	—	Bourdonner, vrombir	Bourdonnement, vrombissement
Tigre (n. m.)	Tigresse (n. f.)	—	Feuler, miauler, râler, rauquer, rugir	Feulement, miaulement, râle, rauquement, rugissement
Tourterelle (n. f.), **tourtereau** (n. m., rare)	Tourterelle (n. f.)	Tourtereau (n. m.)	Caracouler, gémir, roucouler	Gémissement, roucoulade, roucoulement, roucoulis
Zèbre (n. m.)	Zèbre (n. m.)	—	hennir	hennissement

Entraînement

❶ [Lille] Qui croasse ?
a. la grenouille b. le corbeau

❷ [Lyon] Quel(s) animal(aux) blatère(nt) ?
a. Le bélier b. Le buffle c. Le chameau d. Le daim e. L'éléphant

❸ [Lyon] Quel(s) animal(aux) stridule(nt) ?
a. La sauterelle b. Le grillon c. Le geai d. La cigale mâle

❹ [Poitiers] Le féminin de
a. poulain est poulaine.
b. buffle est bufflone.
c. diacre est diaconnesse.
d. merle est merlette.
e. chevreau est chèvre.

❺ [Poitiers] Le féminin de bélier est « brebis ». Ainsi le nom « bélier » marque la distinction des genres par deux mots de radical différent. Parmi les mots suivants, quel est celui (ou quels sont ceux) qui est (ou sont) dans le même cas ?
a. sanglier b. cerf c. lévrier d. lièvre e. poney

❻ [Poitiers] Le féminin de
a. ouistiti est ouistitite.
b. loup-cervier est loup-cerve.
c. poney est ponette.
d. perroquet est perroquette.
e. poulain est poulaine.

Corrigé

❶ b. ❷ a et c. ❸ a, b et d. ❹ d (a : le féminin de *poulain* est aujourd'hui *pouliche*, *poulaine* a existé, mais a disparu ; b : bufflonne ; c : diaconesse ; e : chevrette). ❺ a, b et d (a : laie ; b : biche ; c : levrette ; d : hase ; e : ponette). ❻ b et c.

PARTIE 2

Grammaire

Le cours

11 | Natures

Voici un bref rappel des classes auxquelles appartiennent les mots. Une connaissance parfaite de la nature des termes que nous employons est essentielle lorsque l'on passe le concours de Bordeaux et celui de Caen, est nécessaire quand on tente d'autres concours.

Un mot peut être déterminant, nom, pronom, adjectif, verbe, adverbe, préposition, conjonction de coordination, conjonction de subordination ou interjection.

Les déterminants

Ce sont des termes qui déterminent les noms qui les suivent, c'est-à-dire qui permettent leur présence dans une phrase.

On compte au nombre des déterminants les articles et les adjectifs démonstratifs, possessifs, indéfinis, interrogatifs, exclamatifs, numéraux cardinaux, relatifs (cf. section 12).

Les pronoms

Il s'agit de termes qui jouent le rôle de noms. Il existe sept sortes de pronoms.

– Le **pronom personnel** : *je, me, moi, tu, te, toi, il, elle, le, la, lui, se, soi, nous, vous, ils, elles, les, leur, eux.*

À ces formes, il convient d'ajouter *en* et *y*, que l'on nomme aussi ***pronoms adverbiaux***, et *on*, ***pronom personnel indéfini***.

Exemples : Elle sourit constamment. *Je me* repose. *On leur* a fait confiance. *Elle se* tait.

Excepté à la 1re et à la 2e personne du pluriel, on distingue des formes de pronoms personnels ***conjointes*** (ou ***atones***) et des formes ***disjointes*** (ou ***toniques***) : les premières précèdent généralement le verbe dont elles ne peuvent être séparées que par un autre pronom conjoint et/ou par l'adverbe de négation *ne* ; les secondes sont séparées du verbe par une préposition, une virgule, etc.

Exemples

Pronoms personnels conjoints : *Elle* boude. *Elle me* boude. *Elle* ne boude pas.

Pronoms personnels disjoints : À *toi,* il dira ce qu'il sait. Je me souviens très bien de *lui.*

– Le **pronom démonstratif** : *celui, celle, ceux* et *celles* (qui peuvent être renforcés par les adverbes *ci* ou *là*), *ce, ceci, cela, ça.*

Exemples : Ceux-là ne viendront pas. Note bien *ceci. Ça* ne m'intéresse pas.

– Le **pronom possessif** : *le mien, la mienne, les miens, les miennes, le tien, la tienne, les tiens, les tiennes, le sien, la sienne, les siens, les siennes, le nôtre, la nôtre, les nôtres, le vôtre, la vôtre, les vôtres, le leur, la leur, les leurs.*

Exemples : Le mien fonctionne parfaitement. Il a perdu *les siens*. Que pensez-vous *des vôtres* ?

– Le **pronom indéfini** : *aucun, autre, autrui, certains, chacun, maint, même, néant, nul, on, personne, plusieurs, qui, tel, quelqu'un, quiconque, rien, tout, un.*

Exemples : Aucun n'a répondu. Il n'en veut à *personne*. Est-ce pour le bien d'*autrui* ? Les visiteurs admiraient, *qui* une gravure, *qui* une tapisserie, *qui* un meuble sculpté. Nous le réduirons à *néant*.

– Le **pronom interrogatif** : *qui, que, quoi, quel* (*quelle, quels, quelles*), *lequel* (*laquelle, lesquels, lesquelles, auquel, à laquelle, auxquels, auxquelles, duquel, de laquelle, desquels, desquelles*).

Exemples : Qui voulais-tu rencontrer ? *Que* penses-tu de cette affaire ? *Lequel* vas-tu choisir ? *Quelle* est de nous trois la plus gracieuse ?

– Le **pronom relatif** : *qui, que, quoi, dont, où, lequel* (*auquel, duquel*, etc.), *quiconque*.

Exemples : J'ai rencontré une personne *qui* a vécu trente ans au Sénégal. Voici le foulard *que* tu m'avais offert. Est-ce l'étudiant *dont* tu m'as parlé ?

REMARQUE

Dont est le seul de ces termes qui soit toujours un pronom relatif.

– Le **pronom numéral**

Sa forme est la même que celle de l'adjectif numéral cardinal : *un, deux, trois, quatre, cinq…*

Exemples : Elle en a mangé *dix-huit* ! Il m'en faudrait *vingt-cinq*.

L'adjectif qualificatif

Il s'agit d'un terme qui indique la qualité, le trait caractéristique, d'un être ou d'un objet.

Exemples : C'est un homme *heureux*. Il est *heureux*. Je le pense *heureux*. Son père, *heureux*, l'a chaudement félicité.

L'adjectif est généralement variable en degrés. On distingue habituellement le **comparatif** et le **superlatif**.

Il y a trois sortes de comparatifs :

– **Le comparatif de supériorité :** l'adjectif est précédé de l'adverbe *plus*.

Exemple : Il est *plus* calme que sa sœur.

– **Le comparatif d'égalité :** l'adjectif est précédé de l'adverbe *aussi*.

Exemple : Il est *aussi* calme que sa sœur.

– **Le comparatif d'infériorité :** l'adjectif est précédé de l'adverbe *moins*.

Exemple : Il est *moins* calme que sa sœur.

GRAMMAIRE

Il y a deux sortes de superlatifs :

– **Le superlatif relatif :** il peut être **de supériorité** ou **d'infériorité**. Il est formé de l'adjectif au comparatif de supériorité ou d'infériorité, ordinairement précédé de l'article défini.

Exemples :
Superlatif relatif de supériorité : Il est *le plus* calme.
Superlatif relatif d'infériorité : Il est *le moins* calme.

–**Le superlatif absolu :** l'adjectif est précédé de l'adverbe *très.*

Exemple : Il est *très* calme.

D'autres adverbes peuvent aussi exprimer le haut degré tels *fort*, *bien* et de nombreux adverbes en *-ment* tels *infiniment, extrêmement, grandement, rudement*, etc.

■ Le verbe

Le verbe est un terme qui exprime une action ou un état. Ce mot présente la particularité de se conjuguer : le verbe varie en mode, en temps, en personne, en nombre et en voix.

Exemples : Elles *dînent.* Nous *sommes* heureux. Elle *a été engloutie* par la mer.

■ L'adverbe

L'adverbe est un mot invariable (à l'exception de *tout*) qui modifie le plus souvent le sens d'un verbe, d'un adjectif, d'un autre adverbe ou d'une phrase entière.

Exemples :
Il boit *excessivement.* (*excessivement* modifie le sens du verbe *boire*)
Cette étude est *très* intéressante. (*très* modifie le sens de l'adjectif *intéressante*)
Elles chantent *trop* fort. (*trop* modifie le sens de l'adverbe *fort*)

■ La préposition

Il s'agit d'un mot invariable introduisant un complément : *à, après, avant, avec, chez, contre, dans, de, dedans, dehors, depuis, derrière, dès, dessous, dessus, devant, durant, en, entre, fors, hormis, hors, malgré, outre, par, parmi, pendant, pour, sans, sauf, selon, sous, suivant, sur, vers, voici, voilà*, etc.

Exemples : Elle a beaucoup *à* faire. Il semble courir *après* le temps. Il est aimé *de* ses proches. N'entre pas *dans* l'église *pendant* la cérémonie. Pose-le *sur* la table.

REMARQUE *En* peut aussi être un pronom adverbial (ou personnel).
Exemples : J'*en* suis satisfaite. J'*en* viens.

■ La conjonction de coordination

La conjonction de coordination est un élément qui joint deux mots ou deux groupes de mots assurant une fonction identique : *mais, ou, et, donc, or, ni, car.*

Exemples : Ni son père *ni* sa mère ne seront présents. Elle est intelligente *et* travailleuse.

REMARQUE *Car* est aussi un nom.
Donc est adverbe lorsqu'il permet de rappeler ou de reprendre un énoncé précédent.
Exemple : Tu disais *donc* que tu regrettais ton geste.
Or est un vieil adverbe signifiant *maintenant* (cf. *d'ores et déjà* : dès maintenant).
Mais est un adverbe dans l'expression *n'en pouvoir mais,* c'est-à-dire *n'y rien pouvoir.*

■ **La conjonction de subordination**

Il s'agit d'un terme qui introduit une proposition subordonnée conjonctive. On compte sept conjonctions de subordination : *comme, lorsque, puisque, quand, que, quoique, si.*

On emploie l'expression de ***locution conjonctive*** pour désigner des expressions qui, pour la plupart, sont formées de *que* et ont le même emploi qu'une conjonction de subordination *(après que, avant que, bien que, pour que, quoi que, sans que, etc.).*

Exemples : Je veux *qu'*elle ait un concours. Il faudrait que je range ma chambre *avant qu'*il ne vienne.

■ **L'interjection**

L'interjection est un mot invariable qui permet d'exprimer un sentiment, une sensation, un ordre ou une interdiction. Elle sert aussi à imiter un bruit ou un cri.

Exemples : Ouf ! Halte ! Oh ! Eh ! Hé !

À retenir

■ *Leur* est **adjectif possessif** (quand on peut le remplacer par *sa* ou *son*) ou **pronom personnel** (quand on peut le remplacer par *lui*).
Exemples :
Leurs résultats ne sont pas inquiétants. (adjectif possessif)
Elle *leur* a proposé de m'aider. (pronom personnel)

■ *Même* est **adjectif**, **pronom** ou **adverbe**.
Lorsque *même* est adjectif, il est variable. Il précède le nom et a le sens de *pareil*, *identique*, *semblable*, *égal* ou suit le nom et signifie *exact, au plus haut degré*.
Quand *même* est pronom, c'est-à-dire quand il joue le rôle de nom, il est variable. Il est précédé, dans ce cas, des articles *le*, *la*, *les*.
Lorsque *même* est adverbe, il est invariable. Il a le sens de *aussi*, *exactement*.
Exemples :
J'aimerais acheter de *mêmes* bottines. (adjectif)
J'aimerais acheter *les mêmes*. (pronom)
Même eux seront absents. (adverbe)

■ *Tout* est **adjectif**, **pronom**, **adverbe** ou **nom**.
Lorsque *tout* est adjectif, il s'accorde en genre et en nombre avec le nom qu'il précède (*tout, toute, tous, toutes*). *Tout* est adjectif qualificatif quand, au singulier, il a le sens de *entier.* (Il est adjectif indéfini au pluriel et quand, au singulier, il a le sens de *n'importe quel*).

GRAMMAIRE

Quand *tout* est pronom, il s'écrit *tout*, *tous* ou *toutes* et peut être remplacé par un nom.
Lorsque *tout* est adverbe (c'est-à-dire quand il a le sens de *tout à fait*, *entièrement*), il est généralement invariable (cf. section 37).
Quand *tout* est nom masculin, il prend – de façon tout à fait normale – un *s* au pluriel (*un tout, des touts*) et désigne l'ensemble, la somme des parties.
Exemples :
Tout le village attendait son retour. (adjectif qualificatif)
Tous seront autour de lui. (pronom)
Il paraît *tout* étonné. (adverbe)
Mon *tout* est un nom d'arbre. (nom)

Entraînement

❶ [Besançon] Dans la phrase : « Face à une telle mauvaise foi, elle n'en pouvait <u>mais</u> », quelle est la nature du mot souligné ?
a. un adverbe **b.** une préposition
c. un pronom personnel **d.** un adjectif possessif
e. une interjection

❷ [Bordeaux] Pour chaque mot souligné, ou chaque segment de phrase souligné, indiquez si l'analyse proposée est juste (réponse A) ou fausse (réponse B).
1. Le monde ne signifie <u>rien</u>... (pronom indéfini)
2. ...<u>parce qu'</u>il signifie tout. (locution conjonctive)
3. <u>Voilà</u> le rôle de la poésie. (adverbe)
4. <u>Quelle</u> fée a tissé ce voile ? (pronom interrogatif)
5. <u>Car</u> la seule liberté qui compte pour moi, c'est celle de me réaliser. (conjonction de coordination)

❸ [Marseille] <u>Cet</u> homme-<u>ci</u> est un athlète :
a. adjectif démonstratif **b.** article défini
c. article démonstratif **d.** pronom démonstratif **e.** pronom défini

❹ [Nantes] Choisissez la réponse qui vous semble le mieux convenir pour caractériser le mot souligné : « Le bien <u>d'autrui</u> tu ne prendras. »
a. nom commun **b.** pronom relatif
c. pronom indéfini **d.** adjectif indéfini

❺ [Poitiers] Est ou sont des adverbes ou des locutions adverbiales de manière :
a. à l'envi **b.** incognito **c.** presque **d.** assez **e.** davantage

❻ [Toulouse] Quelle est la nature du mot souligné dans la phrase : « En automne les dahlias refleurissent <u>haut</u> » ?
a. adjectif qualificatif **b.** adverbe **c.** préposition

Corrigé

❶ **a.** ❷ **1 A** ; **2 A** ; **3 B** (préposition) ; **4 B** (adjectif interrogatif) ; **5 A.** ❸ **a.** ❹ **c.** ❺ **a** et **b.** ❻ **b.**

12 | Les déterminants

Les quelques pages qui suivent concernent des termes que l'on désigne aujourd'hui par le nom de ***déterminant***. Nous avons choisi de leur consacrer une section de cet ouvrage car de nombreuses questions de concours sont posées à leur sujet.

Le déterminant est un terme qui accompagne un nom « pour l'*actualiser,* pour lui permettre de se réaliser dans une phrase » (*Le bon usage,* p. 737). Les déterminants précèdent toujours les noms qu'ils accompagnent. Ils varient – pour la plupart – en genre et en nombre, genre et nombre qui leur sont donnés par les noms qu'ils déterminent.

On compte huit sortes de déterminants : les articles, les adjectifs démonstratifs, les adjectifs possessifs, les adjectifs indéfinis, les adjectifs interrogatifs, les adjectifs exclamatifs, les adjectifs numéraux cardinaux et, enfin, les adjectifs relatifs.

On attend que vous sachiez ce qu'est un déterminant, que vous soyez capables de distinguer les déterminants des pronoms et que vous puissiez identifier précisément un article, sachant qu'il existe « trois » espèces d'articles : l'article défini, l'article indéfini et l'article partitif.

Les articles

– On emploie un **article défini** pour désigner une réalité connue et de la personne qui parle et de la personne à qui l'on parle.

Les articles définis sont : *le, la, les.*

Exemples : le chat, *la* femme, *les* enfants.

Les articles singuliers *la* et *le* s'élident devant un mot commençant par une voyelle ou par un *h* muet (on parle alors d'***articles élidés***), c'est-à-dire qu'ils perdent leur voyelle finale.

*Exemples : l'*amour, *l'*étudiante, *l'*homme. (Un *h* muet est un *h* qui permet élision et liaison, à la différence d'un *h* aspiré.)

Les articles définis *le* et *les* peuvent s'amalgamer aux prépositions *à* et *de.* On parle alors d'***articles définis contractés*** pour désigner *au* (= à + le), *aux* (= à + les), *du* (= de + le), *des* (= de + les).

Exemples : Il va *au* cinéma. (= à + le) Il revient *des* champs. (= de + les)

On dit d'un article défini qu'il est ***générique*** lorsqu'il précède soit un nom au singulier représentant tout élément de sa classe, soit un nom au pluriel désignant tous les éléments de sa catégorie.

Exemples : Le chien est le meilleur ami de l'homme. (Le = tout, n'importe quel) *Les* Finlandais sont de grands créateurs. (Les = tous les)

À l'inverse, l'article défini peut désigner une réalité unique, et donc **spécifique**.

Exemples : le ciel, *le* soleil, *la* lune.

On dit de l'article défini qu'il est ***déictique*** lorsqu'il accompagne un nom dont le sens est donné par la situation d'énonciation.

GRAMMAIRE

Exemple : Pose ton livre sur *la* table. (*La* est déictique car il accompagne un nom qui reçoit son sens de celui qui parle. Le mot *table* désigne en effet une réalité qui varie en fonction du locuteur.)

On peut dire de l'article défini qu'il est ***anaphorique*** ou ***cataphorique***.

Il est ***anaphorique*** lorsqu'il accompagne un nom dont le sens dépend de ce qui précède dans le texte.

Exemple : Ils ont repeint le mur qui avait été tagué en ton absence. *Le* mur est maintenant immaculé. (*Le mur* renvoie au mur précédemment évoqué.)

L'article défini est ***cataphorique*** lorsqu'il est placé devant un nom déterminé par un élément subséquent, que cet élément soit un adjectif épithète (*la* vie *monacale*), un groupe nominal ou une proposition subordonnée compléments du nom (*le* domaine *de mes grands-parents*, ce sont *les* livres *que j'ai achetés*).

– On emploie un **article indéfini** pour désigner une entité comptable non connue.

Les formes de l'article indéfini sont : *un, une, des* (ou *de*), *d'* (article indéfini élidé).

Exemples : Il a eu *un* concours. Il possède *une* nouvelle voiture. Elle a mangé *des* cerises. Ils sont d'*une* ignorance crasse.

– On emploie un **article partitif** pour désigner une entité non connue et non comptable. L'article partitif, qui est en réalité un article indéfini particulier, accompagne un nom qui renvoie à une masse (*de la* confiture, *du* sable, *de la* persévérance, *du* courage).

Les formes de l'article partitif sont : *du, de la, des* (ou *de*) ; *de l', d'* (articles partitifs élidés).

Exemples : Il vient d'acheter *du* pain. Elle a *de la* patience… Ils leur ont servi *des* épinards. Elle a *de l'*admiration pour ses parents.

Ne pas confondre

- L'article partitif *du* et l'article défini contracté *du* : le premier peut être remplacé par *le.*

Exemples :

Il a mangé *du* chocolat. (article partitif : on peut remplacer *du* par *le*)
Il va bientôt revenir *du* jardin. (article défini contracté : *du* = *de le*)

- L'article partitif *des* et l'article défini contracté *des* : le premier peut être remplacé par *les.*

Exemples :

Des cendres ont brûlé ce tapis. (article partitif)
Connais-tu les dates *des* concours ? (article défini contracté : *des* = *de les*)

- Les articles partitifs *de la, de l'* et les articles définitifs *la*, *l'* précédés par la préposition *de.*

Exemples :

Il a laissé *de la* suie sur le sol. (*de la* est un article partitif)
Je me souviens de *la* situation. (*la* est un article défini)

- Préposition et article

Les articles *du, de la, de l'* et *des* ne pouvant être précédés par la préposition *de,* ils disparaissent au profit de la préposition lorsque le cas de figure se présente.

Exemple : Voici une corbeille pleine *de* fruits. (*de* est préposition)

On devrait avoir la suite *de des* puisque l'on veut signifier qu'il y a *des* fruits dans la corbeille et que l'adjectif *plein* se construit avec *de*. Cette succession de termes étant impossible, l'article *des* disparaît au profit de la préposition *de.*

GRAMMAIRE

À retenir

- Dans une langue soignée, on remplace l'article indéfini ou partitif *des* par *de* quand le nom qu'il détermine est précédé par une épithète. (*Des* est remplacé par *d'* devant un mot commençant par une voyelle ou par un *h* muet.)

Exemple : J'ai acheté *des* cerises. → J'ai acheté *de* belles cerises.

- Dans une phrase négative, on remplace par *de* les articles indéfinis ou partitifs déterminant des noms COD ou sujet réel.

Exemples :

Elle a acheté *des* chaussures. → Elle n'a pas acheté *de* chaussures. (article indéfini : réalité comptable, l'article détermine un nom COD)
Je veux *du* pain. → Je ne veux pas *de* pain. (article partitif : réalité non comptable, l'article détermine un nom COD)
Il est arrivé *des* voyageurs. → Il n'est pas arrivé *de* voyageurs. (article indéfini : réalité comptable, l'article détermine un nom sujet réel)

Les adjectifs démonstratifs

Les formes de l'adjectif démonstratif sont : *ce, cet, cette, ces.*

Exemples : Cet homme est vraiment déplaisant. *Ces* erreurs sont rédhibitoires.

Les adjectifs possessifs

Les formes de l'adjectif possessif sont : *mon, ma, mes, ton, ta, tes, son, sa, ses, notre, nos, votre, vos, leur, leurs.* Les adjectifs possessifs varient en nombre, en genre et en personne.

Exemples : Mon chat va se sentir abandonné. *Vos* amis vous ont-ils soutenue ? *Notre* couple est solide.

Les adjectifs indéfinis

Les formes de l'adjectif indéfini sont : *aucun, certain, chaque, différents, divers, maint, nul, plusieurs, quelconque, quelque, tel, tout.*

Exemples : Chaque jour offre de nouvelles expériences. *Nulle* présence ne la réconforte.

REMARQUE

- *Quelconque* est un adjectif indéfini lorsqu'il signifie *n'importe quel,* mais un adjectif qualificatif quand il a le sens de *banal, commun, médiocre.*

Exemples :

Donne-moi une raison *quelconque* de rester ici. (adjectif indéfini)

C'est un immeuble *quelconque.* (adjectif qualificatif)

- *Quelque* est un adjectif indéfini quand il signifie *un,* mais un adverbe quand il a le sens de *environ* ou qu'il entre dans les tours *quelque + adjectif* ou *adverbe + que.*

Exemples :

Il aura fait *quelque* bêtise. (adjectif indéfini)

Il en possède *quelque* deux cents. (adverbe)

Quelque facile qu'il soit... (adverbe)

Quelque rapidement qu'il agisse... (adverbe)

Les adjectifs interrogatifs et exclamatifs

Les formes de l'adjectif interrogatif et exclamatif sont : *quel (quels, quelle, quelles).*

Exemples : Quelle est cette personne ? (adjectif interrogatif, attribut du sujet *personne*)

Quelle personne comptes-tu recruter ? (adjectif interrogatif déterminant le nom *personne*)

Quelle arrogance ! (adjectif exclamatif déterminant le nom *arrogance*)

Les adjectifs numéraux cardinaux

Les formes de l'adjectif numéral cardinal sont : *un, deux, trois, quatre,* etc.

Exemples : J'ai acheté *deux* billets. Elle va avoir *vingt* ans.

Les adjectifs relatifs

Les formes de l'adjectif relatif sont : *lequel (laquelle, lesquels, lesquelles, auquel, à laquelle, auxquels, auxquelles, duquel, de laquelle, desquels, desquelles).*

Exemple : J'ai rencontré une personne, *laquelle* personne m'a escroquée.

ATTENTION Il est nécessaire de différencier ces adjectifs des pronoms qui leur correspondent. L'adjectif accompagne un nom, le pronom joue le rôle d'un nom.

Exemples :

Cet homme est travailleur. (adjectif démonstratif)

Celui-là est travailleur. (pronom démonstratif)

Mon chat est insomniaque. (adjectif possessif)

Le mien est insomniaque. (pronom possessif)

Chaque étudiant attend ses résultats. (adjectif indéfini)

Chacun attend ses résultats. (pronom indéfini)

Quel vin vas-tu leur servir ? (adjectif interrogatif)

Lequel vas-tu leur servir ? (pronom interrogatif)

Entraînement

❶ [Besançon] Dans la phrase : « Cet avis me plaît, je le fais mien », quelle est la nature du mot souligné ?

a. une préposition
b. un adjectif possessif
c. un adverbe
d. un pronom possessif
e. un déterminant

❷ [Bordeaux] Pour chaque mot souligné, ou chaque segment de phrase souligné, indiquez si l'analyse proposée est juste (réponse A) ou fausse (réponse B).

1. L'ordre du monde s'en est vu bouleversé. (article partitif)
2. Les fauteuils sont garnis de cuir. (article partitif)
3. Il y a du tissu sur les murs. (article partitif)
4. Ce sont de gentilles filles. (article)
5. De beaux arbustes ornent le jardin. (article)
6. Le chien est le meilleur ami de l'homme. (article générique)
7. Le ciel et la mer se confondent. (article générique)
8. Certains l'aiment chaud. (article défini)
9. L'art ne délivre pas l'homme... (article défini déictique)
10. Les fleurs des champs. (article défini cataphorique)
11. La puissance des ténèbres. (article défini)
12. Quel ravissant petit pavillon ! (déterminant interrogatif)
13. Cette ville est magnifique (déterminant)
14. Pensez-vous que la nôtre soit préférable ? (déterminant possessif)
15. J'ai répété vingt fois la même phrase. (déterminant numéral cardinal)

❸ [Nancy] L'article DES peut être un article défini contacté (ADC) ou un article indéfini (AI). Indiquez, en utilisant le code proposé, la nature de DES dans ces phrases.

1. Ce sont des oies sauvages.
2. J'aime le parfum des fleurs.
3. Connais-tu le prix des voitures ?
4. J'ai des amis charmants.

❹ [Paris] QRU - « À quelque temps de là, la bougie s'éteignit. » Dans cette phrase, *quelque* est :

a. adverbe
b. préposition
c. adjectif
d. pronom
e. ARNC

❺ [Toulouse] « Tu chercheras un quelconque prétexte ». *Quelconque* est ici :

a. pronom indéfini
b. déterminant
c. adjectif qualificatif
d. nom masculin

GRAMMAIRE

Corrigé

1 **b.** 2 **1 B** (article défini contacté) ; **2 B** (préposition) ; **3 A** ; **4 A** (article indéfini) ; **5 A** (article indéfini) ; **6 A** ; **7 B** (l'article défini *le* n'est pas ici un article générique ; il renvoie à une entité unique et, donc, spécifique) ; **8 B** (pronom personnel) ; **9 B** (article défini générique) ; **10 A** ; **11 A** (article défini contracté) ; **12 A** ; **13 A** (adjectif démonstratif) ; **14 B** (*nôtre* est un adjectif possessif qui entre dans la formation du pronom possessif *le nôtre*) ; **15 A.** 3 **1 AI** ; **2 ADC** ; **3 ADC** ; **4 AI.** 4 **c.** 5 **b** (adjectif indéfini).

13 | Phrases et propositions

Les quelques pages qui suivent sont essentiellement consacrées aux propositions subordonnées. Les concours de Bordeaux et de Caen leur consacrent de nombreuses questions.

On appelle ***phrase*** une « proposition simple ou [un] ensemble de propositions, grammaticalement autonome, et qui présente une unité de sens. » *(Dictionnaire de l'Académie française).* On appelle ***proposition*** une « unité syntaxique et sémantique, généralement organisée autour d'un verbe, et qui peut constituer une phrase simple ou entrer dans la composition d'une phrase complexe. » *(Dictionnaire de l'Académie française).*

Il existe quatre types de phrases : la phrase **déclarative** (ou **énonciative** ou **assertive**), la phrase **interrogative**, la phrase **exclamative** (ou **interjective**), la phrase **impérative** (ou **injonctive**).

Exemples : Ils vont bientôt venir me voir. (phrase déclarative) Combien de concours comptes-tu passer ? (phrase interrogative) Quel dommage qu'il ait dû s'en aller si tôt ! (phrase exclamative) Que personne ne parle ! (phrase impérative)

Les phrases simples sont composées d'une seule proposition, proposition autonome, que l'on appelle ***proposition indépendante***. Les phrases complexes sont formées soit de propositions indépendantes juxtaposées ou coordonnées, soit d'une proposition principale et d'une ou de plusieurs propositions qui lui sont subordonnées.

Vos concours vous demandent essentiellement de savoir parfaitement reconnaître les différentes propositions subordonnées qui vous sont présentées.

Il existe six types de propositions subordonnées : les propositions relatives, les propositions conjonctives, les propositions interrogatives indirectes, les propositions exclamatives indirectes, les propositions infinitives et les propositions participiales.

GRAMMAIRE

Les propositions subordonnées relatives

La proposition relative est une proposition subordonnée qui est introduite par un pronom relatif *(qui, que, quoi, dont, où, lequel, quiconque)* ou par un adjectif relatif *(lequel, laquelle, lesquels, lesquelles, auquel, à laquelle, auxquels, auxquelles, duquel, de laquelle, desquels, desquelles).*

Exemples : J'ai rencontré une jeune femme *qui a beaucoup de mérite.* (proposition introduite par le pronom relatif *qui*) Nous lui avons accordé un délai, *lequel délai devra être strictement respecté.* (proposition introduite par l'adjectif relatif *lequel*)

On distingue des ***propositions relatives adjectives*** et des ***propositions relatives substantives.***

Une proposition relative *adjective* est une proposition qui, comme son nom l'indique, peut être remplacée par un adjectif. Une proposition relative *substantive* est une proposition relative qui peut être remplacée par un groupe nominal, le pronom relatif n'ayant pas d'antécédent. (On emploie le mot d'***antécédent*** pour désigner le terme que reprend le pronom relatif. *Exemple :* Voici un gâteau que j'aimerais goûter. Le pronom relatif *que* a pour antécédent le nom *gâteau.*)

Exemples : Les étudiants *qui travaillent* réussissent généralement leurs concours. → Les étudiants *travailleurs* réussissent généralement leurs concours. (relative adjective) Il accorde toute son attention à *qui est animé d'une forte ambition.* → Il accorde toute son attention *aux ambitieux.* (relative substantive)

Quand l'antécédent du pronom relatif est un nom ou un pronom, c'est-à-dire quand le pronom relatif renvoie à un nom ou à un pronom, on a l'habitude de distinguer deux types de propositions relatives : la proposition relative **déterminative** ou **restrictive**, la proposition relative **non déterminative** ou **explicative**.

La relative **déterminative** ou **restrictive** restreint l'extension du nom ou du pronom qu'elle accompagne ; sa suppression modifie grandement le sens de la phrase ; l'antécédent et la proposition ne sont séparés ni par une virgule à l'écrit ni par une pause à l'oral.

Exemple : Les étudiants *qui présentent une déglutition primaire* seront éliminés.

La relative **non déterminative** ou **explicative** (ou **descriptive** ou **appositive**) ne restreint pas l'extension du nom ou du pronom qu'elle accompagne, mais apporte un supplément d'information ; elle peut être supprimée sans que le message n'en soit profondément modifié ; elle est habituellement encadrée par deux virgules.

Exemple : Ces ouvriers, *qui étaient ivres,* ont cherché querelle aux passants.

■ Les propositions subordonnées conjonctives

La proposition conjonctive est introduite par une conjonction de subordination *(comme, lorsque, puisque, quand, que, quoique, si)* ou par une locution conjonctive *(après que, avant que, pour que, quoi que, sans que, etc.).* On distingue les **complétives** – introduites par *que* – des **circonstancielles** introduites par une autre conjonction ou par une locution conjonctive.

– Les propositions subordonnées complétives

Ce sont donc des propositions subordonnées conjonctives introduites par *que.*

Exemples : J'aimerais *qu'il se souvienne de moi.* (COD) Je m'attends *à ce qu'elle soit triste.* (COI) *Qu'il soit présent* me ravirait. (sujet) Elle lui fit la promesse *qu'elle resterait toujours à ses côtés.* (complément du nom)

– Les propositions subordonnées circonstancielles (ou adverbiales)

Ce sont des propositions qui sont introduites par les conjonctions de subordination *comme, lorsque, puisque, quand, quoique, si* ou par une locution conjonctive *(après que, avant que, pour que, quoi que, sans que, etc.).*

On distingue, d'après leur sens, des propositions de temps, des propositions de cause, des propositions de manière, des propositions de conséquence, des propositions de but, des propositions de condition et des propositions de concession. (« La proposition de concession indique qu'il n'y a pas eu la relation logique attendue entre le fait qu'elle exprime et celui qu'exprime le verbe principal », *Le bon usage*, p. 1 499).

Dans les exercices qui vous sont proposés, ces propositions subordonnées sont complément circonstanciel du verbe de la principale.

Exemples : Il faudra que je les rencontre *avant que leur fils ne passe ce concours.* (temps) Elle est extrêmement triste *parce que son père vient de mourir.* (cause) Ils l'ont accueillie *comme ils auraient accueilli leur fille.* (manière) Elle a hésité entre eux deux pendant des semaines *si bien qu'il l'a quittée.* (conséquence) Il travaille beaucoup *pour que ses enfants aient une vie douce.* (but) *S'il vient nous rendre visite,* ne lui ouvre pas notre porte. (condition) Il se sent heureux *bien qu'il vienne d'apprendre son licenciement.* (concession)

La proposition subordonnée circonstancielle de condition (aussi appelée *proposition d'hypothèse* ou *hypothétique*) peut prendre, dans vos concours, des formes originales.

Elle peut apparaître sous la forme d'une phrase interrogative avec postposition du sujet, la seconde proposition – que vous analyserez comme la proposition principale – étant ou non introduite par *que*.

Exemple : S'absente-t-il, (qu')aussitôt je me sens démunie = S'il s'absente, je me sens aussitôt démunie.

Elle peut être introduite par un impératif ou par un *que* suivi du subjonctif, la seconde proposition, à considérer comme la proposition principale, étant introduite ou non par *et*.

Exemples :

Aide-toi, (et) le ciel t'aidera. = Si tu t'aides, le ciel t'aidera.

Tire la chevillette « et » la bobinette cherra. = Si tu tires la chevillette, la bobinette cherra.

Qu'elle ose faire une allusion à cette réunion, (et) je lui dis ce que j'ai pensé de son absence. = Si elle ose faire une allusion à cette réunion, je lui dis ce que j'ai pensé de son absence.

Le verbe de la proposition de condition peut aussi être au conditionnel, comme celui de la principale d'ailleurs, les deux propositions étant reliées par *que*.

Exemple : Elle travaillerait maintenant davantage qu'elle ne rattraperait pas le temps perdu. = Même si elle travaillait maintenant davantage, elle ne rattraperait pas le temps perdu.

■ Les propositions subordonnées interrogatives indirectes

La proposition subordonnée interrogative indirecte est, en quelque sorte, une interrogation introduite par un verbe. Elle commence par la conjonction de subordination *si* ou par l'un des mots interrogatifs de l'interrogation directe (*comment, lequel, où, quand, quel, qui,* etc.). Elle dépend souvent, dans vos concours, de *se demander* (verbe dont le sens est nettement interrogatif), mais elle peut aussi dépendre d'un verbe de connaissance (*savoir, ignorer, apprendre, comprendre*, etc.) ou d'un verbe de déclaration (*dire, expliquer, indiquer, raconter*, etc.).

Dans les exercices qui vous sont présentés, cette proposition subordonnée est généralement complément d'objet direct du verbe de la principale.

Exemples : Je me demande *comment elle compte lui annoncer cette nouvelle.* Je ne sais pas *si elle saura organiser correctement son travail.*

REMARQUE L'interrogation indirecte ne se termine pas par un point d'interrogation, à moins qu'elle ne prenne place dans une phrase interrogative ; lorsque l'on transforme une phrase interrogative en proposition subordonnée interrogative indirecte, *qu'est-ce que* devient *ce que.*
*Exemple : Qu'est-ce qu'*il s'est permis de te répondre ? → Je me demande *ce qu'*il s'est permis de te répondre.

Les propositions subordonnées exclamatives indirectes

La proposition exclamative indirecte est une proposition subordonnée qui commence par un mot exclamatif *(combien, comme, etc.).* Elle est souvent introduite par un verbe d'opinion ou de perception : *savoir, voir, regarder,* etc.

Dans les exercices qui vous sont proposés, cette subordonnée est généralement complément d'objet direct du verbe de la principale.

Exemples : Regarde *comme elle sait bien dessiner.* Vois *quels progrès elle a faits.*

Les propositions infinitives

On parle de proposition infinitive lorsque l'infinitif est pourvu d'un sujet qui lui est propre et quand l'ensemble *sujet + infinitif* sert de complément ; ce type de proposition se rencontre, dans vos concours, après des verbes de perception tels *entendre, regarder, sentir, voir,* après *faire, falloir* ou *laisser,* après *voici.*

Exemples : J'entends *mes enfants chanter.* Je sens *le clafoutis brûler.* Voici *venir l'automne.*

Mes enfants chantent, le clafoutis brûle, l'automne vient : enfants, clafoutis et *automne* sont les sujets des propositions infinitives, or on va constamment essayer de vous faire considérer ces termes comme des COD. Ce sont les propositions infinitives entières qui sont, en fait, COD des verbes introducteurs (J'entends quoi ? *Mes enfants chanter.* Je sens quoi ? *Le clafoutis brûler,* etc.).

ATTENTION L'expression *entendre dire quelque chose à quelqu'un* signifie *entendre quelqu'un qui dit quelque chose* ou *entendre ce qui est dit à quelqu'un,* la première signification étant plus juste, donc préférable.
Je l'ai entendu dire à ma mère est une phrase amphibologique : elle signifie aussi bien *J'ai entendu que ma mère disait cela* que *J'ai entendu qu'on disait cela à ma mère* ; dans le premier cas *ma mère* est sujet de la proposition infinitive, dans le second cas *ma mère* est complément d'objet indirect de *dire.*

Les propositions participiales

La proposition participiale est une proposition formée d'un participe présent ou passé et d'un sujet qui lui est propre, c'est-à-dire qui diffère de celui du verbe principal. Dans les exercices qui vous sont présentés, cette proposition est généralement complément circonstanciel.

Exemples : Le chat parti, les souris dansent. *Le cas échéant,* je lui enverrai une lettre recommandée. *La nuit tombant,* on fit un bon feu.

Entraînement

1 [Bordeaux] Pour chaque mot souligné, ou chaque segment de phrase souligné, indiquez si l'analyse proposée est juste (réponse A) ou fausse (réponse B).

1. Tu es donc tu penses. (proposition subordonnée circonstancielle de conséquence)
2. Puisque tous les êtres l'avaient déçue, Mme Simon préféra s'isoler. (proposition subordonnée conjonctive)
3. Garde ton calme. (proposition principale)
4. Qui m'aime me suive. (proposition relative adjective)
5. Quel est ce sentiment que tu ne peux avouer ? (proposition complétive)
6. Paul et Alexandre grandissant, Mme Calus décida de vendre l'appartement. (proposition participiale)
7. Sacrée reine de beauté, Sofia put enfin accéder à tous ses rêves. (proposition participiale)
8. Viens et tu verras. (proposition subordonnée)
9. Je les aime car elles sont bien chaudes. (proposition subordonnée circonstancielle de cause)
10. Ils se demandent comment il est venu. (proposition circonstancielle de manière)
11. Plus vous travaillerez, plus vous gagnerez. (proposition indépendante)
12. Les enfants qui étaient présents ont bien travaillé. (proposition relative restrictive)
13. Il est si grand qu'il ne peut passer par la porte. (proposition circonstancielle de conséquence)
14. Il a beau travailler, il ne progresse pas. (proposition indépendante)
15. Le brouillard qui obscurcit l'horizon rend la conduite difficile. (proposition relative substantive)

2 [Caen] Indiquez la ou les phrases contenant une subordonnée circonstancielle de comparaison.

a. Le calculateur prodige a résolu le calcul de la même manière qu'il l'avait fait précédemment.
b. Comme j'avais oublié mon rôle, j'ai dû improviser.
c. Tu régleras la question de la manière que je t'ai dite.
d. Je n'ai pas osé faire comme tu m'avais dit.
e. Regarde comme les couleurs se ravivent au soleil couchant.

3 [Caen] Indiquez la ou les phrases contenant une subordonnée complétive.

a. Je veillerai à ce que vous soyez satisfaits.
b. Je veillerai à ce qui a été convenu.
c. Le public a été avisé que le parc ferme à 18 h.
d. Je me doute de ce qu'il vous a répondu.
e. Tu as bien pris garde à ce que je t'ai expliqué ?

4 [Caen] Indiquez la ou les phrases contenant une subordonnée interrogative indirecte.

a. Revenez me voir quand vous en saurez plus.
b. Vous pouvez répondre si vous pensez connaître la solution.
c. J'ignore quelle mouche l'a piqué.
d. Elle se demandait quoi lui répondre.
e. Ce à quoi vous faites allusion est un secret militaire.

5 [Marseille] Proposition relative :

a. Quiconque enfreindra le règlement sera puni.
b. Qui m'aime me suive.
c. Qu'il est beau dans son habit du dimanche.
d. La brise qui vient de la mer.
e. Une grenouille vit un bœuf qui lui sembla de belle taille.

GRAMMAIRE

⑥ [Marseille] Je n'ose pas lui parler <u>d'autant plus qu'il n'est pas bavard</u>.
a. Proposition relative
b. Proposition adverbiale de cause
c. Proposition adverbiale de conséquence
d. C. C. de manière
e. Proposition subordonnée de condition

Corrigé

❶ **1 B** (une proposition subordonnée circonstancielle commence par une conjonction de subordination, or *donc* est une conjonction de coordination ; *tu penses* est une proposition indépendante, coordonnée à la proposition précédente) ; **2 A** (les propositions circonstancielles sont des conjonctives) ; **3 B** (proposition indépendante) ; **4 B** (proposition relative substantive) ; **5 B** (la proposition complétive commençant par *que* est introduite par un que conjonction de subordination ; ici, *que* est un pronom relatif : *que tu ne peux avouer* est une proposition subordonnée relative) ; **6 A** ; **7 B** (épithète détachée) ; **8 A** (proposition subordonnée circonstancielle de condition ; Viens et tu verras = *Si* tu viens, tu verras) ; **9 B** (une proposition subordonnée circonstancielle est introduite par une conjonction de subordination, or *car* est une conjonction de coordination ; cette phrase est composée de deux propositions indépendantes coordonnées) ; **10 B** (proposition subordonnée interrogative indirecte, COD de *demander*) ; **11 B** (il ne s'agit pas de deux propositions indépendantes, mais de propositions juxtaposées qui sont dans un rapport de dépendance syntaxique ; on considérera la première proposition comme une proposition subordonnée circonstancielle, la seconde comme une proposition principale) ; **12 A** ; **13 A** (appelée aussi *proposition consécutive*) ; **14 B** (la première proposition équivaut à une proposition de concession introduite par *quoique*, la seconde constitue l'élément le plus important du message et est à analyser comme une proposition principale) ; **15 B** (proposition relative adjective). ❷ **a** et **d** (**b** : proposition circonstancielle de cause ; **c** : proposition relative ; **e** : proposition exclamative indirecte). ❸ **a** et **c** (**b**, **d** et **e** : propositions relatives). ❹ **c** et **d** (**a** : proposition circonstancielle de temps ; **b** : proposition circonstancielle de condition ; **e** : proposition subordonnée relative). ❺ **a**, **b**, **d** et **e**. ❻ **b.**

14 | Fonctions

Nous allons maintenant nous intéresser aux différentes fonctions des mots, c'est-à-dire aux différents rôles que ces derniers jouent dans une phrase. Il est nécessaire de connaître ces fonctions, de savoir les reconnaître, quel que soit le concours passé. Cela devient primordial lorsqu'on tente le concours de Bordeaux.

1. Par rapport au verbe

Le sujet et son attribut

– Le sujet

Le sujet désigne celui qui, dans la phrase active, accomplit l'action exprimée par le verbe. Le sujet peut être un nom, un groupe nominal, un pronom, un adverbe, un adjectif substantivé, un infinitif ou encore une proposition.

Exemples : *Une erreur* est vite arrivée. (nom) *De nombreux touristes* envahiront bientôt ces plages. (groupe nominal) *Il* me l'a certifié. (pronom) *Demain* est un autre jour. (adverbe) *L'accessoire* doit être distingué de l'essentiel. (adjectif) *Courir* après le temps est des plus vain. (infinitif) *Qu'ils acceptent cette invitation* me ravit. (proposition)

Les verbes impersonnels ou employés impersonnellement sont souvent suivis d'un ensemble d'éléments que l'on appelle ***sujet réel*** ou ***sujet logique*** par opposition au *il*, appelé ***sujet apparent*** ou ***sujet grammatical***.

Exemple : *Il* est arrivé *bien des choses* depuis notre dernière rencontre. (*il* : sujet apparent ou grammatical, *bien des choses* : sujet réel ou logique).

Outre le *il* impersonnel, vos concours reconnaissent le *c'* comme sujet apparent.

Exemple : *C'*est un malheur *de devoir quitter ce paradis terrestre !* (*c'* : sujet apparent ou grammatical, *de devoir quitter ce paradis terrestre* : sujet réel ou logique)

– L'attribut du sujet

Le sujet est parfois doté d'un attribut. Ce dernier apporte une indication sur le sujet auquel il est joint par le verbe *être*, par un verbe simple exprimant un état *(demeurer, apparaître, devenir, paraître, rester, se montrer, sembler, etc.)*, par une locution verbale *(avoir l'air, passer pour, etc.)* ou par tout autre verbe équivalent à *être (naître, vivre, mourir, partir, etc.)*.

L'attribut du sujet peut être un adjectif, un nom, un groupe nominal, un pronom, un infinitif, un groupe prépositionnel (un groupe de mots introduit par une préposition) ou une proposition.

Exemples : Elles ont l'air *satisfaites.* (adjectif) Son époux est *médecin.* (nom) Sa fille est *une éminente cardiologue.* (groupe nominal) Ma serviette est *celle-ci !* (pronom) Souffler n'est pas *jouer.* (infinitif) Quelques consommateurs sont *en colère.* (groupe prépositionnel) L'important est *qu'ils remportent ce combat.* (proposition subordonnée conjonctive)

Le complément d'objet direct (COD) et son attribut

– Le COD

Le complément d'objet direct (COD) est un complément du verbe répondant à la question *qui ?* ou *quoi* ? Ce peut être un nom, un groupe nominal, un pronom, un infinitif ou une proposition.

Exemples : Il est en train de manger *des cerises.* (nom) Je *la* rencontre souvent. (pronom) Il pourrait *se taire.* (infinitif) J'aimerais *qu'elles fassent moins d'erreurs.* (proposition subordonnée conjonctive)

ATTENTION Veillez à ne pas confondre COD et attribut du sujet.

– L'attribut du COD

L'attribut du COD apporte une indication sur le COD. Il est construit directement ou joint au COD par une préposition. Ce peut être un adjectif, un nom, un groupe nominal, un pronom, un infinitif, un groupe prépositionnel ou une proposition.

Exemples : Je les trouve *intéressantes.* (adjectif) Valérie a pris Benoît pour *époux.* (nom) Nous l'avons surnommée *feuilles de choux.* (groupe nominal) Nous croyions leurs parents *à la retraite.* (groupe prépositionnel)

Le complément d'objet indirect (COI)

Le COI est un complément du verbe, introduit par une préposition, qui répond à la question *à qui ? de qui ? à quoi ? de quoi ? avec qui ? avec quoi ?...* (selon la préposition qui introduit ce complément). Le COI peut être un nom, un groupe nominal, un pronom, un infinitif ou une proposition.

Exemples : Nous pensons souvent *à elle.* (pronom) Elle a l'habitude d'obéir docilement *à ses maîtres.* (nom) Je me souviens *de ces conférenciers passionnants.* (groupe nominal) Vous attendez-vous *à ce qu'elle change d'attitude ?* (proposition subordonnée conjonctive)

Le complément d'objet second (COS)

On appelle *complément d'objet second* (COS) un complément d'objet indirect accompagnant un complément d'objet direct. Le complément d'objet direct prend alors le nom de ***complément d'objet premier***, le COI devenant un ***complément d'objet second*** ou ***secondaire***.

Exemple : J'ai hérité *de ma grand-mère un crocodile* en bronze. (*un crocodile :* complément d'objet premier, *de ma grand-mère :* complément d'objet second)

Le complément d'attribution

On appelle *complément d'attribution* un COS accompagnant des verbes tels que *donner, offrir, prêter.* Le complément d'attribution est généralement introduit par la préposition *à* ; il désigne le bénéficiaire de l'action.

Exemple : Il a gentiment offert une rose *à sa mère.* (*à sa mère :* complément d'attribution)

Le complément circonstanciel

Il s'agit d'un complément qui répond aux questions *quand ? où ? comment ? au moyen de quoi ? pour quoi ? pourquoi ? combien ?* Le complément circonstanciel peut généralement être déplacé, voire supprimé. Le complément circonstanciel est complément de phrase quand il peut être supprimé, complément de verbe quand il ne peut l'être (cf. ci-dessous). Ce complément est un adverbe, un nom, un groupe nominal, un pronom, une proposition, un infinitif ou un gérondif.

Exemples : Ils aimeraient aller vivre *en Tunisie.* Ils comptent habiter bientôt *à Paris.*

Le complément d'agent

Le complément d'agent est un complément de la phrase passive qui est introduit par les prépositions *par* ou *de*. Il désigne l'être ou la chose accomplissant l'action exprimée par le verbe. Le complément d'agent de la phrase passive correspond au sujet de la phrase active. Il est complément de phrase quand il peut être supprimé, complément de verbe quand il ne peut l'être (cf. ci-dessous). Le complément d'agent est un nom, un groupe nominal ou un pronom.

Exemples : La voiture présidentielle est précédée *par des motards.* Après le décès de leurs parents, ces deux enfants ont été élevés *par leur tante.*

Infinitif nominal et infinitif verbal

On appelle *infinitif nominal* un infinitif exerçant une fonction que peut avoir un groupe nominal, c'est-à-dire un infinitif qui est sujet, attribut du sujet, apposé, complément du verbe, complément du nom, complément de l'adjectif ou complément circonstanciel.

Exemple : Souffler n'est pas *jouer.* (*souffler* et *jouer* sont des infinitifs nominaux)

On appelle *infinitif verbal* l'infinitif jouant un rôle verbal : il constitue le « nœud verbal », le « verbe-noyau » de la phrase. L'infinitif peut, par exemple, être employé à la place d'un impératif pour traduire un ordre ou à la place d'un passé simple.

Exemples : Ne pas *traverser* les voies ferrées. Et tous de *bondir* de joie.

GRAMMAIRE

2. Par rapport au nom et à l'adjectif

L'épithète

La fonction d'épithète est une fonction qui est habituellement assurée par un adjectif ou par un participe employé comme adjectif. L'adjectif épithète est subordonné au nom, il fait partie du groupe nominal. Contrairement à l'attribut du COD, il peut être aisément supprimé. On emploie parfois l'expression ***épithète liée*** pour le désigner.

Exemples : Elle a remporté un *joli* succès. C'est un *brave* homme. Elle a des enfants *charmants.*

L'apposition

L'apposition correspond à une fonction du nom ou du pronom (plus rarement de l'adjectif, de l'infinitif ou de la proposition) qui complète un nom, sachant que le nom complété et l'élément qui le complète renvoient au même être ou à la même chose. L'élément apposé a, avec le nom qu'il complète, la même relation que celle qu'entretient l'attribut du sujet avec le sujet, mais – dans le cas de l'apposition – il n'y a ni verbe *être* ni verbe d'état.

Exemples : Voici le *mois* de novembre. (novembre est un mois) As-tu rencontré cet *idiot* de Pierre ? (Pierre est un idiot) Nous célébrerons joyeusement la *fête* de Noël. (Noël est une fête) Ses parents, *mécontents*, lui ont coupé les vivres. (ses parents sont mécontents)

Certains grammairiens refusent de considérer l'apposition comme une fonction possible de l'adjectif et emploient l'expression d'***épithète détachée*** pour désigner l'adjectif apposé.

Vous rencontrerez, dans vos concours, d'une part des adjectifs apposés, placés entre virgules, d'autre part des noms apposés dans des syntagmes suivant le schéma *Nom + de + Nom* (les deux noms renvoyant à une même réalité). (Un syntagme est un groupe de mots.)

Le complément de nom

Ce peut être un nom, un groupe nominal, un pronom, un infinitif, un adverbe ou encore une proposition. Il est souvent joint au nom par une préposition tels *de, en, à*.

Exemples : J'ai réparé le toit *de la grange.* (nom) Elle avait alors l'approbation *de ses collaborateurs étrangers.* (groupe nominal) Cette femme est la joie *de vivre* incarnée. (infinitif) J'ai enfin la certitude *qu'il est heureux.* (proposition subordonnée conjonctive)

Le complément d'adjectif

Le complément d'adjectif peut être un nom, un groupe nominal, un pronom, un infinitif, un adverbe ou encore une proposition.

Exemples : Ils paraissent désireux *d'honneurs.* (nom) Cette fillette est jalouse *de son petit frère.* (groupe nominal) Ses parents sont très fiers *d'elle.* (pronom) Ils sont prêts *à prendre leur envol.* (infinitif)

3. Par rapport à la phrase

Complément circonstanciel

Le complément circonstanciel est un complément de phrase lorsqu'il peut être supprimé.

Exemples : Ils sont arrivés *pendant la cérémonie.* (temps) Elle m'a répondu *en souriant.* (manière) Ce garçonnet creuse le sable *avec une petite pelle.* (moyen)

■ Complément d'agent

De la même façon, le complément d'agent est complément de phrase lorsque sa suppression est possible.

Exemples : Il est aimé *de ses enfants.* Son roman a été très bien accueilli *par les critiques.*

Entraînement

❶ [Bordeaux] Pour chaque mot souligné, ou chaque segment de phrase souligné, indiquez si l'analyse proposée est juste (réponse A) ou fausse (réponse B).

1. Viens-en aux faits qui nous intéressent. (sujet)
2. Paul admire l'homme que tu deviens. (complément d'objet direct)
3. Ne pas se pencher au dehors. (infinitif verbal)
4. Il n'est pas exclu que le parti remporte les élections. (sujet réel)
5. Un pays où la vie est douce à respirer. (complément circonstanciel)
6. Je trouve cette sauce excellente. (complément d'objet direct)
7. Nous fermons les volets quand vient la nuit. (sujet)
8. Grenouilles aussitôt de sauter dans les ondes. (infinitif nominal)
9. Qu'il soit intelligent ne fait aucun doute. (proposition sujet)
10. Ce garçon est très bavard. (attribut de l'objet)
11. J'entends la pluie tomber. (sujet)

❷ [Caen] Indiquez la ou les phrases (ou groupes de mots) contenant un attribut du complément d'objet direct.

a. Je ne l'aurais jamais imaginée aussi perverse.
b. J'ai rencontré des veuves éplorées.
c. J'ai rencontré un homme désemparé.
d. Je le croyais mort depuis longtemps.
e. Il passe pour génial.

❸ [Marseille] Adjectif épithète :

a. Incomparable, le style de Claude Simon !
b. Ils ont disputé une partie de bridge acharnée.
c. Les éléphants roses n'existent qu'en rêve.
d. C'est consternant de voir comme il s'y prend mal.
e. J'estime ce mariage nul et non avenu.

❹ [Poitiers] Dans les phrases suivantes, quelle est ou quelles sont celles qui comporte(nt) un infinitif complément du verbe ?

a. Byron détestait boire.
b. Et de penser à toi me soutiendra.
c. Elle dit m'aimer.
d. Il préfère mourir.
e. C'est une plainte lancinante. De l'écouter me torture.

❺ [Toulouse] « Le ministre l'a nommé substitut du procureur », « substitut » est :

a. complément d'objet
b. complément circonstanciel
c. attribut
d. complément d'attribution

Corrigé

❶ **1 A** ; **2 B** (*que* est attribut du sujet *tu*) ; **3 A** ; **4 A** ; **5 B** (*à respirer* est complément de l'adjectif *douce*) ; **6 B** (*excellente* est attribut du COD *sauce*) ; **7 A** ; **8 B** (infinitif verbal) ; **9 A** ; **10 B** (*très bavard* est attribut du sujet *garçon*) ; **11 A**. ❷ **a** et **d** (*éplorées* et *désemparé* sont des épithètes, *génial* est un attribut du sujet). ❸ **b** et **c** (*incomparable* est apposé, *consternant* est attribut du sujet, *nul* et *non avenu* sont attributs du COD). ❹ **a**, **c** et **d**. ❺ **c** (du COD).

15 | Le verbe et ses formes

Le verbe est un terme qui se conjugue, c'est-à-dire qui varie en mode, en temps, en voix, en personne, en nombre et, parfois, aussi en genre, si l'on songe au participe passé.

Vous devez être capables de conjuguer parfaitement un verbe et d'identifier tout aussi parfaitement les formes verbales que l'on est susceptible de vous présenter en concours. Certains étudiants ne savent plus, aujourd'hui, comment travailler, seuls, la conjugaison. Le mieux est d'effectuer ce travail avec le *Bescherelle (La conjugaison pour tous).* Comme cela va vous être rappelé dans les pages qui suivent, nous avons l'habitude de classer les verbes en trois groupes. Pour chacun des groupes, il est indispensable que vous appreniez la conjugaison d'un ou de plusieurs verbes types, par exemple *aimer* pour le premier groupe. Il est nécessaire que vous mémorisiez, pour chacun des temps simples, les **finales** (ou **désinences** ou **terminaisons**) qui vont venir se greffer aux **radicaux** (ou **bases**) pour constituer les formes verbales. Il faut ensuite apprendre la conjugaison des auxiliaires ***être*** et ***avoir*** afin de pouvoir conjuguer un verbe à un temps composé et/ou au passif. Il faut enfin retenir la façon dont se forme tel ou tel temps composé. Cela fait, vous serez en mesure de répondre correctement à presque toutes les questions de conjugaison qui vous seront posées.

Voyons, pour commencer, quelques termes relatifs au verbe, que vous devez savoir définir très précisément.

GRAMMAIRE

1. Le verbe

Nous classons habituellement les verbes en **trois groupes :** le premier groupe comprend les verbes dont l'infinitif est en *-er,* à l'exception du verbe *aller* (*aimer, chanter, danser, trouver, compter,* etc.). Le deuxième groupe réunit les verbes qui ont un infinitif en *-ir* et un participe présent en *-issant* (*choisir, finir, agonir, agir, bondir,* etc.). Le troisième groupe rassemble tous les autres verbes en *-ir* (*cueillir, dormir, venir, sortir, partir,* etc.), les verbes en *-re* (*comprendre, battre, conclure, résoudre, croire, éteindre, naître,* etc.), les verbes en *-oir* (*savoir, devoir, vouloir, recevoir, mouvoir,* etc.) et le verbe *aller.*

■ Les auxiliaires et les semi-auxiliaires

On appelle ***auxiliaires*** des verbes qui perdent plus ou moins leur sens propre pour s'unir à d'autres formes verbales.

Les auxiliaires proprement dits sont les verbes ***avoir*** et ***être*** qui, avec le participe passé, permettent de former les temps composés ; l'auxiliaire *être* permettant aussi de former le passif.

À ces deux verbes, il faut ajouter ce que l'on appelle les ***semi-auxiliaires,*** c'est-à-dire des verbes qui perdent leur signification propre pour venir ajouter une indication – d'aspect, de mode, de temps – aux verbes qui les accompagnent et qui gardent, eux, leur sens plein.

On reconnaît donc généralement des semi-auxiliaires de mode (*devoir, pouvoir,* etc.), des semi-auxiliaires d'aspect (*commencer à, se mettre à, cesser de, finir de, être en train de,* etc.) et des semi-auxiliaires de temps (*aller, être sur le point de, venir de,* etc.).

Entraînement

[Caen] Repérez les phrases contenant un verbe auxiliaire.

a. Le train est arrivé.
b. Il se fit renverser dans la rue.
c. La voie est ouverte par la police.
d. Je vous ferai signe.
e. Marie est patiente.

Corrigé

Les éléments de réponse attendus sont **a**, **b** et **c**. Il est important de bien comprendre que le verbe *faire* est employé comme semi-auxiliaire en **b** (il accompagne *renverser*), mais non en **d** où il conserve son sens plein. De la même façon, *être* est auxiliaire en **a** et en **c**, mais non en **e**.

Les semi-auxiliaires sont généralement suivis d'un infinitif, parfois d'un participe présent : on nomme ***périphrase verbale*** cet ensemble « semi-auxiliaire + infinitif ou participe présent ».

Entraînement

[Bordeaux] Pour chaque mot souligné, ou chaque segment de phrase souligné, indiquez si l'analyse proposée est juste (réponse A) ou fausse (réponse B).

1. Il <u>a raison</u> de le dire. (périphrase verbale)
2. Je <u>vais dire</u> tout haut ce que vous pensez. (périphrase verbale)
3. Il <u>fait bouillir</u> l'eau dans la casserole. (périphrase verbale)
4. Elle <u>va préparer</u> à manger. (périphrase verbale)
5. Il <u>finit de chanter</u>. (périphrase verbale aspectuelle)
6. Je <u>dois aller</u> à Paris la semaine prochaine. (périphrase verbale)

Corrigé

Dans chacune de ces phrases apparaît une périphrase verbale, sauf dans la phrase **1**. Les phrases **2**, **3**, **4**, **5** et **6** contiennent un semi-auxiliaire *(aller, faire, finir, devoir)* suivi d'un infinitif *(dire, bouillir, préparer, chanter, aller). Avoir raison* est une locution verbale.

On appelle *locution* « une suite de mots qui sont séparés par des blancs dans l'écriture et qui forment pourtant une unité lexicale » (*Le bon usage*, p. 196).

Nous aurons l'occasion d'évoquer de nouveau les semi-auxiliaires lorsque nous traiterons de la question de l'aspect.

Les verbes d'état ou verbes attributifs

Ce sont, nous l'avons déjà vu, des verbes qui introduisent un attribut du sujet. Citons, pour en rappeler quelques-uns : *être, demeurer, devenir, paraître, rester, sembler, faire,* etc.

Les verbes impersonnels

On appelle *verbes impersonnels* des verbes que l'on emploie à la troisième personne du singulier avec le pronom *il*, qui ne désigne alors ni un être ni une chose. Il y a des verbes qui s'emploient uniquement de façon impersonnelle – on les appelle ***verbes essentiellement impersonnels*** **ou** ***unipersonnels*** (*falloir, neiger, venter, grêler, bruiner,* etc.) – et des verbes personnels que l'on emploie occasionnellement de façon impersonnelle (*arriver, venir, partir, convenir, défendre*, etc.).

Exemples : Il neige depuis trois jours. Il est défendu de traverser les voies. Il est arrivé quelque chose d'étonnant.

Les verbes défectifs

Ce sont des verbes dont la conjugaison est incomplète, en d'autres termes ce sont des verbes auxquels il manque des formes. Le futur et le conditionnel présent étant liés, si un verbe n'a pas de futur, il n'aura pas non plus de conditionnel présent. Il en va de même pour le passé simple et le subjonctif imparfait.

Les verbes défectifs

Voici quelques verbes défectifs qu'il peut être intéressant de mémoriser : *absoudre, abstraire, (accoutumer), accroire, apparoir, assavoir, béer, bienvenir, (bouillir), braire, bruire, chaloir, choir, clore, comparoir, courre, déchoir, déclore, (devoir), dissoudre, distraire, échoir, éclore, enclore, ester, extraire, falloir, (faillir), férir, forfaire, foutre, frire, gésir, issir, luire, messeoir, (naître), nuire, occire, (oindre), (ouïr), paître, parfaire, partir* (au sens de *partager*), *pleuvoir, (poindre), portraire, pouvoir, quérir, raire, raller, ravoir, reclure, (renaître), rentraire, retraire, rire, (saillir), seoir, semondre, sourdre, soustraire, survivre, traire, (valoir).*

Les verbes placés entre parenthèses sont présentés comme des verbes défectifs dans certains ouvrages, mais ont une conjugaison complète dans d'autres.

Il faut ajouter à ces verbes, bien entendu, les verbes météorologiques (*grêler, tonner, venter,* etc.) puisque ces derniers sont unipersonnels.

Les verbes pronominaux

Un verbe pronominal est un verbe qui est accompagné de *se* (ou de *s'*) à l'infinitif : *se laver, se lever, se détester, se battre, s'accouder, s'évanouir, se téléphoner, se mentir,* etc.

– Un verbe pronominal est dit ***réfléchi*** lorsque le sujet agit sur lui-même : *s'habiller, se coiffer, se couper, se raser, se peigner,* etc.

Exemples : Je m'habille. (= J'habille moi) Elles se sont blessées. Ils se sont rasés.

– Un verbe pronominal est dit ***réciproque*** quand les êtres agissent l'un sur l'autre, les uns sur les autres : *s'embrasser, s'appeler, se rencontrer, se battre, se saluer, s'observer,* etc.

Exemples : Ils s'embrassent. (= Ils s'embrassent l'un l'autre, les uns les autres) Elles se sont saluées rapidement. Nous nous sommes rencontrées ce matin.

– Un verbe pronominal est dit ***passif*** lorsque le sujet ne fait pas l'action, mais la subit : *se vendre, s'allumer, se poser, se livrer,* etc.

Exemples : Les melons se vendent bien. (= On vend bien les melons) La question s'est très vite posée à nous. Les combats se sont livrés en ces lieux.

– Un verbe pronominal est dit ***subjectif*** quand on ne peut pas analyser précisément la fonction du pronom personnel, ce dernier faisant partie intégrante du verbe : *s'apercevoir de, se désespérer, se mourir, se douter, s'abstenir, s'éprendre, s'en aller, s'absenter, se démener, s'emparer, se méprendre, se trémousser,* etc.

Certains de ces verbes admettent un emploi non pronominal (*apercevoir, douter, désespérer* et *mourir,* par exemple). D'autres ne s'emploient qu'à la forme pronominale, on dit alors qu'ils sont ***essentiellement pronominaux*** (*s'absenter, se démener, s'emparer, se trémousser,* par exemple).

ATTENTION Un même verbe pronominal peut appartenir à l'une ou à l'autre de ces sous-catégories, selon la façon dont il est employé. *Se parler,* par exemple, est à analyser comme un verbe pronominal de sens passif s'il a le mot *langue* ou l'un de ses synonymes pour sujet, mais devra être analysé comme un verbe pronominal de sens réciproque si le sujet désigne des personnes.

Exemples :

Ces langues se sont jadis parlées. (= On a parlé ces langues.)

Ces adolescentes se sont parlé au téléphone pendant des heures ! (= Elles se sont parlé les unes aux autres.)

Entraînement

[Bordeaux] Pour chaque mot souligné, ou chaque segment de phrase souligné, indiquez si l'analyse proposée est juste (réponse A) ou fausse (réponse B).

1. <u>Nous nous sommes</u> tant <u>aimés</u>. (pronominal réciproque)
2. <u>Elles se sont évanouies</u> dans la nature. (pronominal réciproque)
3. <u>Ils se le disent</u>. (v. pronominal réciproque)
4. Elle <u>se regarde</u> tout le temps dans le miroir. (pronominal réciproque)
5. La maison <u>s'est vendue</u> récemment. (pronominal de sens passif)
6. Cette maison <u>se vend</u> très cher. (verbe pronominal de sens réfléchi)

Corrigé

Les analyses proposées sont correctes en **1**, en **3** et en **5** (**2** : verbe essentiellement pronominal ; **6** : verbe pronominal de sens passif).

Les verbes transitifs et les verbes intransitifs

Les verbes transitifs sont des verbes qui se construisent avec un complément d'objet direct (COD), les verbes intransitifs ne le pouvant pas.

On appelle parfois *verbes transitifs* les verbes qui se construisent avec un complément d'objet. On distingue alors des **verbes transitifs directs** – ceux qui se construisent avec un COD – et des **verbes transitifs indirects**, ceux qui se construisent avec un complément d'objet indirect (COI). Veillez à ne jamais accepter la formule « verbe intransitif indirect » qui vous est assez régulièrement présentée : elle ne renvoie à aucune réalité.

Voix active et voix passive

Retenez encore qu'un verbe peut, en français, être à la **voix active** – le sujet accomplit l'action – ou à la **voix passive**, le sujet subit l'action.

Exemples :

Voix active : Elle aime beaucoup cet enfant. Ils ont construit récemment cet immeuble.

Voix passive : Je pense qu'elle a été interrogée par une orthophoniste. Elle est aimée de ses proches.

Anaphore verbale

Notez, pour en finir avec ces rappels terminologiques, qu'il vous est demandé à Bordeaux de savoir ce qu'est une anaphore verbale.

On appelle *anaphore verbale* la reprise, par le verbe *faire*, d'un groupe verbal antérieur.

Exemples : Elle brode plus délicatement que je ne *faisais* alors. (= que je ne brodais alors) Ces adolescents voyagent plus que je ne *faisais* à leur âge. (= que je ne voyageais à leur âge)

2. Modes et temps

Il existe des modes et des temps. On considère traditionnellement que les modes expriment « la manière dont on envisage l'action, suivant qu'on la considère comme certaine, probable, douteuse, etc. » (*Dictionnaire de l'Académie française*)

On distingue les **modes personnels** ou **conjugués** (indicatif, subjonctif, conditionnel et impératif) des **modes impersonnels** ou **non conjugués** (infinitif et participe, auxquels certaines grammaires ajoutent le gérondif).

Si l'on vous interroge sur le nombre de modes existant en français, il est souhaitable que vous en comptiez six, mais vous pouvez avoir à en compter cinq (certaines grammaires considèrent le conditionnel comme un temps de l'indicatif) ou sept (puisque le gérondif est parfois présenté comme un mode).

Les verbes du premier groupe

Verbes du premier groupe, type *aimer*	Terminaisons
Infinitif présent	**er** *(aimer)*
Infinitif passé	infinitif de l'auxiliaire + participe passé *(avoir aimé)*
Indicatif présent	**e, es, e, ons, ez, ent** *(j'aime, tu aimes, il aime, etc.)*
Indicatif imparfait	**ais, ais, ait, ions, iez, aient** *(j'aimais, tu aimais, il aimait, etc.)*
Indicatif passé simple	**ai, as, a, âmes, âtes, èrent** *(j'aimai, tu aimas, il aima, etc.)*
Indicatif futur simple	**rai, ras, ra, rons, rez, ront** *(j'aimerai, tu aimeras, etc.)*
Indicatif passé composé	indicatif présent de l'auxiliaire + participe passé *(j'ai aimé, tu as aimé, il a aimé, etc.)*
Indicatif plus-que-parfait	indicatif imparfait de l'auxiliaire + participe passé *(j'avais aimé, tu avais aimé, il avait aimé, etc.)*
Indicatif passé antérieur	indicatif passé simple de l'auxiliaire + participe passé *(j'eus aimé, tu eus aimé, il eut aimé, etc.)*
Indicatif futur antérieur	indicatif futur simple de l'auxiliaire + participe passé *(j'aurai aimé, tu auras aimé, il aura aimé, etc.)*
Subjonctif présent	**e, es, e, ions, iez, ent** *(que j'aime, que tu aimes, qu'il aime, etc.)*
Subjonctif imparfait	**asse, asses, ât, assions, assiez, assent** *(que j'aimasse, que tu aimasses, qu'il aimât, etc.)*
Subjonctif passé	subjonctif présent de l'auxiliaire + participe passé *(que j'aie aimé, que tu aies aimé, qu'il ait aimé)*
Subjonctif plus-que-parfait	subjonctif imparfait de l'auxiliaire + participe passé *(que j'eusse aimé, que tu eusses aimé, qu'il eût aimé, etc.)*
Conditionnel présent	**rais, rais, rait, rions, riez, raient** *(j'aimerais, tu aimerais, il aimerait, nous aimerions, etc.)*
Conditionnel passé (1re forme)	conditionnel présent de l'auxiliaire + participe passé *(j'aurais aimé, tu aurais aimé, il aurait aimé, etc.)*
Conditionnel passé (2e forme)	subjonctif imparfait de l'auxiliaire + participe passé *(j'eusse aimé, tu eusses aimé, il eût aimé, etc.)*
Impératif présent	**e, ons, ez** *(aime, aimons, aimez)*
Impératif passé	impératif présent de l'auxiliaire + participe passé *(aie aimé, ayons aimé, ayez aimé)*
Participe présent	**ant** *(aimant)*
Participe passé	**é, ée, és, ées** *(aimé, aimée, aimés, aimées)*

Cas particuliers

■ **Les verbes en *-ayer*** conservent leur *y* ou le transforment en *i* devant un *e* muet, c'est-à-dire devant un *e* qui ne se prononce pas. On a donc le choix entre ces deux graphies *(i/y)* à l'indicatif présent (1re et 2e personnes du pluriel exceptées), au subjonctif présent (1re et 2e personnes du pluriel exceptées), à l'impératif présent

(2e personne du singulier), au futur simple et au conditionnel présent. Exception : le verbe *bayer* conserve toujours son *y*.

Exemples : il paie *ou* il paye, tu balaieras *ou* tu balayeras, effraie *ou* effraye.

■ **Les verbes en -*eyer*** conservent toujours leur *y*.

Exemples : elle grasseye, vous grasseyerez, ils volleyent, nous volleyerons.

■ **Les verbes en -*oyer* et en -*uyer*** transforment leur *y* en *i* devant un *e* muet.

Exemples : elle tournoie, vous tournoierez, ils essuient, elles essuieront.

■ **Les verbes en -*cer*** prennent un *c cédille* devant *a* et *o* (à l'indicatif présent, à l'imparfait de l'indicatif et du subjonctif, au passé simple, à l'impératif présent et au participe présent) afin de conserver le son [s] de l'infinitif.

Exemples : nous perçons, je perçais, vous perçâtes, perçons, perçant.

■ **Les verbes en -*éer*** ont certaines de leurs formes qui s'écrivent avec deux ou trois *e* consécutifs, accentués ou non (cf. indicatif présent, subjonctif présent, conditionnel présent, impératif présent, passé simple, futur simple, participe passé).

Exemples : il crée, qu'il crée, il créerait, crée, ils créèrent, il créera, une robe créée.

■ **Les verbes en -*eler*** redoublent ou non leur *l* devant une syllabe contenant un *e* muet. En d'autres termes, certains verbes en *-eler* vont s'écrire *-elle*, d'autres *-èle* à l'indicatif présent, au subjonctif présent, à l'impératif présent (1re et 2e personnes du pluriel exceptées), à l'indicatif futur simple et au conditionnel présent (à toutes les personnes).

Il vous faut impérativement apprendre la liste des verbes qui redoublent leur *l* ou celle des verbes ne le redoublant pas et veiller à redoubler le *l*, quand redoublement il y a, aux seuls modes et temps mentionnés ci-dessus.

– Verbes en *-eler* sans redoublement du *l* (*-èle*)

Agneler ; celer ; ciseler ; congeler ; déceler ; décongeler ; dégeler ; démanteler ; écarteler ; geler ; harceler ; marteler ; modeler ; peler ; receler ; regeler ; remodeler ; surgeler.

– Verbes en *-eler* avec redoublement du *l* (*-elle*)

Amonceler ; appeler ; atteler ; bateler ; bosseler ; botteler ; bourreler ; bretteler ; canneler ; capeler ; carreler ; chanceler ; cordeler ; craqueler ; créneler ; cuveler ; débosseler ; décapeler ; décarreler ; décerveler ; déficeler ; démuseler ; déniveler ; denteler ; dépuceler ; désensorceler ; dételer ; ébiseler ; écheveler ; ensorceler ; épanneler ; épeler ; étinceler ; ficeler ; fuseler ; greneler ; griveler ; grommeler ; grumeler (se) ; javeler ; jumeler ; morceler ; museler ; nickeler ; niveler ; oiseler ; panteler ; pommeler (se) ; rappeler ; râteler ; recarreler ; renouveler ; ressemeler ; rousseler ; ruisseler.

Exemples : je harcèle, je harcèlerai, que je harcèle, je harcèlerais, harcèle ; j'appelle, j'appellerai, que j'appelle, j'appellerais, appelle.

■ **Les verbes en -*eter*,** de la même façon, redoublent ou non leur *t* devant une syllabe contenant un *e* muet. Certains s'écrivent *-ette*, d'autres *-ète* à l'indicatif présent, au subjonctif présent, à l'impératif présent (1re et 2e personnes du

GRAMMAIRE

pluriel exceptées), à l'indicatif futur simple et au conditionnel présent (à toutes les personnes).

– Verbes en *-eter* sans redoublement du *t* (*-ète*)

Acheter ; béguеter ; caqueter ; corseter ; crocheter ; duveter (se) ; fileter ; fureter ; haleter ; racheter.

– Verbes en *-eter* avec redoublement du *t* (*-ette*)

Aiguilleter ; banqueter ; bêcheveter ; becqueter *ou* béqueter ; breveter ; briqueter ; cacheter ; claqueter ; claveter ; cliqueter ; colleter ; coqueter ; craqueter ; cureter ; décacheter ; déchiqueter ; déclaveter ; décliqueter ; décolleter ; déjeter ; démoucheter ; dépaqueter ; empaqueter ; encliqueter ; épinceter ; épousseter ; étiqueter ; feuilleter ; forjeter ; guillemeter ; hoqueter ; interjeter ; jarreter ; jeter ; louveter ; marketer ; moleter ; moucheter ; pailleter ; parqueter ; pelleter ; piqueter ; projeter ; recacheter ; rejeter ; rempaqueter ; riveter ; souffleter ; surjeter ; tacheter ; trompeter ; voleter.

Exemples : j'achète, j'achèterai, que j'achète, j'achèterais, achète ; j'empaquette, j'empaquetterai, que j'empaquette, j'empaquetterais, empaquette.

REMARQUE

Vous n'avez aucune hésitation à avoir quant aux **verbes en *-éler*, *-éter*, *-êler*, *-êter*** : aucun ne redouble son *l* ni son *t*.

-éler et *-éter* se transforment en *-èle* et en *-ète* tandis que *-êler* et *-êter* donnent *-êle* et *-ête*.

Exemples :

héler → je hèle, je hélerai, que je hèle, je hélerais, hèle

interpréter → j'interprète, j'interpréterai, que j'interprète, j'interpréterais, interprète

démêler → je démêle, je démêlerai, que je démêle, je démêlerais, démêle

enquêter → j'enquête, j'enquêterai, que j'enquête, j'enquêterais, enquête

- **Les verbes en *-ger*** prennent un *e* devant *a* et *o* (à l'indicatif présent, à l'imparfait de l'indicatif et du subjonctif, au passé simple, à l'impératif présent et au participe présent) afin de conserver le son [ʒ] de l'infinitif.

Exemples : nous mangeons, tu mangeais, qu'il mangeât, il mangea, mangeons, mangeant.

- **Les verbes en *-guer*** gardent le *u* dans toutes leurs formes.

Exemples : nous conjuguons, je conjuguais, vous conjuguâtes, conjuguez, conjuguant.

- **Les verbes en *-ier*** présentent deux *i* consécutifs à l'imparfait de l'indicatif et au présent du subjonctif (aux 1re et 2e personnes du pluriel) : l'un appartient au radical, l'autre à la terminaison.

Exemples : vous appréciiez, que nous appréciions.

De la même façon, **les verbes en *-yer*** ont leur imparfait de l'indicatif et leur présent du subjonctif (aux 1re et 2e personnes du pluriel) en *-yions* et en *-yiez*.

En revanche, les verbes *être* et *avoir* ne prennent pas de *i* après le *y* au subjonctif présent : on vous proposera très régulièrement, dans vos concours, des formes erronées.

On écrit : « il faut que nous ayons, que vous ayez, que nous soyons, que vous soyez ».

- **Les verbes en *-quer*** conservent le *qu* dans toutes leurs formes.

Exemples : nous manquons, ils manquaient, nous manquâmes, manquez, manquant.

Les verbes du deuxième groupe

Verbes du deuxième groupe, type *finir*	Terminaisons
Infinitif présent	**ir** *(finir)*
Infinitif passé	infinitif de l'auxiliaire + participe passé *(avoir fini)*
Indicatif présent	**is, is, it, issons, issez, issent** *(je finis, tu finis, il finit, etc.)*
Indicatif imparfait	**issais, issais, issait, issions, issiez, issaient** *(je finissais, tu finissais, il finissait, etc.)*
Indicatif passé simple	**is, is, it, îmes, îtes, irent** *(je finis, tu finis, il finit, nous finîmes, vous finîtes, etc.)*
Indicatif futur simple	**rai, ras, ra, rons, rez, ront** *(je finirai, tu finiras, il finira, nous finirons, vous finirez, etc.)*
Indicatif passé composé	indicatif présent de l'auxiliaire + participe passé *(j'ai fini, tu as fini, il a fini, nous avons fini, etc.)*
Indicatif plus-que-parfait	indicatif imparfait de l'auxiliaire + participe passé *(j'avais fini, tu avais fini, il avait fini, nous avions fini, etc.)*
Indicatif passé antérieur	indicatif passé simple de l'auxiliaire + participe passé *(j'eus fini, tu eus fini, il eut fini, nous eûmes fini, etc.)*
Indicatif futur antérieur	indicatif futur simple de l'auxiliaire + participe passé *(j'aurai fini, tu auras fini, il aura fini, nous aurons fini, etc.)*
Subjonctif présent	**isse, isses, isse, issions, issiez, issent** *(que je finisse, que tu finisses, qu'il finisse, etc.)*
Subjonctif imparfait	**isse, isses, ît, issions, issiez, issent** *(que je finisse, que tu finisses, qu'il finît, etc.)*
Subjonctif passé	subjonctif présent de l'auxiliaire + participe passé *(que j'aie fini, que tu aies fini, qu'il ait fini, etc.)*
Subjonctif plus-que-parfait	subjonctif imparfait de l'auxiliaire + participe passé *(que j'eusse fini, que tu eusses fini, qu'il eût fini, etc.)*
Conditionnel présent	**rais, rais, rait, rions, riez, raient** *(je finirais, tu finirais, il finirait, nous finirions, etc.)*
Conditionnel passé (1re forme)	conditionnel présent de l'auxiliaire + participe passé *(j'aurais fini, tu aurais fini, il aurait fini, etc.)*
Conditionnel passé (2e forme)	subjonctif imparfait de l'auxiliaire + participe passé *(j'eusse fini, tu eusses fini, il eût fini, nous eussions fini, etc.)*
Impératif présent	**is, issons, issez** *(finis, finissons, finissez)*
Impératif passé	impératif présent de l'auxiliaire + participe passé *(aie fini, ayons fini, ayez fini)*
Participe présent	**issant** *(finissant)*
Participe passé	**i, ie, is, ies** *(fini, finie, finis, finies)*

ATTENTION Ne confondez pas les conjugaisons des **verbes *agoniser*** (mourir) et ***agonir*** (accabler). Si le premier a pour modèle *aimer*, le second suit la conjugaison du verbe *finir* ; le premier a des formes en *-is-*, le second des formes en *-iss-*.
Agoniser : nous agonisons, j'agonisais, qu'il agonise, agonisez, agonisant.
Agonir : nous agonissons, j'agonissais, qu'il agonisse, agonissez, agonissant.

REMARQUE Le **verbe *haïr*** ne suit pas la conjugaison de *finir* au singulier du présent de l'indicatif et de l'impératif. On écrit : « je hais, tu hais, il hait, hais ».
Haïr, contrairement à *finir*, ne porte pas d'accent circonflexe au passé simple (1re et 2e personnes du pluriel) ni au subjonctif imparfait (3e personne du singulier). On écrit : « nous haïmes, vous haïtes, qu'il haït ».

Les verbes du troisième groupe

Seules les deux premières conjugaisons étant régulières, il est quelque peu malaisé de rendre compte de la diversité des verbes du troisième groupe dans un tableau.

Verbes du troisième groupe	Terminaisons
Infinitif présent	**ir** *ou* **oir** *ou* **re** *(couvrir, vouloir, mettre)*
Infinitif passé	infinitif de l'auxiliaire + participe passé *(avoir couvert, avoir voulu, avoir mis)*
Indicatif présent	**e, es, e** *ou* **x, x, t** *ou* **s, s, (t), ons, ez, ent** *(je couvre, tu couvres, je veux, tu veux, je mets, tu mets, etc.)*
Indicatif imparfait	**ais, ais, ait, ions, iez, aient** *(je couvrais, je voulais, je mettais, etc.)*
Indicatif passé simple	**is, is, it, îmes, îtes, irent** *ou* **us, us, ut, ûmes, ûtes, urent** *ou* **ins, ins, int, înmes, întes, inrent** *(je couvris, je mis, je voulus, je tins, etc.)*
Indicatif futur simple	**rai, ras, ra, rons, rez, ront** *(je couvrirai, je mettrai, je voudrai, etc.)*
Indicatif passé composé	indicatif présent de l'auxiliaire + participe passé *(j'ai couvert, j'ai mis, j'ai voulu, etc.)*
Indicatif plus-que-parfait	indicatif imparfait de l'auxiliaire + participe passé *(j'avais couvert, j'avais mis, j'avais voulu, etc.)*
Indicatif passé antérieur	indicatif passé simple de l'auxiliaire + participe passé *(j'eus couvert, j'eus mis, j'eus voulu, etc.)*
Indicatif futur antérieur	indicatif futur simple de l'auxiliaire + participe passé *(j'aurai couvert, j'aurai mis, j'aurai voulu, etc.)*
Subjonctif présent	**e, es, e, ions, iez, ent** *(que je couvre, que je mette, que je veuille, etc.)*

Subjonctif imparfait	**isse, isses, ît, issions, issiez, issent** *ou* **usse, usses, ût, ussions, ussiez, ussent ou insse, insses, înt, inssions, inssiez, inssent** *(que je couvrisse, que je misse, que je voulusse, que je tinsse, etc.)*
Subjonctif passé	subjonctif présent de l'auxiliaire + participe passé *(que j'aie couvert, que j'aie mis, que j'aie voulu, etc.)*
Subjonctif plus-que-parfait	subjonctif imparfait de l'auxiliaire + participe passé *(que j'eusse couvert, que j'eusse mis, que j'eusse voulu, etc.)*
Conditionnel présent	**rais, rais, rait, rions, riez, raient** *(je couvrirais, je mettrais, je voudrais, etc.)*
Conditionnel passé (1re forme)	conditionnel présent de l'auxiliaire + participe passé *(j'aurais couvert, j'aurais mis, j'aurais voulu, etc.)*
Conditionnel passé (2e forme)	subjonctif imparfait de l'auxiliaire + participe passé *(j'eusse couvert, j'eusse mis, j'eusse voulu, etc.)*
Impératif présent	**e, s** ou **x, ons, ez** *(couvre, mets, veux, veuille, couvrons, mettons, voulons, etc.)*
Impératif passé	impératif présent de l'auxiliaire + participe passé *(aie couvert, aie mis, aie voulu, ayons couvert, ayons mis, etc.)*
Participe présent	**ant** *(couvrant, mettant, voulant)*
Participe passé	**t (te, ts, tes)** *ou* **s (se, s, ses)** *ou* **u (ue, us, ues)** *ou* **i (ie, is, ies)** *(couvert, couverte, couverts, couvertes, mis, mise, mis, mises,* *voulu, voulue, voulus, voulues, suivi, suivie, suivis, suivies)*

Cas particuliers

■ **Les verbes en *-aître* et en *-oître*** prennent ordinairement un accent circonflexe sur le *i* du radical lorsque ce *i* est placé devant un *t*.

Exemples : elle disparaît, mais elle disparaissait ; elle croît, mais elle croissait.

REMARQUE Cet accent n'est plus obligatoire, si l'on suit les rectifications orthographiques de 1990, rectifications que vous demande d'adopter l'école de Strasbourg lors de l'épreuve de texte à corriger.

Le verbe *croître* porte en outre un accent circonflexe sur celles de ses formes qui seraient identiques aux formes du verbe *croire* s'il n'en portait pas.

Croître : il croît, il crût, que je crûsse, croîs, crû, etc.

Croire : il croit, il crut, que je crusse, crois, cru, etc.

■ **Les verbes en *-dre*** (excepté les verbes en *-indre* et en *-soudre*), ***rompre, vaincre* et les verbes de leurs familles** conservent le *d*, le *p* et le *c* du radical au singulier du présent de l'indicatif et de l'impératif.

Exemples : je rends, tu rends, il rend, rends ; je corromps, tu corromps, il corrompt, corromps ; je convaincs, tu convaincs, il convainc, convaincs.

■ **Les verbes en *-indre*** conservent leur *d* uniquement au futur simple et au conditionnel présent, en d'autres termes quand on l'entend.

Exemples : je feindrai, je feindrais, mais *je feins.*

■ **Les verbes en *-soudre*,** comme les verbes en ***-eindre***, conservent leur *d* uniquement au futur simple et au conditionnel présent.

Exemples : nous résoudrons, nous résoudrions, mais *je résous, tu résous, il résout.*

ATTENTION Ne confondez pas ces verbes en *-soudre* avec les verbes en *-oudre* qui, eux, gardent leur *d* au singulier du présent de l'indicatif et de l'impératif, même s'il ne s'entend pas.
Exemples : je découds, tu découds, il découd, découds.

■ **Le verbe *asseoir*** admet deux séries de formes à l'indicatif (présent, imparfait, futur), au subjonctif présent, au conditionnel présent, à l'impératif présent et au participe présent.

Exemples : j'assieds, j'assois ; j'asseyais, j'assoyais ; j'assiérai, j'assoirai ; que j'asseye, que j'assoie ; j'assiérais, j'assoirais ; assieds, assois ; asseyant, assoyant.

■ **Les verbes *contredire, dédire, interdire, médire* et *prédire*** suivent la conjugaison de *dire*, sauf à la deuxième personne du pluriel du présent de l'indicatif et de l'impératif. On écrit : « vous contredisez, contredisez ; vous dédisez, dédisez ; vous interdisez, interdisez ; vous médisez, médisez ; vous prédisez, prédisez ».

Maudire se conjugue sur *finir* (non sur *dire*), exception faite de son participe passé qui est en *-it : maudit.*

■ **Les verbes *contrefaire, défaire, redéfaire, refaire, satisfaire et surfaire*** se conjuguent sur le modèle de *faire*. On écrit donc : « vous contrefaites, vous défaites, vous redéfaites, vous refaites, vous satisfaites, vous surfaites », non « vous contrefaisez, vous défaisez, etc. »

ATTENTION Veillez à ne pas mettre d'accent circonflexe sur le *i* de *faites* ni sur celui de *contrefaites, défaites, redéfaites, refaites, satisfaites, surfaites.*

■ **Les verbes *repartir*** (partir de nouveau ; répondre) ***et départir*** (attribuer ; se départir de : se séparer de) se conjuguent comme *partir*, non comme *finir*. Notez que les deux verbes forment leurs temps composés avec l'auxiliaire *avoir*. En revanche, *impartir* et *répartir* se conjuguent sur le modèle de *finir*.

Exemples : il repart, il se départ, il repartait, il se départait ; il impartit (présent et passé simple), il répartissait, répartissant.

■ **Les verbes *ressortir*** (être de la compétence de) **et *ressortir*** (sortir de nouveau) se conjuguent de façon différente. Le premier est un verbe du deuxième groupe : il se conjugue donc comme *finir* ; le second se conjugue comme *sortir*.

Exemples : Il ressort/ressortait de la pièce sans son livre. L'affaire qui me concerne ressortit/ressortissait au tribunal de grande instance.

■ **Les verbes *vêtir, dévêtir et revêtir*** sont des verbes du troisième groupe, non du deuxième. On ne peut pas, par conséquent, les conjuguer comme *finir.* On écrit : « vous vêtez, vous dévêtez, vous revêtez », non « vous vêtissez, etc. » Ces verbes ne présentent des formes en *-iss-* qu'au subjonctif imparfait (*que je vêtisse, que tu vêtisses, que nous vêtissions,* etc.).

Investir et *travestir,* en revanche, se conjuguent sur le modèle de *finir.*

REMARQUE Au présent de l'indicatif, on écrit ordinairement *il clôt, il gît, il plaît, il déplaît, il complaît,* mais *il déclot, il éclot, il enclot.*

3. Quelques observations sur vos concours...

Les concours que vous passez vous demandent de maîtriser les conjugaisons des verbes précités. Nous allons maintenant considérer les choses temps par temps et nous arrêter aux questions les plus fréquemment posées.

■ Le présent de l'indicatif

Vous êtes régulièrement interrogés sur le présent de l'indicatif des verbes *courir* et *acquérir,* formes qu'il vous faut savoir distinguer de celles du subjonctif présent.

Indicatif présent : je cour**s**, tu cour**s**, il cour**t**, nous cour**ons**, vous cour**ez**, ils cour**ent** ; j'acquier**s**, tu acquier**s**, il acquier**t**, nous acquér**ons**, vous acquér**ez**.

Subjonctif présent : que je cour**e**, que tu cour**es**, qu'il cour**e**, que nous cour**ions**, que vous cour**iez**, qu'ils cour**ent** ; que j'acquièr**e**, que tu acquièr**es**, qu'il acquièr**e**, que nous acquér**ions**, que vous acquér**iez**.

On vous demande encore de savoir que le *e* final de la première personne du singulier devient *é* quand la forme verbale précède le pronom *je.*

Exemples : jet**é**-je ? (je jette) préfér**é**-je ? (je préfère) céd**é**-je ? (je cède) sem**é**-je ? (je sème)

Vous aurez noté que, dans ce cas, le radical ne subit pas de transformation. Le *é* du radical qui devrait devenir *è* conserve l'accentuation de l'infinitif.

Exemples : préférer → je préfère → préféré-je ? ; céder → je cède → cédé-je ?

Cette transformation du *e* en *é* s'observe plus fréquemment au subjonctif.

Exemples : duss**é**-je ? fuss**é**-je ? euss**é**-je ? puiss**é**-je ?

On vous demande enfin de connaître le **présent de vérité générale** et le **présent de narration**.

On parle de ***présent de vérité générale*** (ou ***présent gnomique***) pour évoquer le présent des proverbes, des théorèmes, des définitions, autrement dit pour évoquer le présent des pensées intemporelles.

On parle de ***présent de narration*** (ou ***présent narratif*** ou ***présent historique***) pour désigner un présent qui, dans un récit, vient remplacer un passé simple afin de laisser penser que l'action est contemporaine de l'énonciation.

Exemples : Chat échaudé craint l'eau froide. En 1846, Napoléon s'évade du fort de Ham.

L'imparfait de l'indicatif

Vous devez garder en mémoire une chose déjà évoquée : le fait que les verbes en *-ier* et en *-yer* présentent deux *i* consécutifs ou la suite *yi* à l'imparfait de l'indicatif et au subjonctif présent (1re et 2e personnes du pluriel).

Exemples : nous appréciions, vous associiez, que nous balbutiions, que vous bénéficiiez ; nous appuyions, vous côtoyiez, que nous tournoyions, que vous envoyiez.

Le passé simple

On vous demande de savoir distinguer passé simple et présent, passé simple et imparfait du subjonctif.

Pensez que seul l'accent circonflexe permet de distinguer le présent et le passé simple de *dire* et de *redire* à la deuxième personne du pluriel : vous dites, vous redites (présent) / vous dîtes, vous redîtes (passé simple).

Sachez d'autre part différencier le passé simple de l'imparfait du subjonctif, à la troisième personne du singulier.

Exemples : il aima, il finit, il couvrit, il voulut, il mit, il tint, il eut, il fut (passé simple) / qu'il aimât, qu'il finît, qu'il couvrît, qu'il voulût, qu'il mît, qu'il tînt, qu'il eût, qu'il fût (subjonctif imparfait).

REMARQUE La troisième personne de l'imparfait du subjonctif présente toujours un accent circonflexe sur la voyelle de la désinence. Seules font exception les formes de *haïr* et de *ouïr* dont le *i* porte un tréma : qu'il haït, qu'il ouït.

Le futur simple et le conditionnel présent

Les questions posées sur le futur et sur le conditionnel (que l'on appelle parfois « futur dans le passé) concernent habituellement les verbes qui prennent deux *r*, les verbes *conclure*, *exclure* et les verbes qui présentent un *e* devant les désinences.

Prennent deux *r* au futur et au conditionnel les verbes *acquérir, courir, envoyer, mourir, pouvoir, voir* et les verbes de leurs familles (à l'exception de *pourvoir* et de *prévoir*).

Exemples : j'acquerrai, je courrais, j'enverrai, je mourrais, je pourrai, je verrais.

Les verbes qui se terminent en *-éer, -ier, -ouer, -uer, -yer* prennent un *e* devant les désinences *-rai, -ras, -ra, -rons, -rez, -ront* (futur), *-rais, -rais, rait, -rions, -riez, -raient* (conditionnel).

Exemples : je créerai, je suppléerais, j'apprécierai, je balbutierais, elle bafouera, il avouerait, elle attribuera, il polluerait, nous broierons, vous délaieriez (*ou* délayeriez).

Les verbes *conclure* et *exclure*, en revanche, ne prennent pas de *e* devant ces mêmes désinences.

Exemples : je conclurai, tu excluras, il conclura, nous exclurons ; vous concluriez, nous exclurions, ils concluraient.

Vous pouvez enfin être interrogés sur l'accentuation des verbes au futur et sur les différentes valeurs que peut prendre ce temps.

ATTENTION Notez que, dans vos concours, on attend encore que vous adoptiez, au futur et au conditionnel présent, la même accentuation qu'à l'infinitif. Les verbes qui présentent un *é* à l'avant-dernière syllabe de l'infinitif, comme *céder, téter,* conservent normalement ce *é* au futur et au conditionnel *(je céderai, je téterai).* Ce point d'orthographe peut cependant disparaître rapidement de vos concours, les rectifications orthographiques de 1990 recommandant d'adopter dans ce cas un è afin d'harmoniser orthographe et prononciation.

Quant aux différentes valeurs du futur, voici quatre expressions qu'il paraît souhaitable de connaître : ***futur jussif, futur d'atténuation***, ***futur de conjecture***, ***futur proche***.

On parle de ***futur jussif*** (ou de ***futur injonctif***) quand le futur simple a la valeur d'un impératif.

Exemple : Tu apprendras cette leçon pour demain.

On parle de ***futur d'atténuation*** (ou de ***futur de politesse***) lorsque le futur simple est employé à la place de l'indicatif présent, par politesse.

Exemple : Je vous demanderai de ne pas sortir durant l'épreuve.

On parle de ***futur de conjecture*** (ou de ***futur conjectural*** ou de ***futur de supposition***) quand le futur simple sert à présenter l'explication probable d'un fait présent.

Exemple : Paul est absent, il sera malade.

REMARQUE Le futur antérieur sert, lui aussi, à présenter une explication probable.
Exemple : J'ai reçu ma carte d'identité par la poste : un passant l'aura ramassée.

On parle, enfin, de ***futur proche*** (ou de ***futur immédiat***) quand le futur est exprimé par *être sur le point de + infinitif, aller* au présent + *infinitif.*

Exemples : Elle est sur le point de se marier. Nous allons sortir.

Le présent du subjonctif

Les questions concernant le subjonctif présent portent souvent sur les verbes *avoir* et *être*. Il vous faut penser que ceux-là prennent un *t* à la troisième personne du singulier et qu'ils ne présentent pas de *i* après le *y* aux deuxième et troisième personnes du pluriel.

On écrit : « qu'il ait, qu'il soit, que nous ayons, que vous ayez, que nous soyons, que vous soyez ».

Ces questions portent d'autre part sur la présence, déjà évoquée, de deux *i* consécutifs ou de la suite *yi* aux première et deuxième personnes du pluriel des verbes en *-ier* et des verbes en *-yer.*

GRAMMAIRE

Conditionnel passé 2e forme et passé antérieur

Il vous est demandé de ne pas confondre le conditionnel passé 2e forme avec le passé antérieur, à la 3e personne du singulier. Seul l'auxiliaire du premier porte un accent circonflexe.

Exemples : il eût aimé, il fût venu (conditionnel) / il eut aimé, il fut venu (passé antérieur).

Conditionnel passé 2e forme et subjonctif plus-que-parfait

Il vous est demandé de savoir que le conditionnel passé 2e forme est identique au subjonctif plus-que-parfait ; ce qui les différencie, dans un tableau de conjugaison, c'est la présence du *que* au subjonctif.

REMARQUE

Le bon usage présente le conditionnel passé 2e forme comme un plus-que-parfait du subjonctif à valeur de conditionnel passé. cf. pp. 1104-1105.

L'impératif

Pour répondre correctement aux questions qui vous sont posées sur l'impératif, vous devez avoir à l'esprit trois choses :

– Les verbes en *-er* (excepté *aller*), *assaillir, couvrir* (et sa famille), *cueillir* (et sa famille), *défaillir, offrir, ouvrir* (et sa famille), *souffrir, tressaillir, avoir, savoir* et *vouloir* ont un impératif en *-e* (2e personne du singulier).

Exemples : mange, assaille, couvre, cueille, défaille, offre, ouvre, souffre, tressaille, aie, sache, veuille (*ou* veux).

– L'impératif du verbe *aller* est *va*.

– Tous ces verbes se finissent par un *s* à l'impératif (2e personne du singulier) lorsqu'ils précèdent les pronoms *y* et *en* (non suivis d'un infinitif).

Exemples : vas-y, manges-en, cueilles-en, offres-en ; laisse en pousser, va y prodiguer tes conseils.

L'infinitif

Les questions portant sur l'orthographe de l'infinitif sont relativement rares : on vérifie essentiellement que vous savez qu'il s'agit là d'une forme invariable qui ne prend pas de *s* final, même quand elle est précédée d'un pronom pluriel.

Exemple : pour les voir.

Vous êtes parfois interrogés sur l'infinitif d'*asseoir* et de *surseoir.* Vous devez savoir que ces deux verbes prennent un *e*. Cependant, si ce *e* du radical se retrouve au futur et au conditionnel de *surseoir (je surseoirai, je surseoirais),* il disparaît complètement de la conjugaison en *-oi-* du verbe *asseoir (j'assoirai, j'assoirais).*

4. Quelques hésitations ?

S'il faut savoir composer parfaitement les formes verbales et identifier instantanément celles qui sont proposées, il faut encore connaître la façon de les employer. Avant d'aborder la question du participe et celle de l'aspect, nous voudrions donc nous arrêter à des questions qui posent généralement problème aux étudiants : l'emploi du subjonctif, l'utilisation du conditionnel passé 2e forme, le choix du mode à adopter après *si*.

Subjonctif ou indicatif ?

Le subjonctif est le mode du possible, de l'hypothèse, du virtuel. On le trouve principalement employé dans des propositions subordonnées.

Dans les propositions relatives

1. On emploie habituellement le subjonctif quand la proposition relative est précédée d'un superlatif relatif ou d'un adjectif tel que *dernier, premier, seul, unique, principal.* Si l'indicatif se rencontre parfois, il n'est pas admis dans vos concours. Cet emploi du subjonctif fait l'objet de questions régulières à Paris.

Exemples : « Est-ce la seule modification qu'il ait apportée depuis la dernière séance ? C'est le seul qui lui ait plu parmi tous les appartements visités. » (Ces phrases ont été proposées à Paris, incorrectement écrites.)

2. On emploie ordinairement le subjonctif au sein d'une proposition relative qui apparaît dans une phrase interrogative, dans une proposition circonstancielle de condition ou après un tour négatif.

Exemples : Est-il une autre activité qui permette une telle diversité de pratiques ? (la relative apparaît dans une question) Si tu rencontres une orthophoniste qui ait fait ses études à Lille, fais-moi signe. (la relative apparaît dans une proposition de condition) Il n'y a pas d'autre profession qui permette une telle diversité de pratiques. (la relative apparaît après un tour négatif)

3. On emploie le subjonctif dans une proposition relative « quand le locuteur ne s'engage pas sur la réalité du fait exprimé par la relative. » (*Le bon usage,* p. 1439)

GRAMMAIRE

Entraînement

[Paris] Parmi ces phrases, indiquez celle(s) qui est(sont) correcte(s) ?

a. Je cherche une maison qui ait un jardin.
b. Nous cherchons un sentier qui aille jusqu'au sommet.
c. D'où part le bus qui va au centre sportif ?
d. Ce n'est pas le train qui va à la frontière.
e. Je ne retrouve plus le couvercle qui aille avec ce bocal.

Corrigé

Si les quatre premières phrases sont correctes, la cinquième ne l'est pas. On écrira : « Je ne retrouve plus le couvercle qui va avec ce bocal. » En **a** et en **b**, on emploie le subjonctif car on ne sait pas si la maison et le sentier recherchés existent. En **c** et en **d**, l'existence du bus et du train mentionnés n'est pas mise en cause : on sait que bus et train existent. On emploie donc l'indicatif.

REMARQUE Notez la présence de l'article défini devant le nom : le bus, le train.

- **Dans les propositions conjonctives**

1. On emploie le subjonctif dans une proposition conjonctive qui suit l'expression d'un sentiment (admiration, crainte, joie, regret, tristesse, etc.).

Exemples : Je suis étonné qu'il ne m'ait pas donné de ses nouvelles. Je suis contente qu'elle ait eu ce concours. Je suis triste qu'il ne m'ait pas informé de sa réussite.

2. On met le subjonctif dans des propositions introduites par des verbes exprimant une possibilité *(il est possible que, il se peut que)*, une négation *(il est exclu que, nier que)*, un doute *(douter que, il est douteux que)*, la nécessité *(il faut, il importe, il est nécessaire que)*, la volonté *(vouloir, ordonner, demander, proposer, désirer, souhaiter, permettre, consentir, interdire, empêcher que).*

Exemples : Il se peut qu'elle soit absente. Il est exclu qu'elles soient en retard.

Je doute qu'il vienne. Il faut que tu aies beaucoup de patience. Je souhaite qu'il revienne vite.

3. On emploie le subjonctif dans une proposition conjonctive placée en tête de phrase.

Exemples : Qu'il soit absent m'étonne. Qu'Emmanuel n'ait pas répondu à mon message ne me surprend aucunement.

4. On emploie le subjonctif dans une proposition de condition commençant par *que*. Il arrive que deux propositions de condition soient coordonnées. Parfois, pour éviter la répétition du *si*, on emploie la conjonction *que* pour introduire la seconde proposition. Ce *que* entraîne un verbe au subjonctif dans une langue soignée. Faites attention : il s'agit là d'un cas de figure qui apparaît en QCM et en dictée.

Exemple : « S'il vous aperçoit [l'écureuil] et qu'il vous voie marcher vers l'arbre où il se tient, il sort aussitôt de sa petite bauge. » (extrait d'une dictée de Strasbourg)

À retenir

Certaines locutions conjonctives sont toujours suivies du subjonctif, d'autres ne l'étant qu'occasionnellement.

Locutions conjonctives toujours suivies du subjonctif :
afin que, à moins que, à supposer que, assez ... pour que, avant que, bien que (subjonctif ou participe présent), *ce n'est pas* (ou *point*) *que, de crainte que, de façon à ce que, de manière à ce que, de peur que, par peur que, en admettant que, en attendant que, non pas* (ou *point*) *que, non que, jusqu'à ce que, loin que, bien loin que, où que, pour peu que, pour que, pourvu que, quel que, quelque ... que, qui que, quoi que, quoique, sans que, si peu que, si tant est que, soit que ... soit que, suffisamment ... pour que, supposé que, trop ... pour que.*

Notez qu'il est préférable de ne pas employer les locutions *de façon à ce que, de manière à ce que,* qui sont critiquées. On leur préférera *de façon que, de manière que. Le bon usage* note que *si tant est que* « se trouve aussi, et moins rarement qu'on ne croirait, avec l'indic. » (p. 1519)

Locutions conjonctives souvent suivies du subjonctif (mais s'employant aussi avec l'indicatif) :
autant que, à (la) condition que, sous (la) condition que, encore que, moyennant que, pour autant que.

Locutions suivies du subjonctif ou de l'indicatif, selon la façon dont on les emploie : *de façon que, de manière que, de sorte que, au lieu que, d'aussi loin que, du plus loin que, que, si ... que.*

■ ***de façon que, de manière que, de sorte que***

De façon que, de manière que, de sorte que introduisent une conséquence. Si celle-là est réalisée, on emploie l'indicatif ; si elle ne l'est pas, on fait suivre la locution du subjonctif.

Exemples : Il a travaillé consciencieusement de sorte qu'il est satisfait. Il a choisi d'entrer dans une école d'ingénieur de sorte que ses parents soient satisfaits.

■ ***au lieu que***

La locution *au lieu que* est suivie de l'indicatif s'il s'agit simplement d'opposer deux actions différentes, mais elle est suivie du subjonctif s'il est question d'opposer deux actions dont une seule se réalise (cf. *Le bon usage,* p. 316 et p. 1480).

Exemples : Un étudiant travailleur peut réussir, au lieu qu'un étudiant paresseux échouera. Le mensonge, au lieu qu'il soit un acte de déloyauté, est souvent une façon de protéger autrui.

■ ***d'aussi loin que, du plus loin que***

Les locutions *d'aussi loin que, du plus loin que* sont généralement suivies de l'indicatif lorsqu'il s'agit d'espace, du subjonctif quand il est question de temps (cf. *Trésor Informatisé de la Langue Française*).

Exemples : D'aussi loin qu'elle me vit, elle me fit de grands signes de la main. D'aussi loin qu'elle se souvienne, elle a toujours aimé le son de la cornemuse.

GRAMMAIRE

■ ***si ... que***

La proposition introduite par *si ... que* se met à l'indicatif si elle présente une conséquence ; elle se met au subjonctif si elle exprime une nuance de but, si la phrase est interrogative ou si le verbe principal est négatif.

Exemples : Il est si rapide qu'il est arrivé le premier. Il faut qu'elle ait une note si haute que rien ne puisse compromettre son admission. Est-il si compétent qu'il soit major de sa promotion ? Il n'est pas si compétent qu'il soit major de sa promotion.

Locution conjonctive suivie indifféremment du subjonctif ou de l'indicatif :

■ ***tout ... que***

Tout … que s'emploie aussi bien avec l'indicatif qu'avec le subjonctif.

Exemples : Tout ému qu'il était, il a présenté correctement son projet. Tout patient qu'il soit, il n'a pas attendu plus longtemps.

REMARQUE On fait suivre *avant que* du subjonctif, mais la locution *après que* est suivie de l'indicatif.
On emploie *malgré que* uniquement avec le verbe *avoir* au subjonctif dans l'expression *malgré que j'en aie, malgré qu'il en ait,* etc. Cette expression, qui varie en personne et en temps, signifie *malgré moi, en dépit de moi.*

Conditionnel passé 2e forme ou passé antérieur ?

Comme nous l'avons déjà vu, seul un accent circonflexe permet de distinguer le conditionnel passé 2e forme et le passé antérieur, à la troisième personne du singulier. On emploie le passé antérieur (sans accent) pour indiquer un fait accompli, antérieur à un autre fait passé (présenté dans la proposition principale). On emploie le conditionnel passé 2e forme là où on pourrait adopter un conditionnel passé 1re forme.

Exemples : Après que notre fils eut déjeuné, nous avons rangé tout l'appartement. Si on lui avait offert cette chance, il l'eût peut-être saisie. (= il l'aurait peut-être saisie)

Entraînement

[Poitiers] Il faut écrire en veillant à la présence ou l'absence d'accent circonflexe, donc en distinguant l'indicatif du conditionnel :

a. S'il avait été plus grand, il eût aidé sa mère.
b. Dès qu'il eût fini, je partis.
c. Quand il eut parlé, les murmures montèrent.
d. Il eût compris les enjeux si vous l'aviez renseigné.
e. Il se fut classé premier s'il avait réussi sa dissertation.

Corrigé

Les éléments de réponse attendus sont **a**, **c** et **d**. En **b**, il faut écrire « eut fini » (la locution conjonctive *dès que* est suivie de l'indicatif) ; en **e**, il faut écrire « Il se fût classé » parce que l'on pourrait écrire : « Il se serait classé ».

Conditionnel présent ou futur après *si* ?

Quand *si* est suivi d'un présent dans la proposition circonstancielle de condition, on emploie le futur dans la principale.

Quand *si* est suivi d'un imparfait dans la proposition circonstancielle de condition, on emploie le conditionnel présent dans la principale.

Exemples : « J'irai volontiers le voir, s'il passe dans la région. J'irais volontiers le voir s'il m'invitait. » (QCM de Paris)

Verbes ou noms ?

Veillez à ne pas confondre verbes (au présent) et noms.

On écrit : « *il appelle / un appel ; il accueille / un accueil ; il appuie / un appui ; il balaie / un balai ; il cloue / un clou ; il colorie / un coloris ; il conseille / un conseil ; il convoie / un convoi ; il crie / un cri ; il désire / un désir ; il détaille / un détail ; il éclaircit / une éclaircie ; il emploie / un emploi ; il ennuie / un ennui ; il entretient / un entretien ; il envoie / un envoi ; il file / un fil ; il filme / un film ; il flaire / un flair ; il fusille / un fusil ; il maintient / un maintien ; il marie / un mari ; il oublie / un oubli ; il pleure / un pleur ; il plie / un pli ; il pourvoit / un pourvoi ; il remploie / un remploi ; il renvoie / un renvoi ; il replie / un repli ; il réveille / un réveil ; il sous-emploie / un sous-emploi ; il soutient / un soutien ; il talque / du talc ; il tire / un tir ; il travaille / un travail ; il trie / un tri ; il visse / une vis, etc.* »

GRAMMAIRE

Des conjugaisons à distinguer

Enfin, revoyez les conjugaisons de ces couples de verbes dont certains ont des formes communes. *Qu'il moule*, par exemple, est le subjonctif présent des verbes *mouler* et *moudre*.

affermir/affirmer
aller/allier
battre/bâtir
choir/choyer
confier/confire
couder/coudre
croire/croître
démonter/démontrer
dépeigner/dépeindre
déteindre/détenir
dorer/dormir
échoir/échouer
embraser/embrasser
être/suivre
faillir/falloir
fleurer/fleurir
lier/lire
mettre/mimer
moudre/mouler
peigner/peindre
plaire/pleuvoir
recouvrer/recouvrir
relier/relire
ressortir (sortir) / ressortir (être du ressort de)
soufrer/souffrir
teindre/tenir

Entraînement

❶ [Besançon] Repérez la ou les cases correspondant à un emploi correct du subjonctif.
a. Elle détestait que je disse du mal d'elle.
b. Je pense que j'ai de la fièvre.
c. Il est injuste, à bien y penser, que tu pourvois à ses besoins.
d. N'usons point d'excuses explétives, de crainte qu'on ne nous croie pas.
e. Je trouvais bien que nous l'assaillissions de questions à son retour de voyage.

❷ [Besançon] Repérez les cases correspondant aux imparfaits du subjonctif corrects.
a. qu'il fallût
b. que vous peignissiez
c. que vous moulussiez
d. qu'il assiégeât
e. que je fusse

❸ [Caen] Indiquez la ou les formes verbales correctes.
a. nous dévisions
b. (il fallait qu') elle dévisageât
c. tu dévisserais
d. ils devisseront
e. vous dévisageâtes

❹ [Lille] « Bouder » est un verbe :
a. transitif
b. intransitif
c. Les deux

❺ [Marseille] Dans leur conjugaison, « croire » et « croître » partagent la ou les formes verbales :
a. je crûsse
b. je croisse
c. nous crûmes
d. nous croîtrions
e. nous crussions

❻ [Marseille] Identifiez les formes correctes :
a. nous jetterions **b.** que tu jetasses **c.** tu modèles
d. ils achettent **e.** ils cisèlent

❼ [Paris] QRM – Indiquez les verbes conjugués à un mode qui ne convient pas.
a. Y a-t-il un train qui aille dans cette direction ?
b. En aurais-je les moyens que je n'achèterai pas ses tableaux.
c. D'où part le bus qui va au centre sportif ?
d. Je partirai bien avant qu'ils soient de retour.
e. Elle assistera à ce dîner, bien qu'elle n'en a absolument pas envie.

❽ [Paris] QRM – Indiquez les verbes incorrectement conjugués.
a. Il sursoit pour le moment à la publication de son livre.
b. Il faut qu'elle acquiert un peu plus d'assurance.
c. Vas-y ! mais méfies-toi d'eux…
d. Il est indispensable qu'il ait assez de temps.
e. Leur petit-fils croît encore au père Noël.

❾ [Paris] QRM - Indiquez les verbes incorrectement conjugués.
a. Tu côtoieras toutes sortes de gens en voyage.
b. Croies notre expérience, il est préférable d'attendre.
c. Nous nous tutoyions autrefois, me semble-t-il ?
d. Il serait bon qu'ils égayent un peu leur salle d'attente.
e. Il va falloir qu'il court beaucoup plus vite pour être qualifié.

❿ [Paris] QRM – Indiquez les verbes conjugués à un mode qui ne convient pas.
a. Je ne retrouve plus le couvercle qui aille avec ce bocal.
b. C'est le seul qui lui a plu parmi tous les appartements visités.
c. Téléphonez-nous dès que vous serez arrivés.
d. Il hésite encore à changer de voiture… non pas qu'il n'en a pas les moyens.
e. Ils sont venus à Paris sans que nous le sachions.

⓫ [Toulouse] De ces 4 valeurs du futur, laquelle correspond à la phrase suivante ? « Cela vous fera dix euros ».
a. futur jussif **b.** futur d'atténuation
c. futur de conjecture **d.** futur immédiat

⓬ [Tours] Cochez les verbes à la voix active :
a. Être aimé **b.** Avoir fini **c.** Je suis allé
d. Nous nous souvenons **e.** Il est puni

GRAMMAIRE

Corrigé

❶ **a**, **d** et **e** (**c** : pourvoies). ❷ **a**, **b**, **c**, **d** et **e**. ❸ **b**, **c** et **e** (**a** : devisions – *deviser* – ou dévissions – *dévisser* ; **d** : deviseront – *deviser* – ou dévisseront – *dévisser*). ❹ **c** (intr. : cette fillette boude ; tr. : cette femme boude son mari). ❺ **c.** ❻ **a**, **b**, **c** et **e** (**d** : achètent). ❼ **b** (achèterais) et **e** (ait). ❽ **b** (acquière), **c** (méfie-toi) et **e** (croit). ❾ **b** (crois) et **e** (coure). ❿ **a** (va), **b** (ait) et **d** (ait). ⓫ **b.** ⓬ **b**, **c** et **d**.

16 | Participes présents et participes passés

Les quelques pages qui suivent sont consacrées à l'un des modes impersonnels : le participe. Les questions posées sur ce mode sont nombreuses dans vos concours. Vous devez être capables de différencier un participe présent d'un adjectif verbal et d'un gérondif. Vous devez connaître les désinences du participe passé et savoir accorder correctement ce dernier.

1. Participes présents, adjectifs verbaux et gérondifs

Le participe présent

Le participe présent est une forme verbale qui se finit par *-ant*. Pour le former, il suffit d'ajouter la désinence *-ant* au radical de l'indicatif imparfait.

Exemples :
aimais → aim + ant = aimant
finissais → finiss + ant = finissant
couvrais → couvr + ant = couvrant
tenais → ten + ant = tenant

ATTENTION Deux participes présents font exception : *ayant* et *sachant*.

Le participe présent est invariable.

REMARQUE Le participe *ayant* prend un *s* lorsque les noms *ayant droit* et *ayant cause* sont au pluriel. On écrit : « un ayant cause, des ayants cause ; un ayant droit, des ayants droit ».

L'adjectif verbal

L'adjectif verbal est – dans vos concours – un adjectif formé sur un verbe, qui se termine par *-ant* ou *-ent*.

Exemples : fatigant, convaincant, intrigant, différent, émergent, influent, obligeant, exigeant.

L'adjectif verbal est, en fait, un participe présent qui est devenu un adjectif parce qu'il en a les fonctions. Il varie en genre et en nombre.

Exemples : une enfant fatigante, des enfants fatigants.

Adjectif verbal et participe présent

Veillez à ne pas confondre adjectifs verbaux et participes présents. L'adjectif verbal peut être remplacé par un autre adjectif, il s'accorde en genre et en nombre avec le terme auquel il se rapporte. Le participe présent peut être remplacé par un verbe conjugué à un mode personnel, il est invariable. Le participe présent traduit une action, l'adjectif verbal exprime un état.

Exemples : Elle a des petits-fils aimants. (adjectif verbal, *aimants* = affectueux, tendres) Aimant la chaleur, elle passe tous ses étés au Maroc. (participe présent, *aimant* = comme elle aime)

Certains adjectifs s'écrivent comme les participes présents auxquels ils correspondent (*aimant*, par exemple), d'autres ont une forme différente : « Les adj. qui se distinguent, par leur terminaison en *-ent*, des partic. prés. doivent leur forme aux partic. prés. latins auxquels ils ont été empruntés. Cela a joué aussi pour certains des adj. en *-cant* et en *-gant*. » (*Le bon usage*, p. 1148)

Le gérondif

Le gérondif est ordinairement constitué de la préposition *en* suivie du participe présent d'un verbe. Il joue généralement le rôle de complément circonstanciel.

Exemples : Elle est arrivée en chantant. Ils sont partis en courant. Elle m'a répondu tout en se coiffant.

REMARQUE Le gérondif est privé de la préposition *en* dans certaines locutions qu'il vous faut mémoriser : *à son corps défendant, ce disant, ce faisant, ce (que) voyant, chemin faisant, donnant donnant, tambour battant, généralement* (*strictement, humainement, linguistiquement,* etc.) *parlant.*

Faites attention aux formes qui suivent :

Infinitif	Participe présent	Adjectif (m. sing.)	Nom
Adhérer	Adhérant	Adhérent	Adhérent
Affluer	Affluant	Affluent	Affluent
Coïncider	Coïncidant	Coïncident	(Coïncidence)
Communiquer	Communiquant	Communicant	Communicant
Confluer	Confluant	Confluent	Confluent
Convaincre	Convainquant	Convaincant	–
Converger	Convergeant	Convergent	(Convergence)
Déférer	Déférant	Déférent	(Déférence)
Déléguer	Déléguant	Délégant	Délégant
Déterger	Détergeant	Détergent	Détergent
Différer	Différant	Différent	(Différend)
Divaguer	Divaguant	Divagant	–
Diverger	Divergeant	Divergent	(Divergence)

Émerger	Émergeant	Émergent	(Émergence)
Équivaloir	Équivalant	Équivalent	Équivalent
Excéder (dépasser)	Excédant	Excédant	Excédent
Exceller	Excellant	Excellent	(Excellence)
Expédier	Expédiant	Expédient	Expédient
Extravaguer	Extravaguant	Extravagant	(Extravagance)
Fabriquer	Fabriquant	—	Fabricant
Fatiguer	Fatiguant	Fatigant	—
Fringuer	Fringuant	Fringant	—
Influer	Influant	Influent	(Influence)
Interférer	Interférant	Interférent	(Interférence)
Intriguer	Intriguant	Intrigant	Intrigant
Naviguer	Naviguant	Navigant	Navigant
Négliger	Négligeant	Négligent	(Négligence)
Précéder	Précédant	Précédent	Précédent
Présider	Présidant	—	Président
Provoquer	Provoquant	Provocant	—
Résider	Résidant	Résidant/Résident	Résidant/Résident
Somnoler	Somnolant	Somnolent	(Somnolence)
Suffoquer	Suffoquant	Suffocant	—
Trafiquer	Trafiquant	—	Trafiquant
Vaquer	Vaquant	Vacant	(Vacance)
Violer	Violant	Violent	(Violence)
Zigzaguer	Zigzaguant	Zigzagant	—

* Dans vos concours, on emploie généralement le nom *résidant* comme synonyme d'*habitant*. On recourt au nom *résident* pour désigner un individu qui ne vit pas dans son pays d'origine.

Exemples : Les résidants de ce village redoutent la fermeture de la boulangerie. Il vient d'obtenir une carte de résident.

Entraînement

1 [Besançon] Repérez la ou les phrases contenant un adjectif verbal :
a. Leurs avis divergeant, ils se séparèrent.
b. Le principe des vases communicants l'avait toujours fasciné.
c. On l'entendit, extravaguant sur des sujets sérieux.
d. Les espèces affluant, les transactions bancaires reprirent.
e. Ce sont des rythmes cubains enivrants.

❷ [Bordeaux] Pour chaque mot souligné, ou chaque segment de phrase souligné, indiquez si l'analyse proposée entre parenthèses est juste (réponse A) ou fausse (réponse B).
1. En incluant la modernité comme motif poétique, Baudelaire a rompu avec l'esthétique classique. (gérondif)
2. Chemin faisant, il vit le cou du chien pelé. (gérondif)
3. Il arriva tambour battant. (gérondif)
4. Le soir venant, il fera une apparition. (gérondif)
5. C'est en lisant qu'on devient lecteur. (participe présent)
6. Ici gronde le fleuve aux remous écumants. (participe présent)

❸ [Caen] Indiquez la ou les phrases contenant un adjectif verbal.
a. Son commerce est dans une rue passante.
b. Il y avait de nombreux employés vaquant à leurs occupations.
c. Elle avait considéré cet avis convaincant.
d. Le personnel navigant est en grève.
e. Il ne put rien faire, hésitant toujours.

❹ [Marseille] Ce n'est pas en .... ton auditoire que tu y parviendras.
a. fatiguant **b.** fatigant **c.** provocant **d.** provoquant **e.** négligent

❺ [Paris] QRU - Indiquez le mot souligné éventuellement incorrect.
a. Les résidants de l'immeuble ont organisé une fête.
b. Les opposants au projet sont assez nombreux.
c. Différant ses bonnes résolutions, elle s'est remise à fumer.
d. Leurs points de vue sont aussi divergeants que possible.
e. ARNC

❻ [Paris] QRU - Indiquez le mot souligné éventuellement mal orthographié.
a. Leur village est au confluent de deux rivières.
b. Il y régnait une atmosphère suffoquante.
c. Elle est toujours un peu somnolente.
d. Notre délégué, présidant la séance, souhaite la bienvenue à tous.
e. ARNC

❼ [Paris] QRU - Indiquez la phrase qui contient éventuellement un mot souligné mal orthographié.
a. Pourquoi est-il toujours aussi provoquant ?
b. Leur attitude est tout à fait choquante.
c. Elle est croyante mais pas vraiment pratiquante.
d. On parle toujours du chaînon manquant...
e. ARNC

❽ [Paris] QRM - Indiquez les phrases qui contiennent un mot souligné mal orthographié.
a. Ce club a-t-il de nombreux adhérents ?
b. Je ne connais pas le différent qui les oppose.
c. Est-ce un affluent de la Loire ?
d. Ils sont vraiment trop intransigeants.
e. Leurs avis étaient tout à fait divergeants.

❾ [Paris] QRM - Indiquez les mots soulignés mal orthographiés.
a. Leurs prix sont équivalents.
b. Enfin ils aperçurent le canot, navigant péniblement entre les récifs.

GRAMMAIRE

c. Les attaquants durent se replier à l'aube.
d. Bien que communicant par signes, ils se comprenaient fort bien.
e. Son comportement est tout à fait provocant.

⑩ [Paris] QRM - Indiquez les mots soulignés mal orthographiés.
a. Ce travail est en tous points excellent.
b. Votre affaire va créer un précédent.
c. Son intervention fut très convainquante.
d. Leur personnel navigant est très compétent.
e. Leurs possibilités ne sont pas équivalantes.

⑪ [Poitiers] Le participe présent s'emploie soit comme une forme verbale (un homme portant bien son âge) soit comme adjectif (un homme bien portant). L'orthographe de ces deux emplois du participe présent est en règle identique. Toutefois elle diffère dans certains cas ; ainsi écrit-on : « un spectacle fatiguant les plus robustes » et « un spectacle très fatigant ». Mais il existe aussi d'autres types de différences orthographiques. Parmi les participes présents suivants, quel est celui (ou quels sont ceux) dont le qualificatif correspondant n'a pas la même orthographe ?
a. équivalant b. provoquant c. détergeant d. commerçant e. divaguant

⑫ [Toulouse] Quelle est la phrase correctement orthographiée ?
a. Les arguments convainquants de nombreux clients permettent de grands bénéfices.
b. Les arguments convainquant de nombreux clients permettent de grands bénéfices.
c. Les arguments convaincant de nombreux clients permettent de grands bénéfices.
d. Les arguments convaincant permettent de trouver des acheteurs.

⑬ [Tours] Cochez les participes présents :
a. suffocant b. convaincant c. fatiguant d. adhérant e. hurlante

Corrigé

❶ b et e (*divergeant*, *extravaguant* et *affluant* sont des participes présents). ❷ **1 A** ; **2 A** ; **3 A** ; **4 B** (participe présent) ; **5 B** (gérondif) ; **6 B** (adjectif verbal). ❸ a, c et d (*vaquant* et *hésitant* sont des participes présents). ❹ a et d (*fatigant*, *provocant* et *négligent* sont des adjectifs verbaux). ❺ d (divergents). ❻ b (suffocante). ❼ a (provocant). ❽ b (différend ; *différent* est l'adjectif verbal) et e (divergents). ❾ b (naviguant ; *navigant* est l'adjectif verbal) et d (communiquant ; *communicant* est l'adjectif verbal). ⑩ c (convaincante) et e (équivalentes). ⑪ a (adj. : équivalent), b (adj. : provocant), c (adj. : détergent) et e (adj. : divagant). ⑫ b (en d, il faudrait écrire *convaincants* pour que la phrase soit correcte). ⑬ c et d (*suffocant*, *convaincant* et *hurlante* sont des adjectifs verbaux).

2. Le participe passé : ses formes

- **Se terminent en -*é*** le participe passé masculin singulier des verbes en *-er* ainsi que celui de *naître*.

  Exemples : chanté, né.

- **Se termine en -*i*** le participe passé masculin singulier de la plupart des verbes en *-ir*

  Exemples : fini, accompli.

- **Se terminent en -*u*** le participe passé masculin singulier des verbes en *-oir* (à l'exception de *seoir*, au sens d'*être assis*, et des verbes de sa famille : *asseoir, rasseoir, surseoir*), le participe passé de la plupart des verbes en *–re* et le participe passé de certains verbes en *-ir* (*courir, férir, tenir, venir, vêtir* et les verbes de leurs familles).

- **Se terminent en -*s*** les participes passés masculins : *acquis, circoncis, conquis, enquis, mis, occis, pris, requis, sis, clos, inclus, absous, dissous, résous* et les participes passés des verbes de leurs familles. On écrit, par exemple : « reconquis, remis, repris, éclos, etc. ».

REMARQUE

Résous est extrêmement rare : vous avez le droit de l'oublier ; le participe passé courant de *résoudre* est *résolu.*

- **Se terminent en -*t*** les participes passés masculins : *confit, dit, écrit, frit, fait, trait, mort, couvert, offert, ouvert, souffert,* le participe passé des verbes en *-indre* et en *-uire* (à l'exception de *bruire, luire* et *nuire* qui font *brui, lui* et *nui*). Il faut encore ajouter à ces verbes ceux de leurs familles. On écrit, par exemple : « contredit, interdit, défait, rouvert, etc. ».

ATTENTION

On considère généralement que quatre participes passés prennent un *û* au masculin singulier : *crû (croître), dû (devoir), redû (redevoir)* et *mû (mouvoir).* (*Le bon usage* ajoute *recrû*, participe passé de *recroître.*) L'accent circonflexe apparaît sur le *u* au masculin singulier, mais ni au féminin singulier, ni au masculin pluriel, ni au féminin pluriel.

Exemples : crû, crue, crus, crues ; dû, due, dus, dues ; mû, mue, mus, mues.

Comme le rappelle Jean-Pierre Colignon dans *Pour ne plus faire de fautes d'orthographe :* « Le participé passé de *devoir* n'a d'accent circonflexe que lorsqu'il s'écrit en deux lettres. » (p. 186).

Pour former le féminin singulier de tous ces participes passés, on ajoute un *e* au masculin singulier. Notez toutefois que les participes *absous* et *dissous* (on oublie *résous*) donnent *absoute* et *dissoute.*

GRAMMAIRE

Ne pas confondre

■ **Béni/bénit**

Deux formes sont associées au verbe *bénir : béni* et *bénit.* Certains grammairiens considèrent qu'il s'agit là de deux participes passés, d'autres font de *béni* un participe et de *bénit* un adjectif. Quoi qu'il en soit, les deux ne s'employant plus aujourd'hui indifféremment, il vous faut retenir que :

– On emploie *bénit* et *bénite,* uniquement comme adjectifs, quand on évoque une chose ayant reçu la bénédiction d'un prêtre.

Exemples : de l'eau bénite, du pain bénit, du buis bénit.

On peut alors remplacer *béni, bénite* par *saint, sainte.*

– On emploie donc *béni* et *bénie* quand la chose considérée n'a pas reçu la bénédiction d'un prêtre, quand on évoque une personne, quand la forme de *bénir* n'est pas employée comme adjectif, mais comme verbe.

Exemples : Ces années de jeunesse demeurent pour moi une période bénie. J'ai tenu dans mes bras cette enfant bénie. Soyez bénis, partez en paix ! De façon assez étrange, cette table de salle à manger a été bénie par un pape.

■ **Décrépi/décrépit**

Ne confondez pas *décrépi/décrépie* (participe passé de *décrépir* signifiant *dégarni de son crépi*) et *décrépit/décrépite* (adjectif signifiant *dégradé par l'âge, par le temps*). *Décrépi* ne peut se dire que d'une chose, *décrépit* s'applique à une personne ou à une chose.

Exemples : Cette façade est décrépie. Il faut consolider ce mur décrépit. Une vieille femme décrépite faisait la manche.

■ **Subi/subit**

Ne confondez pas *subi/subie* (participe passé de *subir* signifiant *supporté, enduré*) et *subit/subite* (adjectif signifiant *brusque, soudain*).

Exemples : une mauvaise humeur subie à longueur de journée ; une mauvaise humeur subite.

■ **Stupéfié/stupéfait**

Ne confondez pas *stupéfié/stupéfiée* (participe passé du verbe *stupéfier* qui signifie *causer, provoquer une importante surprise*) et *stupéfait/stupéfaite* (adjectif signifiant *très étonné, ébahi*). N'employez pas *stupéfait* après le verbe *avoir.*

Exemples : Il a stupéfié ses parents (*et non* Il a stupéfait ses parents.) Il est encore tout stupéfait.

Le verbe *stupéfaire* est, par ailleurs, à bannir.

3. Le participe passé : ses accords

Le participe passé employé sans auxiliaire

Le participe passé employé sans auxiliaire s'accorde comme un adjectif, en genre et en nombre, avec le nom ou le pronom qu'il accompagne.

Exemples : un enfant alité ; une démarche désapprouvée ; des livres achetés ; des femmes brutalisées.

Le participe passé employé avec l'auxiliaire *être*

Le participe passé employé avec l'auxiliaire *être* s'accorde en genre et en nombre avec le sujet.

Exemples : Mon père est sorti dans le jardin. Elle est partie sans me dire au revoir. Mes neveux sont arrivés à bon port. Ces étudiantes ont été convoquées.

Quand le sujet est *on,* le participe passé se met en principe au masculin singulier. Mais il arrive que ce participe soit au féminin singulier, au féminin pluriel ou au masculin pluriel, *on* désignant parfois une ou plusieurs personnes bien précises.

Exemples : On est venu vider ses entrepôts durant la nuit. Comment réagit-on quand on est si malmenée par la vie ? On était entassés comme des animaux dans ces baraquements. En tant que femmes célibataires, on est souvent oubliées.

Quand le sujet est *nous,* le participe passé se met naturellement au masculin ou au féminin pluriel, *nous* désignant généralement un groupe de personnes. Mais il arrive que ce participe passé soit au féminin singulier ou au masculin singulier, *nous* désignant parfois un seul être. C'est le *nous* qu'emploient les individus qui ont le pouvoir (on parle de *pluriel de majesté* pour désigner cet emploi de la première personne du pluriel à la place du singulier) ; c'est le *nous* qu'adopte un auteur lorsqu'il parle de lui-même (on parle, dans ce cas, de *pluriel de modestie*).

Exemples : Nous, dit le roi, sommes atterré par cette nouvelle. Nous sommes allée à la rencontre de personnes souffrant d'addictions sévères.

Quand le sujet est *vous,* le participe passé se met au masculin ou au féminin pluriel, *vous* désignant généralement un groupe de personnes. Mais il arrive que ce participe soit au féminin singulier ou au masculin singulier dans le cadre du vouvoiement, *vous* ne désignant alors qu'un seul être.

Exemples : Sabine, vous êtes-vous interrogée sur votre conduite ? Jean, êtes-vous allé vous promener ?

Le participe passé employé avec l'auxiliaire *avoir*

Le participe passé employé avec l'auxiliaire *avoir* est invariable si la phrase est dépourvue de complément d'objet direct (COD) ou si le COD suit le verbe. (Dire qu'un participe passé est invariable revient à dire qu'il faut le mettre au masculin singulier.)

Exemples : Elle a dansé devant une dizaine de personnes. Ils ont chanté une jolie ballade irlandaise.

En revanche, le participe passé s'accorde en genre et en nombre avec le COD si ce dernier précède le verbe.

Exemples : Ces modèles, il les a créés. Quelles erreurs avez-vous commises ? Sont-ce les melons que tu as cueillis ? Voici la chanson qu'il a chantée.

Les règles énoncées ci-dessous sont classées en fonction de l'intérêt qu'elles présentent pour vos concours, à l'exception de celles concernant le participe passé des verbes pronominaux qui sont des règles primordiales.

■ Le participe passé conjugué avec l'auxiliaire *avoir* et suivi d'un verbe à l'infinitif

Le participe passé conjugué avec l'auxiliaire *avoir* et suivi d'un verbe à l'infinitif s'accorde avec le pronom complément d'objet direct qui le précède si ce dernier fait l'action exprimée par le verbe à l'infinitif. Si le pronom COD ne fait pas l'action mentionnée par le verbe à l'infinitif, mais s'il la subit, alors le participe passé est invariable. (L'infinitif peut être accompagné ou non d'une préposition.)

Cette règle peut vous sembler complexe et sa formulation pourrait même être contestée. L'important est de bien saisir la façon dont il faut procéder.

Exemple : Sont-ce les escrimeurs que j'ai vus s'entraîner ?

Il faut se demander si le terme auquel renvoie le *que,* c'est-à-dire *escrimeurs,* fait l'action exprimée par le verbe à l'infinitif. Il faut, en d'autres termes, se demander si ce sont les escrimeurs qui s'entraînent. C'est bien le cas ; il faut donc accorder le participe passé avec le nom *escrimeurs.*

Exemple : Sont-ce les cantiques que tu as entendu chanter ?

Même procédé : on se demande si le terme représenté par *que,* c'est-à-dire *cantiques,* fait l'action exprimée par le verbe à l'infinitif. On se demande, en d'autres termes, si ce sont les cantiques qui chantent. Ce n'est pas le cas ; le participe passé est donc invariable.

Exemple : Ces orchidées, je les ai vues dépérir.

On procède toujours de la même façon : on se demande si les *orchidées,* auxquelles renvoie le pronom *les,* font l'action exprimée par le verbe à l'infinitif. En d'autres termes, on se demande si les orchidées dépérissent. C'est bien le cas ; on accorde donc le participe passé avec le nom *orchidées.*

REMARQUE Notez trois cas particuliers :

1. Le participe passé *fait* est invariable lorsqu'il est suivi d'un infinitif.
Exemples : Je les ai fait germer. Voici les rescapés que nous avons fait hélitreuiller.
Certaines grammaires recommandent aussi l'invariabilité du participe passé *laissé* lorsqu'il est suivi d'un infinitif. N'en tenez pas compte, sauf - si vous le souhaitez - dans le cadre d'une épreuve de texte à corriger.

2. Les participes passés des verbes qui expriment une opinion ou une déclaration sont invariables lorsqu'ils sont suivis d'un infinitif.
Verbes d'opinion : *penser, croire, espérer, imaginer, estimer, juger, supposer, présumer, considérer,* etc.
Verbes de déclaration : *dire, affirmer, déclarer, indiquer, révéler, signaler, prétendre,* etc.
Exemples : Ce sont des manuscrits qu'on a pensé être de Voltaire ? Voici des tapis qu'on m'a dit venir du Maroc.

3. Les participes passés *donné, eu, laissé + à + infinitif* sont, en général, variables ou invariables.
Exemple : Que dire des addictions qu'elle a eu/eues à combattre ?
On accorde le participe passé avec le pronom *qu',* c'est-à-dire avec *addictions,* si on considère que ce pronom est COD du verbe *avoir.* (Elle a eu quoi ? *Qu',* c'est-à-dire des *addictions.*) On n'accorde pas le participe passé si l'on fait de *qu'* le COD de *combattre.* (Elle a eu à combattre quoi ? *Qu',* c'est-à-dire *des addictions.*)
Parfois, le sens de la phrase ne permet pas l'accord du participe.
Exemple : Il est marqué par les incendies qu'il a eu à photographier.
(Le pronom *qu',* c'est-à-dire *incendies,* ne peut pas être COD du verbe *avoir.*)
Le participe *eu* est habituellement laissé invariable, le participe *donné* est généralement accordé avec le pronom objet direct qui précède. En ce qui concerne *laissé,* on rencontre autant d'exemples d'accord que d'exemples de non-accord.

GRAMMAIRE

■ Les participes passés « *couru, coûté, dormi, duré, marché, mesuré, parlé, pesé, régné, reposé, valu, vécu, etc.* »

Les participes passés « *couru, coûté, dormi, duré, marché, mesuré, parlé, pesé, régné, reposé, valu, vécu, etc.* » sont invariables quand ils sont accompagnés d'un complément circonstanciel de temps, de prix, de poids, etc.

Exemples : Les quarante minutes qu'elle a marché lui ont permis de réfléchir à cette question. Ces bijoux valent aujourd'hui plus que les deux mille euros qu'ils nous ont coûté. Il est certain que ce tableau ne vaut plus la somme qu'il a valu jadis !

Mais, quand ces participes passés sont accompagnés d'un complément d'objet direct, ils s'accordent en genre et en nombre avec ce complément.

Exemples : Les abricots que tu as pesés vont servir à faire de la confiture. Je ne dirai rien des dangers qu'il a courus dans ce pays en guerre.

■ Le participe passé précédé du pronom *en* COD

Le participe passé précédé du pronom *en* COD est invariable.

Exemples : Des cerises aussi belles, en as-tu déjà mangé cette année ? Des conseils, ces étudiants en ont reçu !

ATTENTION Pour que le participe passé demeure invariable, il faut que *en* soit COD, ce qui n'est pas toujours le cas.
Exemple : Elle m'a confié les souvenirs qu'elle en a gardés. (Le COD de *garder* est *qu',* c'est-à-dire *souvenirs* ; *en* est COI.)
Certains grammairiens recommandent d'accorder le participe passé avec le pronom *en,* plus précisément avec le terme auquel ce pronom renvoie : cela est considéré comme incorrect dans vos concours.

Le participe passé des verbes impersonnels

Le participe passé des verbes essentiellement ou accidentellement impersonnels est invariable. (Un verbe impersonnel est un verbe qui a pour sujet un *il* à valeur neutre, c'est-à-dire un *il* ne désignant ni une chose ni un être : il y a, il faut, il neige, etc.)

Exemples : Je me souviens encore de ces orages qu'il y a eu, il y a trente ans. La chaleur qu'il a fait cet été-là est à l'origine de plusieurs décès.

Les participes passés « *dit, dû, cru, espéré, imaginé, pensé, permis, promis, prévu, pu, su, voulu, etc.* »

Les participes passés « *dit, dû, cru, espéré, imaginé, pensé, permis, promis, prévu, pu, su, voulu, etc.* » sont invariables lorsqu'un infinitif ou une proposition COD sont à sous-entendre après eux.

Exemples : Cette enfant a vraiment dit toutes les idioties qu'elle a pu ! (infinitif COD à sous-entendre : *dire* ; *qu',* c'est-à-dire *idioties,* est COD de *dire,* non de *pouvoir*) Notre guide nous a donné toutes les indications que nous avons voulu. (proposition COD à sous-entendre : *qu'il nous donne*) Il n'a malheureusement pas fait tout les efforts que j'avais cru. (proposition COD à sous-entendre : *qu'il ferait*)

ATTENTION Excepté *devoir* et *pouvoir,* ces verbes peuvent être précédés d'un COD avec lequel le participe doit s'accorder.
Exemple : Dire que ce sont ces sornettes que tu as crues !

Ci-annexé, ci-inclus, ci-joint

Les expressions *ci-annexé, ci-inclus* et *ci-joint* sont invariables dans deux cas : quand elles sont placées en tout début de phrase ou en début de membre de phrase (après un point-virgule) ; lorsque le nom qui les suit n'est pas précédé par un déterminant. (Le terme de *déterminant* désigne les articles et les adjectifs autres que qualificatifs.)

Exemples : Ci-joint la photocopie que vous m'avez réclamée à plusieurs reprises. Je vous prie de bien vouloir trouver ci-joint copie de votre diplôme.

Les participes passés sont variables lorsque ces expressions sont employées comme adjectifs.

Exemples : Veuillez prêter attention aux documents ci-annexés. Une photocopie de votre diplôme est ci-jointe.

Outre ces cas, il est possible de laisser les participes passés invariables ou de les accorder avec les termes qu'ils accompagnent.

Exemples : Je vous envoie ci-joint/joints les trois sujets de concours que vous m'aviez prêtés. Vous trouverez ci-joint/jointes les deux premières parties de mon texte.

■ Le participe passé suivi d'un attribut du COD

Le participe passé suivi d'un attribut du COD s'accorde habituellement avec le COD si ce dernier est placé avant le participe.

Exemples : Mon père l'a rendue très heureuse. Cette bague, je l'aurais préférée moins grosse.

L'usage est hésitant pour les participes *cru, dit, su, voulu* et leurs synonymes (*jugé, trouvé, supposé,* etc.) mais, là encore, l'accord prédomine.

Exemples : Ma grand-mère, on l'eût dit(e) malheureuse. Cette enfant, je l'aurais voulu(e) moins timide.

■ Le participe passé précédé du pronom *l'* COD

Le participe passé est invariable quand le pronom *l'* qui le précède est un COD pouvant être remplacé par *cela* ; *l'* équivaut alors à une proposition.

Exemples : Ce travail est plus pénible que nous ne l'avions prévu. (= Nous avions prévu *cela,* c'est-à-dire que ce travail serait pénible.) Cet appartement est plus petit que l'agent immobilier ne nous l'avait dit. (= L'agent immobilier nous avait dit *cela,* c'est-à-dire que cet appartement était petit.) Ces étudiants ont travaillé plus que je ne l'avais espéré. (= J'avais espéré *cela,* c'est-à-dire que ces étudiants travailleraient.)

■ Les participes passés « *attendu, compris (non compris, y compris), entendu, excepté, ôté, ouï, supposé, vu* »

D'une façon générale, les participes passés « *attendu, compris (non compris, y compris), entendu, excepté, ôté, ouï, supposé, vu* » sont invariables quand ils précèdent un nom. Ils équivalent à des prépositions. Quand ils suivent un nom, en revanche, ils s'accordent avec ce nom.

Attendu et *vu*, lorsqu'ils ont cette valeur de préposition, précèdent obligatoirement le nom. *Ôté* (comme synonyme d'*excepté*), *supposé, entendu* et *ouï* sont rares, les deux derniers participes appartenant à la langue juridique.

Exemples : Excepté ma mère, je compte dix personnes. Ma mère exceptée, je compte dix personnes. Elle a repéré dix erreurs, non compris les fautes d'accentuation. Elle a repéré dix erreurs, les fautes d'accentuation non comprises.

■ Les participes « *étant donné, fini, mis à part, passé* »

Les participes « *étant donné, fini, mis à part, passé* » sont invariables ou s'accordent avec les noms qui les suivent. Notez que l'accord de *fini* est plus courant, le non-accord de *passé* est plus attendu.

Exemples : Étant donné/données les circonstances, il nous faut partir. Passé/Passés les trois premiers jours, nos heures de cours seront moins nombreuses.

Étant donné précède toujours le nom qu'il accompagne ; *fini, mis à part* et *passé* s'accordent avec le nom qu'ils accompagnent lorsque celui-là les précède.

Exemples : L'angoisse permanente de ne pas réussir, finie ! La rentrée passée, il nous faut présenter un nouveau projet.

Adverbe de quantité + *de* + nom + participe passé

Le participe passé qui est lié à un adverbe de quantité (*assez, autant, beaucoup, bien, combien, peu, que, tant, trop,* etc.) suivi par *de* introduisant un complément, s'accorde généralement avec ce complément. Ces adverbes de quantité « suivis de *de* (parfois de *des*) servent de déterminants au nom. » (*Le bon usage,* p. 532)

Exemples : Combien de cerises a-t-il mangées ? Que de fautes il a faites ! Peu de tendresse lui fut donnée.

Il arrive cependant que le participe passé soit accordé avec l'adverbe, lorsque celui-là l'emporte dans la pensée, c'est-à-dire lorsque la notion de quantité prime. Le participe passé se met alors au masculin singulier.

Exemple : Trop de gentillesse serait considéré comme une marque de faiblesse.

Le peu de + complément + participe passé

Le participe passé accompagnant *le peu de* suivi d'un complément est souvent accordé avec *le peu.*

Le mieux, semble-t-il, est d'accorder le participe passé avec *le peu de,* c'est-à-dire de le mettre au masculin singulier, si *le peu de* traduit un manque, une insuffisance.

Exemple : Le <u>peu</u> de persévérance qu'elle a <u>montré</u> m'a attristé.

Si, au contraire, *le peu de* désigne une quantité suffisante, il est préférable d'accorder le participe passé, en genre et en nombre, avec le complément.

Exemple : Le peu de <u>persévérance</u> qu'elle a <u>montrée</u> m'a donné envie de l'aider.

Collectif (*bande, foule, groupe,* etc.) + participe passé

Quand le participe passé est lié à un collectif comme *bande, foule, groupe,* etc., suivi d'un complément, il s'accorde généralement avec le collectif. Il peut cependant s'accorder avec le complément, lorsque ce dernier est considéré comme le mot le plus important du syntagme. (Autres collectifs intéressants : *compagnie, équipe, file, horde, pile, série, suite, troupe, rangée, troupeau,* etc.).

Exemples : Une compagnie de danseurs s'est installée ici. Un groupe d'étudiants se seraient installés sur ses terres.

Quand le collectif est précédé d'un article défini, d'un adjectif possessif ou d'un adjectif démonstratif, le participe passé s'accorde habituellement avec lui.

Exemples : Est-ce la horde de touristes que tu as accueillie ce matin ? Cette nuée de coccinelles qu'on a vue s'envoler retient toute l'attention de notre fillette.

Nom de fraction + participe passé

Quand le participe passé est lié à un nom de fraction (*moitié, quart, tiers, trois quarts,* etc.) suivi d'un complément, il s'accorde soit avec le nom de fraction, soit avec le complément.

Exemples : Le <u>quart</u> de la production a été <u>écoulé</u>. Le quart de la <u>production</u> a été <u>écoulée</u>.

Le verbe se met généralement au pluriel quand le nom de fraction est précédé d'un déterminant pluriel (*les, mes, ces,* etc.). Certains grammairiens considèrent cet accord comme obligatoire.

Exemple : Les deux tiers de la récolte ont été vendus.

■ Le participe passé dans les temps surcomposés

« Les temps surcomposés sont les temps où le verbe est conjugué avec un double auxiliaire [...] ou, si l'on veut, des temps composés dont l'auxiliaire est lui-même composé [...], ou encore des temps obtenus en ajoutant un auxiliaire de plus, ordinairement *avoir* [...], à un temps déjà composé : J'ai planté → J'ai eu planté. Je suis parti → J'ai été parti ». (*Le bon usage,* p. 1040)

Dans les temps surcomposés, seul le dernier participe passé varie.

Exemples : Ces plats, quand je les ai eu réalisés, je les ai photographiés. Ces tables, dès qu'elle les a eu achetées, elle a décidé de les repeindre.

■ Le participe passé placé entre deux *que,* placé entre *que* et *qui*.

Le participe passé précédé d'un *que* pronom relatif et suivi d'un *que* conjonction de subordination est invariable si le pronom relatif est le COD d'un verbe qui vient après le participe. Le participe passé s'accorde, en revanche, avec le pronom relatif *que* si celui-ci est COD du participe.

Exemple : Nous avons bien reçu les livres que vous aviez dit que vous nous enverriez.

Pour ne pas faire d'erreur, il faut se demander si le nom auquel renvoie le premier *que* est COD du verbe qui suit le participe. Si c'est le cas, le participe est invariable. Ici, il faut donc se demander si *livres* est COD d'*enverriez.* C'est le cas : Vous aviez dit quoi ? *Que vous nous enverriez.* Que vous nous enverriez quoi ? *Que,* c'est-à-dire *les livres.* Le participe passé *dit* est donc invariable.

Exemple : Voici les deux femmes que j'ai averties que je partirais bientôt en vacances.

Le nom *femmes* auquel renvoie le premier *que* n'est pas COD du verbe *partir,* mais du verbe *avertir,* d'où l'accord du participe passé avec ce nom. J'ai averti qui ? *Les deux femmes.* De quoi ? *Que je partirais bientôt en vacances.* La proposition est COI.

Le participe passé est invariable lorsqu'il est précédé du pronom relatif *que* et suivi du pronom relatif *qui.*

Exemple : Ce sont là des témoignages de soldats que j'ai pensé qui enrichiraient ton mémoire.

■ *Un(e) des / un(e) de* + nom pluriel + pronom relatif + participe passé

Quand le participe passé est lié à l'expression *un(e) de(s)* suivie d'un nom pluriel, il s'accorde habituellement avec le nom pluriel.

Exemples : Voici une des fraises que j'ai ramassées. Je vous présente l'une des personnes que j'ai accueillies chez moi.

Il arrive cependant que le participe passé s'accorde avec *un(e),* si ce terme prime dans la pensée.

GRAMMAIRE

Exemple : Voici l'une des amies parisiennes que j'ai accueillie, qui va maintenant aller habiter en province.

Groupe nominal + conjonction de comparaison + groupe nominal + participe passé

Le participe passé s'accorde habituellement avec les deux groupes nominaux si ceux-là sont associés dans la pensée. Dans ce cas, on rencontre les locutions conjonctives suivantes : *ainsi que, aussi bien que, autant que, comme, de même que, non moins que, non plus que, pas plus que.*

Exemple : C'est sa gentillesse ainsi que son humour que j'ai appréciés.

Le participe passé s'accorde avec le premier groupe nominal si les deux groupes nominaux sont très nettement dissociés dans la pensée. Dans ce cas, on rencontre les locutions conjonctives suivantes : *moins que, plus que, plutôt que.*

Exemple : C'est sa foi plutôt que son savoir que j'ai admirée.

Groupe nominal + *ou/ni* + groupe nominal + participe passé

Le participe passé s'accorde habituellement avec les deux groupes nominaux.

Exemples : Est-ce la gloire ou la richesse qu'elle a recherchées ? Ce n'est ni sa méchanceté ni sa jalousie qu'il a ainsi sanctionnées.

Le participe passé s'accorde avec le second des groupes nominaux, si les deux groupes nominaux sont nettement dissociés dans la pensée, en d'autre termes si l'action exprimée par le verbe ne s'applique qu'à l'un des groupes nominaux.

Exemples : Ce n'est ni madame Curmi ni monsieur Fassiotti que l'on a élu président de cette entreprise. (On a élu un président.) Est-ce un manoir ou une écurie que tu as peinte à la droite de ce cours d'eau ?

L'échapper belle

Le participe passé est, dans cette expression, invariable.

Exemples : Paul l'a échappé belle ! Sophie l'a échappé belle ! Mes frères l'ont échappé belle ! Ses amies l'ont échappé belle !

Le participe passé des verbes pronominaux réfléchis ou réciproques

Le participe passé des verbes pronominaux réfléchis ou réciproques s'accorde avec le COD si celui-là précède le verbe.

RAPPEL

On dit d'un verbe pronominal qu'il est *réfléchi* lorsque le sujet agit sur lui-même. On dit d'un verbe pronominal qu'il est *réciproque* lorsque les êtres agissent l'un sur l'autre, les uns sur les autres. (Pour la question des verbes pronominaux, cf. section 15. *Le verbe et ses formes.*)

Pour accorder correctement le participe passé de ces verbes, il faut donc savoir parfaitement identifier un COD (si COD il y a), savoir si le pronom personnel réfléchi qui accompagne le verbe est COD ou COI. Pour déterminer la fonction de ce pronom réfléchi, le plus simple est de transformer la phrase en remplaçant l'auxiliaire *être* par l'auxiliaire *avoir* puis de poser, après le verbe, la question *qui ? quoi ?*

Exemple : Elles se sont coiffées.

Elles ont coiffé qui ? *Se,* c'est-à-dire *elles-mêmes.* Le pronom *se* est COD de *coiffer* ; il renvoie au pronom personnel *elles* : le participe passé, qui s'accorde avec le COD le précédant, est donc féminin pluriel.

Exemple : Je me suis offert une année sabbatique.

J'ai offert quoi ? *Une année sabbatique* (COD). À qui ? À *me* (COI).

Le COD *(année sabbatique)* est placé après le participe, *me* étant COI du verbe *offrir* : le participe passé reste donc invariable.

Exemple : Mes parents et mon frère se sont téléphoné.

Mes parents et mon frère ont téléphoné à qui ? À *se.*

Il n'y a pas de COD dans cette phrase (*se* est COI du verbe *téléphoner*) : le participe passé reste donc invariable.

Exemple : As-tu remarqué la bague qu'elle s'est offerte ?

Elle a offert quoi ? *Qu',* c'est-à-dire *la bague.* À qui ? À *s'.*

Le participe passé s'accorde avec le COD qui le précède, ici avec le pronom relatif *qu',* qui renvoie à *bague.* Le participe passé est donc féminin singulier *(offerte).*

■ Le participe passé des verbes pronominaux dont le pronom ne peut être analysé

Le participe passé des verbes pronominaux dont le pronom n'est ni COD ni COI du verbe qu'il accompagne s'accorde avec le sujet. Il s'agit, rappelons-le, des verbes pronominaux subjectifs.

Exemples : Ces étudiantes se sont rapidement aperçues de leur erreur. Les malfaiteurs se sont enfuis en emportant un énorme butin.

Étant donné que les verbes essentiellement pronominaux font partie des verbes subjectifs, ils ont un participe passé qui s'accorde toujours en genre et en nombre avec le sujet, à l'exception de *s'arroger* et de *s'entrenuire. S'entrenuire* a un participe passé qui est invariable, *s'arroger* fonctionne comme les verbes pronominaux réfléchis et réciproques.

Exemples : Ces employées se sont arrogé des privilèges. Quels sont les privilèges que ces employées se sont arrogés ? (accord du participe passé avec le COD *que,* c'est-à-dire *privilèges,* qui le précède).

Verbes essentiellement pronominaux qui peuvent vous être utiles

absenter (s'), abstenir (s'), démener (se), désister (se), écrouler (s'), efforcer (s'), emparer (s'), empresser (s'), enfuir (s'), enquérir (s'), entraider (s'), envoler (s'), éprendre (s'), escrimer (s'), évader (s'), évanouir (s'), évertuer (s'), extasier (s'), fier (se), formaliser (se), gargariser (se), gausser (se), immiscer (s'), ingénier (s'), insurger (s'), méfier (se), méprendre (se), morfondre (se), obstiner (s'), pâmer (se), pavaner (se), périmer (se), prélasser (se), rabougrir (se), raviser (se), rebeller (se), rebiffer (se), réfugier (se), repentir (se), suicider (se), tapir (se), targuer (se)

■ Le participe passé des verbes pronominaux de sens passif

Le participe passé des verbes pronominaux de sens passif s'accorde en genre et en nombre avec le sujet.

RAPPEL

On dit d'un verbe pronominal qu'il est de sens *passif* lorsque le sujet ne fait pas l'action, mais la subit.
Exemples : Les pêches se sont bien vendues cet été. (= On a bien vendu les pêches.)
De nombreuses cigarettes se sont allumées à la fin du repas.

■ Les participes passés invariables

Les participes passés des verbes pronominaux suivants sont invariables :
complaire (se), en vouloir (s'), nuire (se), ressembler (se), succéder (se), convenir (se), entrenuire (s'), parler (se) (= parler à qqn), rire de (se), suffire (se), déplaire (se), mentir (se), plaire (se), sourire (se), survivre (se).

On peut ajouter à ces verbes le verbe *rendre* dans la locution *se rendre compte.*

Exemples : Elles se sont parlé pendant trois heures. Ils ne se sont jamais menti.

Ils s'en sont voulu pendant plusieurs années. Elles se sont rendu compte de leurs erreurs.

Il est souhaitable que vous prêtiez attention à ces verbes qui se rencontrent fréquemment en concours ; il n'est pas indispensable, en revanche, que vous les mémorisiez tous : la plupart étant précédés d'un pronom COI.

■ Le participe passé d'un verbe pronominal suivi d'un infinitif

Le participe passé d'un verbe pronominal suivi d'un infinitif s'accorde en genre et en nombre avec le sujet, uniquement si ce dernier accomplit l'action exprimée par l'infinitif.

Exemples : Ces alpinistes se sont vus mourir. (Accord de *vus* avec le sujet *ces alpinistes* car ce sont les alpinistes qui « font l'action de » mourir.) Les deux garçonnets se sont-ils senti piquer par cet énorme scorpion ? (Le participe passé *senti* ne s'accorde pas car le sujet *les deux garçonnets* n'accomplit pas l'action de piquer.)

Les rectifications orthographiques de 1990 recommandent de ne jamais accorder le participe passé de *se laisser + infinitif.* Dans vos concours, il vous est cependant demandé de choisir entre l'accord (lorsque le sujet fait l'action de l'infinitif) et le non-accord (lorsque le sujet ne fait pas l'action de l'infinitif).

Exemples : N'ayant plus de famille, elle s'est laissée dépérir. Cette personne âgée s'est laissé escroquer sans protester.

■ Le participe passé d'un verbe pronominal suivi d'un attribut du pronom réfléchi

Le participe passé d'un verbe pronominal, précédé d'un pronom réfléchi COD et suivi d'un attribut de ce COD, s'accorde habituellement avec le pronom.

Exemples : Je me suis crue abandonnée. Elles se sont crues malheureuses. Ces adolescents se sont rendus très utiles lors des dernières inondations.

■ *Se faire l'écho de / Se faire fort / Se faire jour*

Le participe passé de *faire* est variable dans *se faire l'écho de,* mais invariable dans *se faire fort de* (s'estimer capable de) et *se faire jour* (se frayer un chemin ; se manifester).

Exemples : Pourquoi se sont-elles faites l'écho d'une telle rumeur ? Ces étudiantes se sont fait fort de réussir. (Dans cette expression *se faire fort de, fait* et *fort* sont invariables.) Son honnêteté s'est fait jour en maintes occasions.

■ *S'assurer / Se persuader*

Faites attention à ces deux verbes qui se construisent de différentes façons : *on assure quelque chose à quelqu'un, on assure quelqu'un de quelque chose ; on persuade quelqu'un de quelque chose, on persuade à quelqu'un quelque chose* (vieux ou littéraire). Lorsque ces verbes ont une forme pronominale, il faut donc se demander si le pronom réfléchi est COD ou COI.

Exemples : En faisant une longue campagne de publicité, nous nous sommes assuré des commandes pour deux ans. (non-accord du participe car le COD *des commandes* suit le verbe, le second *nous* étant COI) Mes amies se sont assurées de ma présence en ces lieux. (accord du participe avec le COD *se* qui le précède)

Quand *s'assurer* et *se persuader* sont suivis de la conjonction *que* introduisant une proposition, le participe passé s'accorde ou non car le pronom réfléchi peut être analysé comme un COD ou comme un COI.

Exemple : Elle s'était persuadé/persuadée qu'elle n'aurait pas de concours.

Entraînement

❶ [Besançon] Noircissez la ou les cases correspondant aux phrases correctement orthographiées :
a. L'année passée j'ai échoué à l'épreuve de saut.
b. Les fruits que j'ai vu tomber sont pourris.
c. Elles se sont passé le mot.
d. Attendu les services qu'il a rendus nous le garderons.
e. La chanson que j'ai entendue chanter.

❷ [Bordeaux] Pour chaque item, indiquez si l'orthographe est correcte (réponse A) ou si l'orthographe est incorrecte (réponse B).
1. Ils ont suivi les conseils qu'elle leur avait donné.
2. Passé cette entrée, il est interdit de fumer.
3. Ils se sont parlé.
4. Elle s'est cassé la jambe.
5. Différents ministres se sont succédé.
6. Ils se sont plu tout de suite.
7. Combien de journaux a-t-elle vendus ?
8. La fillette s'est coupée.
9. Quelles chansons auriez-vous préféré entendre ?

❸ [Caen] Indiquez les phrases correctes.
a. Elle s'est ri de nous.
b. L'actrice que j'ai vu triompher.
c. Elles se sont aperçues de leurs erreurs.
d. Les erreurs dont elles se sont offusqué.
e. Les deux jours qu'il a neigé.

❹ [Caen] Indiquez les phrases correctes.
a. Elle s'est sentie mourir.
b. Ils se sont nui.
c. Les efforts qu'elle avait dits consentir.
d. La chaleur qu'il a fait.
e. Les dangers que j'ai courus.

❺ [Caen] Indiquez les phrases correctes.
a. Elle s'est laissée convaincre.
b. Les recommandations que vous auriez pu suivre.
c. Elles se sont parlé.
d. La tempête qu'il a faite.
e. Elles se sont dispensé de venir.

❻ [Marseille] Elles se sont .... par pure méchanceté.
a. nuies **b.** nuie **c.** nui **d.** nuis **e.** nuises

❼ [Marseille] Elles se sont .... leurs habits.
a. disputer **b.** disputée **c.** disputés **d.** disputé **e.** disputées

❽ [Nancy] Mettez les verbes proposés à la forme exigée par le contexte.
1. La somme d'obstacles qu'il a (surmonter) est impressionnante.
2. Que de coups (**a** : tordre) il a (**b** : encaisser) !
3. Ils s'étaient (jurer) de ne rien révéler.
4. Les quatre coups de fusil s'étaient (succéder) avec une rapidité incroyable.

5. Il a fait tous les efforts qu'il a (pouvoir).
6. (Passer) dix-neuf heures, on ne t'attendra plus.
7. Lorsque les cambrioleurs se furent (**a** : assurer) que les gardiens s'étaient bien (**b** : éloigner), ils se sont (**c** : introduire) dans le musée et se sont (**d** : emparer) de trois tableaux.

❾ [Paris] QRM - Indiquez les participes mal accordés.
a. Je pense qu'elle s'est laissé distancer volontairement.
b. Ils se sont faits tout petits pour échapper à sa colère.
c. Les lettres qu'ils se sont envoyés m'ont semblé peu amicales.
d. De telles maladies se sont souvent rencontrées par ici.
e. Ils se sont déplus dès la première entrevue.

❿ [Paris] QRM - Indiquez les participes mal accordés.
a. Se sont-ils parlés au téléphone ?
b. Les catastrophes naturelles se sont succédé cette année.
c. Elle s'est abstenu de toute critique.
d. Ils se sont prévalus de leur ancienneté.
e. Nous nous sommes faits les conciliateurs entre les deux clans.

⓫ [Paris] QRM - Indiquez les participes passés mal accordés.
a. Mon amie s'en est longtemps voulue.
b. Nous nous sommes écroulés de fatigue à l'arrivée.
c. Les acteurs se sont fait longuement applaudir.
d. Elle s'est cognée la tête en sortant de voiture.
e. Ils se sont adressés des reproches bien immérités.

⓬ [Paris] QRM - Indiquez les participes mal accordés.
a. Elle s'est coupée les cheveux elle-même.
b. Nous nous étions réfugiés sous un auvent.
c. Ils se sont battus comme des chiffonniers.
d. Elle s'est toujours complue dans l'ignorance des réalités.
e. Quelles louanges ne se sont-ils pas envoyées !

⓭ [Poitiers] Il faut écrire en respectant les règles d'accord des verbes pronominaux :
a. Les tourterelles se sont enfuies à notre approche.
b. Les oiseaux s'étaient brisés les ailes.
c. Catherine s'est cassé la jambe.
d. Ils se sont disputé sauvagement.
e. Les bambins s'étaient salies les mains en tombant.

⓮ [Poitiers] Parmi les phrases suivantes, quelle est celle (ou quelles sont celles) dont les règles d'accord du participe passé ont été respectées ?
a. C'est une faveur qu'il a espérée qu'on lui accorderait.
b. Tout le monde l'a crue morte.
c. Je les aurais voulus plus beaux.
d. Une mort qu'on lui a prédit héroïque.
e. Elle était vêtue de noir : on l'eût dite en deuil.

⓯ [Toulouse] Laquelle de ces phrases est mal orthographiée ?
a. Les arbres que j'ai vu planter.
b. Les arbres que j'ai vu fleurir.
c. Que de pleurs j'ai vu verser !
d. Les enfants que j'ai vu punir.

GRAMMAIRE

⑯ [Tours] Cochez les participes passés correctement accordés :
a. Les dix ans qu'il a vécu à Paris.
b. La chanson que j'ai entendue chanter
c. Elles se sont souri.

Corrigé

❶ a, c et d (b : vus, ce sont les fruits qui tombent ; e : entendu, ce n'est pas la chanson qui chante). ❷ **1 B** (donnés) ; **2 A** (ou *passée*) ; **3 A** (le participe passé de *se parler* est invariable, quand il s'agit de parler à quelqu'un) ; **4 A** ; **5 A** (le participe passé de *se succéder* est invariable) ; **6 A** (le participe passé de *se plaire* est invariable) ; **7 A** ; **8 A** ; **9 A**. ❸ a, c et e (b : vue, c'est l'actrice qui triomphe ; d : offusquées). ❹ a, b, d et e (c : dit, le participe passé d'un verbe de déclaration suivi d'un infinitif est invariable). ❺ b et c (a : laissé ; d : fait ; e : dispensées). ❻ c (le participe passé de *se nuire* est invariable). ❼ d (le COD *habits* suit le verbe). ❽ **1** surmontés ; **2** tordus, encaissés ; **3** juré (le COD *de ne rien révéler* suit le verbe) ; **4** succédé ; **5** pu (sous-entendu : *faire*) ; **6** passé (ou *passées*) ; **7** assurés, éloignés, introduits, emparés. ❾ c (envoyées) et e (déplu). ❿ a (parlé) et c (abstenue). ⓫ a (voulu), d (cogné : le COD *tête* est placé après le participe) et e (adressé : le COD *reproches* est placé après le participe). ⓬ a (coupé) et d (complu). ⓭ a et c (b : brisé ; d : disputés ; e : sali). ⓮ b, c, d et e (a : espéré ; *espéré* est invariable car le pronom relatif *qu'* le précédant est COD non pas du participe, mais du verbe qui le suit : Il a espéré quoi ? Qu'on lui accorderait *qu'*, c'est-à-dire *une faveur*) ; le participe passé accompagné d'un attribut du COD s'accorde généralement avec le COD si ce dernier le précède ; pour les participes *cru, dit, su, voulu* et leurs synonymes, nous avons vu que l'usage est extrêmement hésitant, cf. *Le bon usage*, p. 1173. ⓯ b (vus). ⓰ a et c (b : entendu).

17 | Les aspects du verbe

« L'aspect est la manière dont s'expriment le déroulement, la progression, l'accomplissement de l'action. » (*Le bon usage,* p. 981)

Jusqu'à présent, cette notion n'a été véritablement abordée que dans les tests de grammaire proposés à Bordeaux[1]. Plusieurs des phrases qui apparaissent dans ces tests sont extraites de la *Grammaire méthodique du français*[2]. C'est donc logiquement cet ouvrage que nous avons choisi de suivre en matière d'aspect, tous les grammairiens n'adoptant pas la même terminologie.

Aspect accompli / Aspect inaccompli

L'aspect accompli perçoit l'action comme achevée, l'aspect inaccompli envisage celle-là comme étant en train de se dérouler.

Les formes verbales composées expriment un aspect accompli, les formes verbales simples un aspect inaccompli. Retenez que le passé simple traduit un aspect inaccompli, comme l'imparfait d'ailleurs (il s'agit de formes simples). Penser que le passé simple exprime un aspect accompli, c'est confondre temps et aspect.

Exemples : Elle se leva tôt. (aspect inaccompli) Elle a chanté. (aspect accompli)

Aspect sécant / Aspect non sécant

On parle d'aspect *sécant* – aspect exprimé notamment par l'imparfait – lorsque le procès n'est pas précisément délimité ; on parle d'aspect *non sécant* – aspect exprimé notamment par le passé simple – quand le procès est circonscrit par des bornes précises, en particulier par une borne finale. (On emploie le terme de ***procès*** pour désigner l'action exprimée par le verbe.)

Exemples : Elle chantait. (aspect sécant) Elle chanta. (aspect non sécant)

Aspect perfectif / Aspect imperfectif

Ces deux aspects sont liés au sens même des verbes.

Les verbes perfectifs sont des verbes qui impliquent un terme, une fin. L'action exprimée par le verbe n'existe véritablement que quand elle est achevée. Des verbes comme *entrer, sortir, ouvrir, fermer, naître mourir, casser* et *arracher* sont perfectifs. L'action d'ouvrir, par exemple, n'existe réellement que quand on l'a complètement réalisée. Cela fait, cette action ne peut pas être prolongée, mais elle peut être renouvelée.

Les verbes imperfectifs sont des verbes dont le sens n'implique pas de terme, de limitation. L'action exprimée par ces verbes est réalisée dès qu'elle a commencé. Il suffit que je dise un mot pour que l'action de parler prenne tout son sens. L'action exprimée par un verbe imperfectif peut, dans l'absolu, être sans fin. Sont imperfectifs des verbes comme *aimer, regarder, exister, vivre, chercher, méditer, ramper, marcher, travailler,* etc.

1. Une question a été posée à Amiens, en 2011, sur les verbes perfectifs...
2. Martin Riegel, Jean-Christophe Pellat, René Rioul, *Grammaire méthodique du français*, Paris, Presses Universitaires de France, 2009.

Certains verbes peuvent être perfectifs ou imperfectifs selon le sens qu'ils prennent, selon le contexte.

Exemples : Je lis. (*lire* est imperfectif : l'action est considérée dans son déroulement) Je lis une notice. (*lire* est perfectif : le terme de l'action est envisagé ; l'action sera terminée quand j'aurai pris connaissance de toute la notice)

Aspect semelfactif / Aspect itératif

On parle d'aspect *semelfactif* lorsque le procès est unique, d'aspect *itératif* lorsqu'il est répété. L'aspect itératif peut être traduit par le préfixe *re-*, par des verbes exprimant par eux-mêmes l'idée de répétition (*rabâcher, radoter, répéter, sautiller,* etc.) ou bien encore par des compléments circonstanciels tels *tous les ans, une fois par jour, parfois, souvent,* etc.

Exemples : Elle est allée à l'opéra une seule fois dans sa vie. (aspect semelfactif) Il achète son journal tous les matins. (aspect itératif)

Aspect inchoatif / aspect terminatif

On parle d'aspect *inchoatif* quand le procès est saisi immédiatement à son début. Cet aspect est exprimé par des verbes tels *se mettre à, commencer à/de, entamer, débuter,* etc. On parle d'aspect *terminatif* lorsque le procès est saisi juste avant sa fin. Cet aspect se manifeste par des verbes comme *finir de, cesser de, terminer de, achever de,* etc.

ATTENTION Ne confondez pas **aspect inchoatif** et **futur proche** d'une part, **aspect terminatif** et **passé proche** d'autre part.
On parle de *futur proche* (ou de ***futur immédiat***) lorsque l'action est imminente. On emploie le verbe *aller* au présent ou l'expression *être sur le point de,* suivis de l'infinitif, pour exprimer ce futur. On parle de *passé proche* lorsque l'action vient d'être accomplie. On exprime ce passé par le semi-auxiliaire *venir de* suivi de l'infinitif.
La notion de *futur proche* renvoie à une action qui va être accomplie sous peu, mais qui n'est pas commencée ; avec l'aspect inchoatif, on est au début de l'action. La notion de *passé proche* renvoie à une action qui vient d'être accomplie ; avec l'aspect terminatif, on est encore « dans l'action », même si cette dernière arrive à son terme.

Aspect progressif

On parle d'*aspect progressif* quand l'action est saisie alors qu'elle est en train de se dérouler. Outre les verbes imperfectifs, deux périphrases expriment cet aspect : *aller* + participe présent et *être en train de* + infinitif.

Exemples : Il va cueillant des coquelicots. Elle est en train de ramasser des fraises.

Le début de l'action est proche	L'action est à son début	L'action est en cours	L'action touche à sa fin	L'action est accomplie depuis peu
Futur proche / Aspect imminent	Aspect inchoatif	Aspect progressif / continuatif	Aspect terminatif	Passé proche
Aller au prés. + infinitif, *être sur le point de* + infinitif	*Commencer à/ de, débuter, entamer, se mettre à*	*Être en train de* + inf., *aller* + p. présent	*Achever de, cesser de, finir de, terminer de*	*Venir de*
Elle est sur le point de partir.	Il commence à rédiger son mémoire.	Ils sont en train de faire des gâteaux.	Elle finit d'écrire son roman.	Ils viennent de quitter leur domicile.

Dans les questions qui suivent, sont évoqués quatre « aspects » qui n'apparaissent pas dans la grammaire précitée : *continuatif, conclusif, imminent* et *résultatif*.

■ Aspect continuatif

L'action est saisie alors qu'elle est en train d'être accomplie. Cet aspect est à associer à l'aspect progressif.

Exemples : Il continue d'écrire. Il est en train d'écrire.

■ Aspect conclusif

Certains auteurs font de *conclusif* un synonyme de *perfectif*, d'autres en font un synonyme de *terminatif*.

■ Aspect imminent

L'action est sur le point de commencer. Cet aspect est à associer au futur proche.

Exemple : Il est sur le point de partir.

■ Aspect résultatif

L'action est présentée comme achevée.

Exemples : Elle est couchée. La voilà couchée.

Entraînement

[Bordeaux] Pour chaque mot souligné, ou chaque segment de phrase souligné, indiquez si l'analyse proposée entre parenthèses est juste (réponse A) ou fausse (réponse B).

1. Clémence n'aura pas terminé ses devoirs lorsque nous passerons à table. (aspect accompli)
2. L'Homme voulut marcher sur la lune. (aspect inaccompli)
3. Il avait débuté les cours de droit, assez inquiet pour son avenir. (aspect accompli)
4. Elle faisait le ménage quand il sonna. (aspect sécant)
5. Il va me le dire de suite. (aspect inchoatif)
6. Il vient de finir ses devoirs. (aspect terminatif)
7. Il saute et retombe. (aspect conclusif)
8. Je rougis dès que je l'aperçus. (aspect accompli)
9. Il pleuvait quand je pris la voiture. (aspect sécant)
10. J'ai aimé par-dessus tout cette allure désinvolte. (aspect non sécant)

GRAMMAIRE

11. Napoléon <u>naquit</u> en Corse. (aspect verbal inaccompli)
12. La joie <u>venait</u> toujours après la peine. (aspect verbal sécant)
13. <u>Je suis en train de lire</u> le journal. (aspect continuatif)
14. Il <u>jaunit</u> à vue d'œil. (aspect inchoatif)
15. Chaque semaine il <u>revient</u>. (aspect itératif)
16. Il <u>sautille</u> tout le temps. (aspect continuatif)
17. <u>Je suis en train de travailler</u>. (aspect continuatif)
18. Je <u>lisais</u> quand tu es entré. (aspect accompli)
19. <u>Je vais le lui dire</u>. (aspect inchoatif)
20. Il <u>finit de chanter</u>. (périphrase verbale aspectuelle)
21. Je le <u>vis</u>, je rougis et je pâlis à sa vue. (aspect accompli)
22. Il <u>arriva</u> à l'heure. (aspect accompli)
23. Il <u>allait boire</u> le poison quand il entra. (aspect inchoatif)
24. Après son accident, Coupeau <u>se mit à boire</u>. (aspect itératif)
25. Tous les ans <u>elle revenait</u>. (aspect itératif)
26. Demain dès l'aube, <u>je partirai</u>. (futur proche)
27. Quand <u>j'ouvris</u> les yeux, l'aube se levait. (aspect sécant)
28. <u>Elle commence à se faire</u> du souci. (aspect inchoatif)
29. <u>Elle vient de se coucher</u>. (aspect résultatif)
30. Il <u>a terminé</u> ses devoirs. (aspect accompli du présent)
31. Il <u>mourut</u> en 1956, pendant le terrible hiver. (aspect accompli du passé)
32. Elle <u>chantait</u> tout l'été. (aspect sécant)
33. <u>J'arrive</u>. (aspect inchoatif)
34. Il <u>lisait</u> quand elle entra. (aspect non sécant)
35. <u>Je viens d'arriver</u>. (aspect terminatif)
36. Je le <u>vis</u>, je rougis, je pâlis à sa vue. (aspect non sécant)
37. Il commence à <u>déjeuner</u>. (aspect imminent)
38. Henri IV <u>mourut</u> en 1610. (aspect sécant)
39. En 1604, Henri IV <u>régnait</u>. (aspect non sécant)

Corrigé

1 A (Les formes verbales simples traduisent un aspect inaccompli ; les formes verbales composées expriment un aspect accompli) ; **2 A** ; **3 A** ; **4 A** ; **5 B** (On parle d'aspect inchoatif lorsque le procès est saisi immédiatement à son début, on est alors à l'intérieur du procès ; nous sommes avec *va dire* à un stade antérieur au début de l'action ; le semi-auxiliaire *aller*, au présent, et l'infinitif *dire* qui le suit forment une périphrase verbale qui exprime le *futur proche* ou *futur immédiat*) ; **6 B** (L'aspect terminatif saisit le procès juste avant son stade final, ici nous sommes au-delà : il s'agit d'un *passé proche*) ; **7 A** (On peut accepter cette proposition si l'on fait de *conclusif* un synonyme de *perfectif*) ; **8 B** (aspect inaccompli) ; **9 A** (L'imparfait exprime l'aspect sécant, le passé simple l'aspect non sécant) ; **10 A** ; **11 A** ; **12 A** ; **13 A** (On peut aussi dire que la périphrase verbale *être en train de + infinitif* marque l'*aspect progressif* de l'action) ; **14 A** (Les verbes dérivés d'adjectifs de couleur expriment un aspect inchoatif, cf. *rougir, blanchir, verdir*, etc.) ; **15 A** (Le procès est répété) ; **16 B** (aspect itératif ; l'accent est mis sur la répétition du procès, plus que sur sa durée) ; **17 A** (On pourrait parler d'*aspect progressif*) ; **18 B** (aspect inaccompli) ; **19 B** (Le procès n'est pas saisi à son début comme c'est le cas avec l'aspect inchoatif, il est simplement présenté comme imminent : il s'agit d'un *futur proche* ou *futur immédiat*) ; **20 A** (Il s'agit bien d'une périphrase verbale puisque nous avons un semi-auxiliaire suivi d'un infinitif ; cette périphrase exprime l'aspect terminatif) ; **21 B** (aspect inaccompli) ; **22 B** *(aspect inaccompli)* ; **23 B** (On parle d'*aspect inchoatif* lorsque le procès est saisi immédiatement à son début, on est alors à l'intérieur du procès ; nous sommes avec *allait boire* à un stade antérieur au début de l'action : nous avons affaire à un *futur proche* ou *futur immédiat*) ; **24 B** (aspect inchoatif) ; **25 A** ; **26 A** (On admet généralement que le *futur proche* est exprimé par le verbe *aller* au présent suivi d'un infinitif ou par la périphrase verbale *être sur le point de + infinitif ;* il semble cependant préférable d'accepter cette proposition, l'adverbe *demain* exprimant un futur proche) ; **27 B** (Le passé simple traduit l'aspect non sécant) ; **28 A** ; **29 A** (On peut accepter cette proposition, certains grammairiens considérant que *venir de* exprime un aspect résultatif ; on pourrait souhaiter la refuser, préférant parler d'aspect résultatif quand l'accent est mis, non pas sur l'action, mais sur l'état qui en résulte, comme dans *Elle est couchée,* par exemple) ; **30 A** (Le procès est considéré comme accompli au moment de l'énonciation, c'est-à-dire au moment où l'on parle) ; **31 B** (aspect inaccompli) ; **32 A** ; **33 B** (Le présent exprime ici un futur) ; **34 B** (aspect sécant) ; **35 B** (L'aspect terminatif saisit le procès juste avant son stade final, ici nous sommes au-delà ; il s'agit d'un *passé proche*) ; **36 A** ; **37 B** (aspect inchoatif) ; **38 B** (aspect non sécant) ; **39 B** (aspect sécant).

18 | L'accord du verbe avec son sujet

Les quelques pages qui suivent sont consacrées aux règles qui régissent l'accord du verbe avec son sujet. Plusieurs de ces règles ont déjà été abordées dans le cadre de l'accord du participe passé, nous avons fait le choix de les rappeler ici.

■ **Adverbe de quantité *(assez, autant, beaucoup, bien, combien, peu, que, tant, trop,* etc.)**

Quand un adverbe de quantité est suivi d'un complément, le verbe s'accorde généralement avec ce complément qui est, en fait, l'élément important du syntagme. (Un syntagme est un groupe de mots.)

Exemples : Bien des étudiants gagneront en maturité. Combien d'erreurs seront identifiées ? Tant de candidats s'inscriront !

Fait plus rare, la notion de quantité peut l'emporter et le verbe s'accorder avec l'adverbe, c'est-à-dire se mettre au singulier.

Exemple : Trop de fautes d'orthographe serait considéré comme extrêmement gênant.

■ ***Beaucoup***

Quand *beaucoup* est employé seul, comme sujet, le verbe se met généralement au pluriel. *Beaucoup* désigne alors une quantité importante de personnes ou de choses.

Le verbe peut aussi se mettre au singulier – il l'est plus rarement –, quand *beaucoup* désigne une partie importante d'une chose perçue comme un tout.

Exemples : Beaucoup aimeraient être à sa place. Beaucoup seront, fort heureusement, absents. Nous avons invité des dizaines d'orthophonistes, mais beaucoup ne sont pas venues. Beaucoup dépend de ta persévérance.

Quand *beaucoup de* est suivi d'un nom pluriel, le verbe se met généralement au pluriel. On peut cependant le rencontrer, dans ce cas, au singulier.

Exemples : Beaucoup de femmes s'oublient au profit de leurs enfants. Beaucoup d'élèves vont reprendre le chemin de l'école. Beaucoup de soucis peut engendrer des problèmes de couple.

Cf. ci-dessous.

■ ***Beaucoup, certains, combien, nombre,* etc. + *de (d'entre) nous / de (d'entre) vous***

Quand *beaucoup, certains, combien, nombre, la plupart, plusieurs, quelques-uns, tant, trop, un grand nombre,* etc., sont complétés par *nous* ou par *vous,* le verbe se met généralement à la 3e personne du pluriel.

Exemples : Combien d'entre nous se satisferont de ces conditions de travail ? Certains d'entre nous retourneront au Canada. La plupart de nous parviendront à prendre des vacances. La plupart de vous prépareront méticuleusement leurs affaires. Nombre d'entre vous ont des lacunes en orthographe. Plusieurs d'entre vous ont intensivement travaillé durant l'été.

L'accord est parfois fait avec *nous,* le verbe étant alors à la 1re personne du pluriel.

Exemples : Plusieurs d'entre nous serons souvent dans cette école. Un grand nombre d'entre nous serons dans cet amphithéâtre le vendredi après-midi.

L'accord du verbe avec *vous* est très rare.

C'est / Ce sont

On emploie le singulier *c'est* (ou cette locution conjuguée à un autre temps) devant *moi, toi, nous* et *vous.*

Exemples : C'est moi qui suis partie la première. C'est toi qui prépareras ce repas. C'est nous qui vous inviterons la prochaine fois. C'est vous qui perdez du temps. C'était nous qui faisions alors la lessive.

On emploie le singulier *c'est* ou le pluriel *ce sont* devant *elles* et *eux.* Le singulier paraît plus fréquent, surtout à la forme négative.

Exemples : C'est elles qui ont remporté la victoire. Ce sont eux qui vous offrirent ce voyage. Ce n'est pas elles qui vous contrediront.

On emploie le pluriel *ce sont* devant un nom (ou un pronom autre que personnel) pluriel.

Exemples : Ce sont des personnes charmantes. Ce sont de vils individus. C'étaient des amis fidèles. Ce sont ceux-là qui vous ont importuné ?

Le singulier *c'est* se rencontre parfois, mais il est préférable de ne pas l'employer dans une langue soignée.

On emploie le singulier *c'est* quand cette locution introduit plusieurs noms coordonnés dont le premier est au singulier. Le pluriel, qui se rencontre parfois, est cependant acceptable.

Exemples : C'était l'amour du travail bien fait et les qualités du produit utilisé qui guidaient ses gestes. C'est l'argent, les honneurs et la renommée que tu as vainement recherchés.

En revanche, si ces noms coordonnés expliquent un terme qui précède (pluriel ou collectif), le pluriel devient presque obligatoire.

Exemples : Deux écoles proposent des questions de grammaire : ce sont l'école de Bordeaux et l'école de Caen.

Elle choisit d'inviter sa « bande » ; c'étaient son frère, sa belle-sœur et de vieux amis.

On emploie habituellement le singulier *c'est* quand cette locution introduit un nombre permettant d'indiquer une heure ou un âge.

Exemples : C'est déjà deux heures qui sonnent ? C'est soixante ans qu'il semble avoir !

On emploie le singulier *c'est* quand cette locution introduit une préposition suivie d'un nom ou d'un pronom.

Exemples : C'était pour ses proches qu'elle faisait tout cela. C'est avec elles qu'il aimerait découvrir le Canada.

■ Collectif (*bande, foule, groupe,* etc.)

Quand un collectif comme *bande, foule, groupe,* etc., est suivi d'un complément, le verbe s'accorde généralement avec le collectif. Il peut cependant s'accorder avec le complément, lorsque ce dernier est considéré comme le mot le plus important du syntagme. (Autres collectifs intéressants : *compagnie, équipe, file, horde, pile, série, suite, troupe, rangée, troupeau,* etc.).

Exemples : Une rangée de manifestants faisait barrage. Un groupe d'étudiants attendent patiemment devant la porte.

Quand le collectif est précédé d'un article défini, d'un adjectif possessif ou d'un adjectif démonstratif, le verbe s'accorde habituellement avec lui.

Exemples : Le groupe de badauds traverse maintenant la place. Ma bande de garnements pillait régulièrement le contenu des placards. Cette rangée de petits danseurs est tout à fait charmante.

■ *Combien*

Quand l'adverbe *combien* joue le rôle de pronom sujet, le verbe se met au pluriel.

Combien équivaut à *combien de personnes, combien de choses.*

Exemples : Combien partent juste après avoir lu la consigne ! Combien ont péri en mer !

Cf. ci-dessus : adverbe de quantité (*assez, autant, beaucoup, bien, combien, peu, que, tant, trop,* etc.) ; *beaucoup, certains, combien, nombre,* etc. + *de (d'entre) nous / de (d'entre) vous.*

■ *Force, la plupart de, nombre de (bon nombre de, grand nombre de), quantité de*

Quand on emploie *force, la plupart de, nombre de (bon nombre de, grand nombre de), quantité de* suivis d'un nom, l'accord du verbe se fait avec le nom.

Exemples : La plupart de leurs questions sont restées sans réponse. Nombre d'étudiants vont passer cet examen. Quantité de personnes sont venues se renseigner.

■ Fraction (*moitié, quart, tiers, trois quarts,* etc.)

Quand un nom de fraction (*moitié, quart, tiers, trois quarts,* etc.) est suivi d'un complément, le verbe s'accorde soit avec le nom de fraction, soit avec le complément.

Exemples : Un quart des cerises se vendra correctement. Un quart des cerises se vendront correctement.

Le verbe se met généralement au pluriel quand le nom de fraction est précédé d'un déterminant pluriel (*les, mes, ces,* etc.). Certains grammairiens considèrent cet accord comme obligatoire.

Exemple : Les deux tiers de la récolte permettront de nourrir tout le village.

■ *Importer*

Lorsque *peu importe* et *qu'importe* sont suivis d'un sujet pluriel, le verbe se met au singulier ou au pluriel, qu'il soit ou non accompagné d'un COI.

Exemples : Peu importe ces erreurs ! Peu importent les conditions dans lesquelles il vit ! Qu'importe ces retardataires ? Que m'importent ces commérages ?

Indication d'un nombre

Lorsque le sujet est une indication numérique, le verbe peut se mettre au singulier.

Exemples : Dix mille euros représente pour lui une jolie somme. Dix minutes de retard n'est pas dramatique.

Le pluriel est, en revanche, obligatoire si cette indication numérique est accompagnée d'un déterminant (*ces, les, mes,* etc.).

Exemples : Ces dix mille euros l'aideront à prendre son envol. Mes dix mille euros sont une goutte, dans l'océan de ses dettes.

Infinitifs coordonnés

Lorsque le sujet est un ensemble d'infinitifs coordonnés ou juxtaposés, le verbe se met souvent au singulier.

Exemples : Lire et écrire occupe l'essentiel de son temps. Aider les autres, les écouter, les secourir paraît plus enrichissant.

Le pluriel est cependant acceptable.

Exemples : Se promener à l'intérieur du cloître et échanger quelques mots sont autorisés. Observer les oiseaux, lire au soleil, boire un bon café lui procurent un infini plaisir.

La majorité, la minorité, le reste

Quand *la majorité, la minorité, le reste* sont suivis d'un complément, le verbe s'accorde soit avec ces termes, soit avec leur complément.

Exemples : La majorité de ces bijoux sont des pièces de collection. Le reste des étudiants a plus de vingt ans.

Le verbe s'accorde très fréquemment avec *le reste.* Quand les noms *majorité* et *minorité* sont déterminés par l'article indéfini *une,* le verbe s'accorde habituellement avec leur complément.

Exemple : Une majorité d'étudiants ont passé ce concours.

Moins de deux

Moins de deux est suivi d'un verbe au pluriel.

Exemples : Moins de deux mois lui suffiront. Moins de deux heures ont passé depuis sa dernière tétée.

Peu, peu de, un peu de, le peu de

Quand *peu* est sujet d'un verbe, ce dernier se met au pluriel.

Exemples : Peu parviendront à atteindre leur objectif. Peu échoueront à cet examen.

Quand *peu de, un peu de* sont suivis d'un complément, le verbe s'accorde généralement avec ce complément.

Exemples : Un peu de suie était tombée sur le sol. Peu de personnes ont un tel charisme.

Quand *le peu de* est suivi d'un complément, le verbe est souvent accordé avec *le peu.*

Le mieux, semble-t-il, est d'accorder le verbe avec *le peu de,* c'est-à-dire de le mettre au singulier, si cette expression traduit un manque, une insuffisance.

Exemples : Le peu de preuves indéniables a conduit à sa libération. Le peu d'étudiants ne permet pas la création d'une chorale.

Si, au contraire, *le peu de* désigne une quantité suffisante, il est préférable d'accorder le verbe avec le complément.

Exemple : Le peu d'efforts faits en fin de semestre ont permis son passage dans la classe supérieure.

■ *La plupart*

Quand *la plupart* est employé seul, le verbe se met au pluriel.

Exemple : La plupart ne respecteront pas la consigne donnée.

Quand *la plupart de* est suivi d'un nom, l'accord du verbe se fait avec le nom. (cf. ci-dessus)

Exemple : La plupart de ces personnes ont une activité annexe.

Quand *la plupart de* (ou *d'entre*) est suivi par *nous* ou par *vous,* le verbe se met généralement à la 3e personne du pluriel. (Cette règle a déjà été énoncée ci-dessus.)

Exemples : La plupart de nous seront ravis du résultat. La plupart de vous seront déçus.

L'accord est parfois fait avec *nous,* le verbe étant alors à la 1re personne du pluriel.

Exemples : La plupart de nous gagnerions à travailler davantage. La plupart de nous partirons plus tôt que prévu.

L'accord du verbe avec *vous* est très rare.

■ *Plus d'un(e)*

Plus d'un(e) est suivi d'un verbe au singulier.

Exemples : Plus d'un sera surpris. Plus d'une étudiante s'est réjouie de cette réforme.

Le pluriel est, en revanche, obligatoire quand la formule est répétée et quand le verbe qui suit est un verbe pronominal de sens réciproque.

Exemples : Plus d'une règle, plus d'une date devront être mémorisées. Plus d'un enfant se sont battus durant la récréation.

■ *Pour cent, pour mille*

Quand ces expressions sont suivies d'un complément introduit par *de,* le verbe s'accorde généralement soit avec l'expression du pourcentage, soit avec le complément, ce dernier pouvant être au singulier ou au pluriel.

Exemples : <u>Trente</u> pour cent de sa fortune <u>iront</u> à des pauvres. (accord avec le pourcentage) Vingt pour cent de <u>la population</u> <u>présenterait</u> ce type de trouble. (accord avec le complément) Quarante-huit pour cent de nos étudiants ont eu un concours. Il semblerait que trente pour cent des enfants d'ouvriers fassent des études supérieures.

Le verbe s'accorde obligatoirement avec l'expression du pourcentage quand cette dernière est précédée d'un déterminant pluriel (*les, mes, ces,* etc.), en d'autres termes le verbe se met – dans ce cas – obligatoirement au pluriel.

Exemples : Les dix pour cent de la terre qui lui reviennent sont en friche. Ces vingt pour cent de la vente lui permettront d'améliorer son quotidien.

Qui : pronom relatif sujet

Un verbe ayant le pronom relatif *qui* pour sujet adopte la même personne et le même nombre que l'antécédent du pronom, c'est-à-dire la même personne et le même nombre que le terme représenté par le pronom.

Exemples : Serait-il possible que ce soit moi qui aie cette chance ? Toi qui as toujours réponse à tout, que penses-tu de cela ? C'est elle qui a obtenu le premier prix. Vous qui voyagez souvent, que me conseillez-vous ?

Les choses deviennent plus complexes quand le pronom relatif *qui* a pour antécédent un pronom ou un nom qui est attribut du sujet de la proposition principale, ce sujet étant de 1re personne *(je/nous)* ou de 2e personne *(tu/vous)*. Deux types d'accord se présentent alors : soit le verbe de la proposition relative s'accorde avec l'antécédent du pronom *qui* (l'attribut du sujet) et se met à la 3e personne, soit il s'accorde avec le sujet de la proposition principale et se met à la première personne ou à la deuxième personne.

Quand le verbe de la proposition principale est interrogatif ou négatif, le verbe de la proposition relative s'accorde avec l'attribut.

Exemples : Je ne suis pas celui qui t'aidera. Je ne suis pas une femme qui sait ce qu'elle veut. Es-tu un élève qui a appris à travailler correctement ? Sommes-nous des étudiants qui ont des chances de réussir ce concours ?

Quand le verbe de la proposition principale est affirmatif, le verbe de la proposition relative s'accorde avec l'attribut dans trois conditions : si cet attribut est un pronom démonstratif, si c'est un nom précédé d'un article défini, si c'est un nom précédé d'un adjectif démonstratif.

Exemples : Je suis celui qui t'apportera de quoi te restaurer. Tu est celle qui a su l'aimer. Tu est la femme qui le rendra heureux. Vous êtes cette personne qui a été capable de l'émouvoir.

Dans d'autres cas où le verbe de la proposition principale est affirmatif, l'usage est hésitant : le verbe de la proposition relative peut alors s'accorder soit avec le pronom sujet de la principale, soit avec l'attribut du sujet. Voici quelques-uns de ces autres cas.

– L'attribut est un nom précédé d'un article indéfini.

Exemple : Nous sommes des personnes qui savons/savent faire des choix.

– L'attribut est un nom précédé d'un adjectif indéfini.

Exemple : Nous sommes quelques retraités qui aidons/aident les personnes en difficulté.

– L'attribut est un nom précédé d'un adjectif numéral.

Exemple : Vous êtes quatre amis qui avez/ont envie de changer le monde.

– L'attribut est composé de *le dernier, le premier, le seul.*

Exemple : Vous êtes le seul qui ayez/ait su l'écouter.

– L'attribut est un nom propre (non accompagné d'un déterminant).

Exemple : Je suis Stéphane qui vous ai/a téléphoné hier.

Rester

Rester suivi d'un sujet pluriel se met plus fréquemment au pluriel, mais se rencontre au singulier.

Exemples : Restaient encore plusieurs questions à traiter. Reste ces étudiants.

En mathématiques, on écrit toujours *reste.*

Exemple : Quarante ôté de cent, reste soixante.

Soit/Soient

Quand *soit* permet d'introduire une hypothèse ou un exemple, il reste invariable ou s'accorde avec le groupe nominal qui le suit.

Exemples : Soit, par exemple, les trois homonymes *saut, sceau* et *seau.* Soient les propositions suivantes…

En mathématiques, on écrit fréquemment *soient,* quand le groupe nominal qui suit est au pluriel, bien entendu.

Sujets de personnes différentes

Si les sujets sont de personnes différentes, la première personne l'emporte sur les 2e et 3e personnes ; la 2e personne l'emporte sur la 3e.

Exemples : Toi et moi ne nous ressemblons guère. Lui et moi sommes fâchés. Lui et toi ferez cet exercice.

Sujets synonymes

Lorsque le sujet est composé de plusieurs noms synonymes (juxtaposés ou coordonnés), le verbe s'accorde avec le dernier d'entre eux.

Exemples : Sa gentillesse, sa bonté, sa prévenance les rassurait. Ni sa miséricorde ni son pardon ne te libérera.

L'accord du verbe avec les différents sujets est cependant acceptable.

Sujets formant une gradation

Lorsque le sujet est composé de plusieurs noms (juxtaposés ou coordonnés) qui ne sont pas synonymes, mais qui forment une gradation, le verbe s'accorde avec le dernier d'entre eux.

Exemples : Une seconde, une minute, une heure avec elle me comblerait. Le bonheur, la félicité, la béatitude me semble hors de portée.

L'accord du verbe avec les différents sujets est cependant acceptable.

Sujets désignant une seule chose ou une seule personne

Lorsque le sujet est composé de plusieurs noms (juxtaposés ou coordonnés) qui désignent de plusieurs façons une seule et même chose, une seule et même personne, le verbe se met au singulier.

Exemples : Votre oncle et tuteur nous a donné son accord. Une mère et une épouse telle que vous trouvera une réponse à ce problème.

Sujets repris ou annoncés par l'un des termes de l'énumération

Lorsque le sujet est composé de plusieurs termes (juxtaposés ou coordonnés) et que l'un de ces termes reprend ou annonce les autres, le verbe s'accorde avec le terme dont le sens englobe celui des autres. Ce mot générique, placé au début ou à la fin de l'énumération, est souvent *tout* ou *rien*.

Exemples : Sa gentillesse, son humour, son intelligence, tout lui plaisait. Rien, ni les encouragements de ses parents, ni l'affection de son frère n'a pu la convaincre de finir ce mémoire.

- **Sujets introduits par *aucun, nul, pas un***

Lorsque le sujet est composé de plusieurs noms (juxtaposés ou coordonnés) accompagnés de *aucun, nul* ou *pas un,* le verbe se met au singulier. Le pluriel est cependant possible, surtout si les noms sont coordonnés. Si les sujets n'ont pas le même genre, l'accord se fait au masculin.

Exemples : Aucun étudiant, aucun enseignant ne se réjouira d'apprendre cette nouvelle. Nul parent, nul enfant ne souhaiterait vivre au sein d'une telle famille. Pas une parole, pas un soupir ne sortit de sa bouche. Aucune femme, aucun homme n'est tenu pour responsable.

- **Sujets introduits par *chaque, tout***

Lorsque le sujet est composé de plusieurs noms (juxtaposés ou coordonnés) accompagnés d'un même adjectif indéfini – *chaque* ou *tout* –, le verbe se met au singulier. Le pluriel est cependant possible, surtout si les noms sont coordonnés.

La règle est la même lorsque le sujet répète le pronom indéfini *chacun.* Si les sujets n'ont pas le même genre, l'accord se fait au masculin.

Exemples : Chaque seconde, chaque minute de ce cours soporifique lui semblait une éternité. Tout mégot écrasé, tout papier d'emballage jeté vous vaudra un avertissement. Chacun de ces étudiants, chacun de ces parents attendait impatiemment le début de la réunion. Chacun et chacune mourait d'envie de connaître la fin de l'histoire. Chaque bouchée, chaque gramme de nourriture était calculé.

- **Sujets liés par une conjonction de comparaison (*ainsi que, aussi bien que, autant que, comme,* etc.)**

Le verbe s'accorde couramment avec les deux sujets lorsque ceux-là sont des groupes nominaux liés par les conjonctions de subordination suivantes : *ainsi que, aussi bien que, autant que, comme, de même que, non moins que, non plus que, pas plus que.* Mais il est « malheureusement » aussi fréquent que le verbe ne s'accorde qu'avec le premier groupe nominal.

Dans vos concours, il est préférable d'accorder le verbe avec le premier élément si la conjonction et le second groupe nominal sont placés entre virgules. Si les deux groupes nominaux ne sont pas séparés par une virgule, il vaut mieux accorder le verbe avec les deux sujets.

Exemples : Son père, aussi bien que son frère, a bâti la réputation de cette entreprise. Sa beauté, ainsi que son charisme, a conquis les photographes. Sa douceur ainsi que son humour m'ont séduite. L'éducation autant que la motivation seront jugées lors des oraux.

Dans les exemples présentés ci-dessus, la locution conjonctive vient s'intercaler entre les deux groupes nominaux *(son père aussi bien que son frère…).* Si, au lieu de cela, c'est le premier groupe nominal qui vient s'intercaler entre les éléments de la locution conjonctive, alors le verbe s'accorde obligatoirement avec les deux sujets *(aussi bien son père que son frère...)*. Ce cas de figure se rencontre avec les locutions *aussi bien ... que, pas* (ou *non*) *plus ... que, tant ... que.*

Exemples : Aussi bien ma mère que mon père m'encouragent à choisir cette voie. Tant ses parents que ses enseignants lui conseillent de passer ce concours. Pas plus sa famille que ses amis n'ont accepté de la recueillir.

Le verbe s'accorde avec le premier des deux groupes nominaux, si ces groupes nominaux sont unis par les conjonctions *moins que, plus que, plutôt que.*

Exemples : Le soulagement, plus que la tristesse, perçait dans sa voix. La région, plutôt que l'homme, a retenu mon attention.

■ Sujets liés par *avec*

Quand un premier groupe nominal est accompagné d'un second groupe nominal introduit par la préposition *avec,* le verbe s'accorde habituellement avec le premier groupe nominal. Le second groupe nominal joue, en fait, un rôle secondaire. Dans vos concours, les éléments introduits par *avec* sont, dans ce cas, placés entre virgules, mais cela n'a pas un caractère obligatoire.

Exemples : Mon frère, avec son fils, est parti en Italie. Wilfrid, avec ses copains, a assisté à une représentation théâtrale. Cet enseignant avec ses étudiants a choisi de découvrir la ville de Lille.

Il peut arriver (cela est rare) que la préposition *avec* prenne le sens de *et* : l'accord du verbe se fait alors avec les deux groupes nominaux.

Exemple : Le roi avec son conseiller ont soigneusement noté toutes les doléances.

■ Sujets liés par *ni*

Lorsque deux sujets sont liés par la conjonction de coordination *ni,* le verbe s'accorde généralement avec l'ensemble des sujets.

Exemples : Ni sa famille ni ses amies ne l'ont soutenue durant cette épreuve. Ni la chaleur ni la poussière ne la feront renoncer à cette course.

Le verbe peut se mettre au singulier quand seul l'un des sujets accomplit l'action exprimée par le verbe. Le verbe s'accorde normalement avec le second sujet, mais, généralement, on ne sait pas quel est le sujet qui donne l'accord.

Exemple : Ni Michel ni Thierry n'est le père de cet enfant.

Le verbe se met fréquemment au singulier quand le sujet est *rien ni personne, ni lui/elle ni personne* ou quand il est composé d'un terme négatif tel que *aucun, nul, pas un.*

Exemples : <u>Rien ni personne</u> ne l'empêchera de devenir orthophoniste. <u>Ni lui ni personne</u> ne pourra la conduire à agir différemment. Ni sa mère ni <u>aucune</u> autre personne n'a pu la convaincre d'accepter ce poste.

Le verbe se met au singulier quand le second sujet est placé entre virgules, les deux sujets étant au singulier.

Exemple : Ni Arnold, ni même Thibault, n'a passé ce test.

Le verbe se met obligatoirement au pluriel quand l'un des sujets est au pluriel.

Exemple : Ni ton frère ni tes parents n'ont de nouvelles de toi.

Sujets liés par *ou*

Quand deux sujets sont coordonnés par *ou*, le verbe s'accorde généralement avec les deux sujets, mais il peut n'être accordé qu'avec le second sujet si seul un sujet accomplit l'action exprimée par le verbe.

Exemples : Pense à te protéger du soleil ; un bob ou une casquette feront l'affaire. Cet appartement est certes petit, mais Arnold ou Thibault pourra m'accompagner.

REMARQUE La plupart du temps, quand seul un sujet accomplit l'action exprimée par le verbe, on ne sait pas quel est le sujet qui donne l'accord.

Quand les deux sujets coordonnés par *ou* sont au singulier, le second étant placé entre virgules, le verbe se met au singulier.

Exemples : L'astérie, ou étoile de mer, m'a définitivement conquise. Le travail, ou plutôt le bachotage, lui a permis d'obtenir ce concours.

Quand l'un des termes est au pluriel, le verbe se met obligatoirement au pluriel.

Exemples : Ton frère ou tes sœurs auraient pu t'aider ! Tes amies ou tes enseignants t'indiqueront la date de cet examen.

Titre (de livre, de tableau, de film, etc.)

Un titre formé d'une phrase ou d'une proposition entraîne habituellement un accord masculin singulier.

Exemples : Nous partîmes cinq cents... est une œuvre de Corneille. *Les gens heureux lisent et boivent du café* est paru récemment.

Un titre constitué d'un syntagme introduit par une préposition entraîne un accord masculin singulier.

Exemples : Pour une nuit d'amour lui était inconnu. *À quelques secondes près* est intéressant.

Quand le titre est formé d'un nom ou d'un groupe nominal sans préposition, on peut envisager trois cas dans lesquels l'usage n'est pas trop hésitant :

1. Le nom ou le groupe nominal ne sont pas accompagnés d'un déterminant : on fait un accord masculin singulier.

Exemples : Contes bruns est original. *Fragments d'un discours amoureux* s'est révélé passionnant.

2. Le groupe nominal contient un nom, indiquant le genre de l'ouvrage, accompagné d'un déterminant, l'accord se fait en genre et en nombre avec ce nom. Noms indiquant le genre de l'ouvrage : *comédie, études, histoire, lettres, mémoires, pensées,* etc.

Exemples : Les *Lettres persanes* paraissent obscures à ces étudiants. Les *Mémoires d'Hadrien* ont fait couler beaucoup d'encre.

3. Deux noms singuliers coordonnés par *et* forment le titre, l'accord se fait au masculin singulier.

Exemples : La vie et le temps est joliment illustré. *Bouvard et Pécuchet* l'a toujours amusé. *Le chat et l'oiseau* sera étudié dans quelques mois.

Un titre peut, enfin, entraîner un accord féminin singulier quand sont sous-entendus des termes tels que *comédie, fable, pastorale, pièce, tragédie.*

Exemples : Antigone est émouvante. *Le corbeau et le renard* a été éditée au dix-septième siècle.

■ *L'un(e) et l'autre, L'un(e) ou l'autre, Ni l'un(e) ni l'autre*

– L'un(e) et l'autre (+ nom singulier) + verbe

Le verbe se met généralement au pluriel, que cette formule soit employée comme pronom ou comme adjectif.

Exemples : L'une et l'autre ont choisi de passer ce concours. L'un et l'autre ouvrage l'intéressent.

– L'un(e) ou l'autre (+ nom singulier) + verbe

Le verbe se met généralement au singulier, que cette formule soit employée comme pronom ou comme adjectif.

Exemples : L'une ou l'autre fera cet exposé. L'une ou l'autre étudiante fera cet exposé.

Le verbe se met, en revanche, fréquemment au pluriel lorsqu'il précède *l'un(e) ou l'autre.*

Exemple : Ils t'accompagneront l'un ou l'autre.

– Ni l'un(e) ni l'autre (+ nom singulier) + verbe

Le verbe se met au singulier ou au pluriel.

Exemples : Ni l'un ni l'autre ne pourra admettre ta décision. Ni l'un ni l'autre ne pourront admettre ta décision. Ni l'une ni l'autre orthophoniste n'a toléré sa présence.

Le singulier paraît plus fréquent ; il est en tout cas « plus logique que le pluriel, puisque l'idée de disjonction s'impose. » (*Grammaire méthodique du français,* p. 501)

Le verbe se met, en revanche, au pluriel lorsqu'il précède *ni l'un(e) ni l'autre.*

Exemple : Arthur et Louis ne travaillent ni l'un ni l'autre.

Le verbe peut également se mettre aux 1re et 2e personnes du pluriel, *nous* et *vous* étant alors sous-entendus.

Exemples : Ni l'un ni l'autre n'acceptons de l'aider. Ni l'un ni l'autre n'acceptez de m'aider ?

Suivez ces mêmes règles lorsque le sujet est *tel et tel, tel ou tel.*

Exemples : Telle et telle participeront à cette réunion. Telle et telle question ont retenu mon attention. Tel ou tel répondra favorablement à ma demande. Telle ou telle personne présentera, très certainement, sa candidature.

■ *Vive/Vivent*

On peut considérer *vive* comme un introducteur et laisser ce terme invariable, qu'il précède ou non un nom désignant des êtres vivants.

Exemples : Vive les étudiants ! Vive les fruits !

On peut considérer *vive* comme un verbe et l'accorder avec les termes qui le suivent.

Exemples : Vive le chocolat ! Vivent les enseignants ! Vivent les cinémas parisiens !

Ces formes, issues du verbe *vivre,* équivalent toutes deux à un cri d'admiration ou à un souhait de longue vie. Cependant, certains grammairiens recommandant d'écrire *vivent* devant un nom désignant des personnes, vous écrirez « Vivent les orthophonistes ! » plutôt que « Vive les orthophonistes ! »

Devant le pronom personnel *nous*, on emploie obligatoirement *vive.*

Exemple : Trinquons une dernière fois ! Vive nous !

Entraînement

❶ [Besançon] Indiquez la ou les phrases incorrectement orthographiées.
a. Trois heures sonnent au clocher.
b. Beaucoup de monde est descendu dans la rue.
c. Beaucoup de gens pense comme vous.
d. Combien connaisse cette blague ?
e. Le père, comme le fils, aiment la chasse.

❷ [Besançon] Indiquez la ou les phrases incorrectes.
a. Un souffle, un murmure, un claquement la faisait sursauter.
b. Plus d'un forain racontent cette histoire aux passants.
c. Moins de trois mètres les sépare du gouffre.
d. Eu égard à son grand âge, on est prié de ne pas fumer.
e. Eh bien, dis donc ! Ne te gêne pas !

❸ [Besançon] Indiquez la ou les phrases correctement orthographiées.
a. Tu es le seul qui en soit capable.
b. Tu serais celui qui vois ?
c. Elle proposa une toute autre solution.
d. Se sont-ils faits entendre ?
e. Sachez-le une fois pour toutes !

❹ [Lille] Choisissez la meilleure réponse.
a. Un seul mot, un seul soupir, un coup d'œil nous trahissent.
b. Un seul mot, un seul soupir, un coup d'œil nous trahit.

❺ [Lille] On dit du chercheur qui vient de faire une découverte :
a. C'est un érudit et un grand inventeur qui a trouvé.
b. C'est un érudit et un grand inventeur qui ont trouvé.
c. Les deux.

❻ [Lille] Repérez la forme correcte.
a. Ton frère, ainsi que ta sœur, te considèrent comme un confident.
b. Ton frère, ainsi que ta sœur, te considère comme un confident.

❼ [Lille] Indiquez « A » si la phrase est correcte, sinon cochez « B » :
1. C'est moi qui a envoyé ce colis.
2. Ni son père ni sa mère ne s'occupent de lui.
3. Mon voisin et ami viendra dîner ce soir.
4. Mes responsables et toi avaient tort dans cette affaire.

GRAMMAIRE

❽ [Paris] QRM - Indiquez les verbes mal accordés.
a. Vous êtes sans doute la personne qui m'a téléphoné hier ?
b. Faire de longues marches, vivre sous la tente, voilà qui vous endurciront.
c. Ni l'auteur ni le traducteur ne pourront être présents.
d. Ton ami et toi partiront les premiers.
e. Le maire, avec ses adjoints, avait présidé la séance.

❾ [Paris] QRU - Indiquez le verbe éventuellement mal accordé.
a. Ce n'est pas ton adjoint, mais toi-même qui vas devoir y aller.
b. Moins de deux mois s'est écoulé depuis sa dernière visite.
c. Notre père, avec un ami, avait fondé cette entreprise.
d. « Les Châtiments » sont une œuvre peu lue de V. Hugo.
e. ARNC

❿ [Toulouse] Quel est le bon accord ?
a. L'irritation, le courroux, la rage avait envahi son cœur.
b. L'irritation, le courroux, la rage avaient envahi son cœur.

⓫ [Toulouse] Quel est le bon accord ?
a. Ni l'un ni l'autre n'emportera le prix.
b. Ni l'un ni l'autre n'emporteront le prix.

Corrigé

❶ **c** (pensent), **d** (connaissent) et **e** (aime). ❷ **b** (raconte : *plus d'un* + sing.) et **c** (séparent). ❸ **a** (ou *sois*) et **e** (**b** : voit ; **c** : tout autre ; **d** : fait). ❹ **b.** ❺ **a.** ❻ **b.** ❼ **1 B** (ai) ; **2 A** ; **3 A** ; **4 B** (avez). ❽ **b** (endurcira) et **d** (partirez). ❾ **b** (se sont écoulés : *moins de deux* + pl.). ❿ **a.** ⓫ **a** (singulier et pluriel sont corrects ; le singulier étant plus logique, et donc plus fréquent, il est préférable de choisir la réponse **a**).

19 | Questions de syntaxe

Les pages suivantes sont consacrées à des questions de syntaxe, plus précisément à l'usage correct ou fautif de telle ou telle préposition, à l'adverbe de négation *ne* qu'on a tendance à omettre et aux pronoms relatifs qu'on emploie parfois de façon redondante. La question des prépositions et celle des pronoms relatifs sont à maîtriser, particulièrement si l'on passe les concours de Nancy et de Paris. La question de l'adverbe *ne* concerne plus précisément le concours de Bordeaux.

1. Quelques questions de préposition

Formules incorrectes	Formules correctes
Le livre **à** Pierre	Le livre **de** Pierre
Deux **à** trois personnes	Deux **ou** trois personnes, deux à quatre personnes
Près **à**	Près **de**
Pallier **à** quelque chose	Pallier quelque chose
Suite **à** (votre appel téléphonique)	**À la** suite **de** (votre appel téléphonique)
De façon **à ce que,** de manière **à ce que**	De façon **que,** de manière **que**
Au plan (pécuniaire)	**Sur le** plan (pécuniaire), au point de vue (pécuniaire)
La clef est **après** la serrure, **après** la porte	La clé est **à** la serrure, **sur** la serrure, **à** la porte, **sur** la porte (*dans la serrure* est parfois critiqué)
Être enragé, fâché, furieux, se mettre en colère, être en colère **après** quelqu'un	Être enragé, fâché, furieux, se mettre en colère, être en colère **contre** quelqu'un
Aller **au** boulanger	Aller **chez** le boulanger
Jouer **au** violon	Jouer **du** violon
Avec hâte	**En** hâte (avec rapidité) ; **à la** hâte (avec précipitation)
Aller, arriver **avec** le train	Aller, arriver **par** le train (*en train,* accepté par l'Académie française, est parfois critiqué)
Gagner quelqu'un **avec** (des flatteries)	Gagner quelqu'un **par** (des flatteries)
Côté (amour, commerce, etc.) (= relativement à, sous l'aspect de)	**Du côté de l'** (amour), **du côté du** (commerce) (du côté de)
Dans un balcon **Sur** une loggia	**Sur** un balcon (*sur* pour une surface) **Dans** une loggia (*dans* pour un volume)
Descendre **dans** la cave	Descendre **à** la cave
Rester **dans** le soleil	Rester **au** soleil

GRAMMAIRE

C'est **de** ma faute (formule acceptée depuis 1994 par l'Académie française)	C'est ma faute
Se rappeler **de** quelque chose	Se rappeler quelque chose
Au, du point de vue (tourisme)	Au, du point de vue **du** (tourisme) ; au, du point de vue (touristique)
En Arles, **en** Avignon	**À** Arles, **à** Avignon
En bicyclette, **en** vélo, **en** moto	**À** bicyclette, **à** vélo, **à** moto
(Marcher) **en** grandes enjambées	(Marcher) **à** grandes enjambées
Être intéressé de... Je suis intéressé de savoir...	Cela m'intéresse de savoir...
Face (la gare)	**En** face **de** (la gare), face **à** (la gare)
Être satisfait **par** quelque chose	Être satisfait **de** quelque chose
Préférer lire que broder	Préférer lire **plutôt** que **de** broder ; préférer lire **plutôt** que broder
Être indifférent **pour** qqch.	Être indifférent **à** qqch.
Rapport à	À propos de ; à cause de
Loger, travailler **sur** (Tours)	Loger, travailler **à** (Tours)
Aller **sur** (Lyon)	Aller **à** (Lyon)
S'asseoir **sur** la terrasse d'un café	S'asseoir **à** la terrasse d'un café
Lire **sur** le journal Chercher **dans** une liste	Lire **dans** le journal (*dans* pour un volume) Chercher **sur** une liste (*sur* pour une surface)

Quelques commentaires

- De nombreux grammairiens recommandent d'employer la préposition *à*, entre deux nombres, seulement dans deux cas : quand les deux nombres ne se suivent pas immédiatement ; quand les deux nombres sont consécutifs, mais qu'ils désignent des réalités divisibles.

  Exemples : Vingt à vingt-cinq personnes t'attendent. (nombres non consécutifs) Il te reste cinq à six minutes. (nombres consécutifs désignant des réalités divisibles) Il te faudra tuer cinq ou six poules. (nombres consécutifs désignant des réalités non divisibles : on emploie *ou*)

- On dit *à bicyclette, à vélo, à moto, à cheval, à tricycle, à trottinette,* mais *en voiture, en auto, en bateau, en charrette, en traîneau, en luge, en bobsleigh, en kart, en toboggan, (en train).* On adopte la préposition *à* pour introduire des noms désignant des moyens de transport que l'on « enfourche ». On emploie la préposition *en* pour introduire des noms désignant des moyens de transport dans lesquels on peut prendre place.

REMARQUE On dit « en bécane, en tandem » et l'on écrit *à ski(s)* ou *en skis,* la préposition *à* et le singulier *ski* semblant plus fréquents.

■ On dit *dans le journal,* mais *sur une liste.* De façon générale, on emploie la préposition *dans* devant un nom désignant une chose ayant plusieurs pages, un volume ; on recourt à la préposition *sur* devant le nom d'une chose considérée comme une surface. On peut cependant employer les deux prépositions devant *agenda, cahier, carnet.*

REMARQUE On dit plutôt *sur un registre,* mais *dans un dictionnaire.*

Entraînement

❶ [Nancy] Repérez les phrases qui comportent une incorrection structurelle et corrigez-les.
a. Du point de vue tourisme, cette ville offre de nombreuses ressources.
b. On va s'asseoir sur la terrasse d'un café et prendre un verre.
c. Il cherche à gagner le patron avec des flatteries.
d. Est-il toujours furieux après toi ?
e. Je l'ai lu sur le journal.
f. La clé est après la porte.
g. Qui ira aujourd'hui au boulanger ?
h. Ce travail a été fait avec hâte.
i. J'irai à Nice avec le train.
j. Il joue déjà fort bien au violon.
k. Je vais descendre dans la cave.

❷ [Paris] QRM - Indiquez les prépositions incorrectement utilisées.
a. L'avez-vous lu <u>dans</u> le journal ?
b. Les enfants sont allés à la plage <u>en</u> bicyclette.
c. Il a fallu pallier <u>à</u> l'absence de preuves.
d. Nous étions de quinze <u>à</u> vingt personnes dans le groupe.
e. Leur service manque <u>de</u> personnel.

Corrigé

❶ **a** du point de vue du tourisme, du point de vue touristique ; **b** à la terrasse ; **c** par des flatteries ; **d** contre toi ; **e** dans le journal ; **f** à la porte, sur la porte ; **g** chez le boulanger ; **h** en hâte ; **i** par le train ; **j** du violon ; **k** à la cave. ❷ **b** (à bicyclette ; *en bicyclette* est critiqué) et **c** (pallier l'absence : on *pallie qqch.*, non *à qqch.*).

GRAMMAIRE

2. Négation et restriction

■ Négation / Négation totale / Négation partielle

Pour exprimer la négation, on emploie généralement l'adverbe *ne* suivi d'un élément tel que *pas, plus, point, guère, jamais, rien, personne,* etc. Dans les textes à corriger qui vous sont proposés, l'adverbe *ne* est souvent omis, vous penserez donc à le restituer.

Exemple : Il vient pas la voir → Il ne vient pas la voir.

On distingue habituellement deux sortes de négation : la **négation totale** (ou **absolue**) et la **négation partielle** (ou **relative**). La première porte sur la proposition entière et est exprimée par *ne ... pas* ou *ne ... point*. La seconde porte seulement sur une partie de la phrase : elle consiste à en nier l'un des éléments. Pour ce faire, on emploie *ne*, associé à un adverbe *(guère, jamais, plus, nulle part)*, à un adjectif indéfini *(aucun, nul)* ou encore à un pronom indéfini *(nul, personne, rien)*.

Exemples : Il ne dort pas. (négation totale) Je n'ai repéré aucune faute d'orthographe dans ce texte. Personne n'entrera avant d'avoir payé. Elle a fermé sa boutique : elle n'a rien à vendre. (négations partielles)

Négation explétive

Le *ne* explétif est un *ne* facultatif, dépourvu de sens négatif, qui se rencontre très souvent dans des propositions introduites par *que*, commandées par des adverbes de comparaison tels que *davantage*, *meilleur*, *mieux*, *moindre*, *moins*, *pire*, *plus*.

Exemples : Il n'est pas plus sérieux que je ne l'étais à son âge. J'essaierai de parler un peu moins rapidement que vous ne le faites.

On rencontre encore ce *ne* dans des propositions dépendant d'un verbe ou d'un nom exprimant la crainte (*craindre, avoir peur, redouter*, etc.), après *empêcher que, éviter que.*

Exemples : Je crains qu'il ne m'importune. J'ai peur qu'elle ne soit malade. J'évite qu'il n'y pense.

On le rencontre, enfin, dans des propositions circonstancielles commençant par *avant que, à moins que, de peur que.*

Exemples : Il faut qu'elle range son bureau avant que ses patients n'arrivent. Je travaillerai toute la journée à moins qu'il ne vienne me voir.

REMARQUE

L'emploi de *ne* après *sans que* est considéré comme une erreur.

ATTENTION

Un *ne* employé seul n'est pas obligatoirement explétif. Comme vont vous le montrer les exemples présentés ci-dessous, *ne* peut avoir une valeur négative pleine ; il peut exprimer la négation à lui seul.

On emploie obligatoirement *ne* seul quand *ne* accompagne le verbe *savoir* (suivi d'un *que* interrogatif et d'un infinitif), quand *ne* accompagne l'adverbe interrogatif (ou exclamatif) *que* signifiant *pourquoi.*

Exemples : Elle ne sait que penser. Je ne sais que lui répondre. (*ne savoir que* + infinitif) Que n'ai-je travaillé ? (= Pourquoi n'ai-je pas travaillé ?)

On peut employer *ne,* seul, après les verbes *cesser, daigner, oser, pouvoir,* après *savoir* (au sens d'*être incertain*). On peut encore aisément rencontrer *ne* seul devant *autre* suivi de *que ;* dans une interrogation, après le pronom *qui* ou l'adjectif *quel ;* dans des propositions subordonnées (consécutives ou relatives) au subjonctif dépendant d'une principale négative.

Exemples : Je ne cesse de penser à lui. Il ne daigne me répondre. Je n'ose lui parler. Il ne peut s'y résoudre. Elle ne sait si elle doit persévérer. Il n'a d'autres envies que celles de sa compagne. Quel travail n'a ses inconvénients ? Qui ne l'accepterait ? Il n'est point de rêve qui ne soit irréalisable.

Négation exceptive

L'adverbe *ne* et la conjonction de subordination *que* constituent ce que l'on appelle classiquement une **locution restrictive**, cette locution équivalant à *seulement*. C'est ce que l'on nomme par ailleurs une **négation exceptive** ou **restrictive** : « Elle est exceptive en ce qu'elle exclut de son champ tout terme autre que celui qui suit *que*. » (*Grammaire méthodique du français*, p. 700)

Exemples : Elle ne veut que dormir. On ne peut qu'être admiratif. Ils ne souhaitent que nager.

Entraînement

[Bordeaux] Pour chaque mot souligné, indiquez si l'analyse proposée entre parenthèses est juste (réponse A) ou fausse (réponse B).

1. J'ai peur qu'il ne soit là. (négation totale)
2. Je crains qu'il ne soit là. (négation pleine)
3. Je crains qu'il ne vienne. (négation explétive)
4. Je crains qu'il ne soit trop tard. (négation explétive)
5. Je le ferai avant qu'il ne vienne. (négation explétive)
6. Je crains qu'il ne chante. (négation exceptive)

Corrigé

1 B (négation explétive) ;2 **B** (négation explétive) ; **3 A** ; **4 A** ; **5 A** ; **6 B** (négation explétive).

3. La question du pronom relatif

Il faut veiller à choisir correctement le pronom relatif que l'on emploie, suivant la fonction qu'il a.

Il est incorrect, par exemple, d'écrire : « C'est le voyage dont vous vous rappelez ? » parce que l'on ne se rappelle pas de quelque chose. On se rappelle quelque chose. Il faut donc écrire : « C'est le voyage que vous vous rappelez ? »

Il est incorrect d'écrire : « Ils viennent réclamer ce qu'ils ont droit » parce que l'on a droit à quelque chose. Il faut donc écrire : « Ils viennent réclamer ce à quoi ils ont droit. »

Il est incorrect d'écrire : « C'est un livre que j'ai besoin pour terminer ma dissertation » parce que l'on a besoin de quelque chose. Il faut donc écrire : « C'est un livre dont j'ai besoin pour terminer ma dissertation. »[1]

Ce qui / Ce qu'il

Il est possible d'employer *ce qui* ou *ce qu'il* avec des verbes pouvant être construits de façon personnelle et de façon impersonnelle.

1. Les deux dernières phrases ont été proposées à Nancy.

Exemples : Prends ce qui me reste. (= la chose qui me reste : construction personnelle) Voici ce qu'il me reste. (= il me reste *ce,* c'est-à-dire *cette chose :* construction impersonnelle). Regarde ce qui lui reste encore à apprendre ! Regarde ce qu'il lui reste encore à apprendre ! Voici ce qui arrive quand on n'est pas sage ! Voici ce qu'il arrive quand on n'est pas sage !

La question ne se pose ni quand le verbe n'est pas impersonnel, ni quand le verbe est essentiellement impersonnel : dans les deux cas, on est obligé d'employer *ce qu'il.*

Exemples : Voici ce qu'il a choisi. (= ce que Paul a choisi) J'ai fait une liste de tout ce qu'il me faut encore faire !

Dont / D'où

Il est jugé préférable d'employer *dont* lorsqu'il est question de descendance ou d'extraction, *d'où* quand il s'agit de lieu ou de cause.

Exemples : J'espère qu'il me parlera un jour de la famille dont il sort. (descendance) Voici l'appartement d'où les pompiers sont sortis couverts de suie. (lieu)

Les questions qui suivent (cf. la question 3) vous prouvent que, dans vos concours, vous devez impérativement respecter cette distinction.

Dont : des redondances condamnées

Dont signifiant *de qui, de quoi,* il faut toujours avoir à l'esprit que ce pronom relatif « contient » en quelque sorte un *de.* De ce fait, il ne faut pas employer *dont* lorsque son antécédent, c'est-à-dire le mot qu'il représente, est uni à la préposition *de.*

– Il est incorrect d'écrire : « C'est *de* cet enfant *dont* je me souviens. »

Le *de* et le *dont* sont redondants : il faut conserver un seul de ces deux éléments. On va donc écrire : « C'est l'enfant dont je me souviens » ou « C'est de cet enfant que je me souviens ».

On ne dit pas : « C'est *de* cela *dont* il s'agit », mais : « C'est cela dont il s'agit » (on supprime le *de*) ou : « C'est de cela qu'il s'agit » (on remplace le *dont* par *que*).

De la même façon, il est condamnable d'écrire : « C'est à cet étudiant à qui je m'intéresse. » On doit écrire : « C'est l'étudiant à qui je m'intéresse » ou « C'est à cet étudiant que je m'intéresse ». La préposition *à* ne peut apparaître et après *c'est* et devant *qui.*

– Il est incorrect d'écrire : « Le cèdre, *dont* tu vois d'ici *sa* cime, est bien malade. » (phrase proposée à Nancy) Il faut écrire : « Le cèdre, *dont* tu vois d'ici *la* cime, est bien malade. » Il ne faut pas employer un adjectif possessif se rapportant à l'antécédent, dans une proposition relative commençant par *dont :* dans ce possessif se cache un autre *de.* Sa cime = la cime *du* (*de* le) cèdre. Dans ce cadre, il faut donc remplacer *son, sa, ses* par *le, la, les.*

– Il est incorrect d'écrire : « C'est un travail *dont* je m'*en* serais volontiers passé. » (phrase proposée à Nancy) Il faut écrire : « C'est un travail *dont* je me serais volontiers passé. »

Il est incorrect d'employer le pronom *en,* dans une subordonnée relative commençant par *dont,* pour renvoyer à l'antécédent. En effet, on ne peut accepter que l'antécédent soit représenté et par *dont* et par *en*, un *de* se cachant dans le *en.*

Je m'*en* serais volontiers passé = Je me serais volontiers passé *de* ce travail. On supprime donc tout simplement *en*.

■ *C'est là que*

Il faut condamner, dans vos concours, l'expression *c'est là où* et la remplacer par *c'est là que,* même si le *Dictionnaire de l'Académie française* admet les deux : « *c'est là où, c'est là que,* c'est à tel endroit ».

Vous condamnerez de la même façon *c'est + complément circonstanciel de lieu + où*. II est incorrect d'écrire : « C'est dans ce village où elle est née. » Il faut écrire : « C'est dans ce village qu'elle est née. »

Là où est, en revanche, parfaitement acceptable.

Exemples : Je louerai une maison là où vous êtes allés vous promener cet été. Je préfère mettre ces dossiers là où j'ai l'habitude de les ranger.

Entraînement

❶ [Paris] QRM - Indiquez les relatifs incorrects.
a. Ce n'est certainement pas là où je voudrais aller !
b. Merci pour cette expérience intéressante dont nous nous rappellerons avec profit.
c. Je ne connais pas l'ouvrage auquel vous faites allusion.
d. Il faut plaindre tous ceux que leur faiblesse rend vulnérables.
e. Ce n'est pas de gloire dont il rêve, mais de tranquillité !

❷ [Paris] QRM - Indiquez les pronoms relatifs incorrectement utilisés.
a. C'est surtout d'argent dont il a besoin, pas de conseils !
b. On ne voyait rien de l'endroit où j'étais.
c. Connaissez-vous cet auteur dont le livre suscite tant de polémiques.
d. Ce n'est certainement pas dans cette région où j'irai passer mes vacances.
e. Voilà une leçon dont, j'espère, il se rappellera.

❸ [Paris] QRM - Indiquez les mots soulignés incorrects.
a. Il vante sans cesse la région dont il est originaire.
b. Est-ce bien là qu'il faut aller ?
c. J'ai rencontré le peintre dont les tableaux ont eu tant de succès.
d. Ce n'est pas du tout à ce modèle de caméra auquel je me suis intéressé.
e. Serait-ce de ce nouveau musée qu'elle vient de te parler ?

❹ [Paris] QRM - Indiquez les phrases contenant un pronom relatif incorrect.
a. N'est-ce pas plutôt de votre intervention dont il se souvient ?
b. Il ne connaît pas le nouveau directeur à la disposition duquel il a été mis.
c. Ce n'est certainement pas dans ce quartier mal famé où elle habite !
d. C'est une expérience que je ne regrette pas.
e. Il y a peu de gens avec lesquels nous aimerions travailler.

❺ [Paris] QRU - Indiquez le pronom relatif éventuellement incorrect.
a. Il ira où vous lui direz d'aller.
b. Est-ce le roman avec quoi elle s'est fait connaître ?
c. J'aimerais bien voir le projet auquel vous travaillez.
d. C'est là que nous lui avons dit d'aller.
e. ARNC

GRAMMAIRE

❻ [Paris] QRM - Indiquez les phrases contenant un pronom relatif incorrect.
a. Je n'aime aucune des maisons <u>que</u> nous avons visitées.
b. C'est à votre complète réussite <u>à laquelle</u> nous pensons.
c. Ce fut une mésaventure stupide <u>dont</u> il se rappellera longtemps.
d. S'agit-il de ce journaliste <u>dont</u> j'ai rencontré le frère à Londres ?
e. Je ne crois pas que ce soit là <u>où</u> ils habitent.

❼ [Paris] QRU - Indiquez la phrase contenant éventuellement un pronom relatif incorrect.
a. Voici la liste des gens auxquels vous devez téléphoner.
b. Est-ce bien de sa nouvelle pièce dont il est question dans cette critique ?
c. Le candidat pour lequel nous avons voté semble compétent.
d. J'ignore tout du problème dont il veut nous entretenir.
e. ARNC

❽ [Paris] QRM - Indiquez les pronoms relatifs incorrectement employés.
a. C'est une plante exotique dont j'ai oublié le nom.
b. Ce n'est pas là où je veux en venir !
c. La maison dont je me rappelle était très différente.
d. J'ai revu la personne avec laquelle nous avions voyagé.
e. Qui sont les gens, sur le témoignage duquel il compte ?

Corrigé

❶ **a** (ce n'est pas là que), **b** (que nous nous rappellerons) et **e** (qu'il rêve) ; la phrase **b** est incorrecte car on *se rappelle quelque chose*, non *de quelque chose* ; la phrase **e** est incorrecte parce que la préposition *de* apparaît et dans le syntagme prépositionnel mis en relief et dans le pronom relatif *dont* qui l'inclut : ce n'est pas <u>de</u> gloire <u>dont</u> il rêve. ❷ **a** (On écrira *c'est surtout d'argent qu'il a besoin* pour éviter la redondance *d' … dont*), **d** (*ce n'est certainement pas dans cette région que…*) et **e** (*voilà une leçon que, j'espère, il se rappellera* : on *se rappelle quelque chose*, non *de quelque chose*). ❸ **a** (la région d'où) et **d** (que je me suis intéressé) ; la phrase **d** est incorrecte car la préposition *à* apparaît et dans le syntagme prépositionnel mis en relief et dans le pronom relatif *auquel* qui l'inclut : ce n'est pas du tout <u>à</u> ce modèle de caméra <u>auquel</u> je me suis intéressé ; en **a**, il faut écrire *la région d'où il est originaire* puisqu'il est question d'un lieu ; la proposition **a** doit être condamnée parce que la question est une QRM et que les propositions **b**, **c** et **e** sont correctes. ❹ **a** (qu'il se souvient) et **c** (qu'elle habite). ❺ **e** (La phrase **b** est tout à fait correcte : *quoi* est un pronom relatif qui désigne une chose, on l'emploie généralement comme complément prépositionnel). ❻ **b** (que nous pensons ; bannissez le pléonasme *à … à laquelle*), **c** (qu'il se rappellera ; on se rappelle qqch.) et **e** (que ce soit là qu'ils habitent) ; il n'y a pas de pléonasme en **d** : la préposition *de* accompagne *s'agir*, le pronom relatif *dont* est complément du nom *frère*. ❼ **b** (qu'il est question). ❽ **b** (ce n'est pas là que…), **c** (la maison que je me rappelle) et **e** (sur le témoignage desquels *ou* de qui il compte).

4. Sujet et complément

Dans les exercices qui vous sont donnés à Nancy et à Paris, on vous propose deux autres types d'incorrections. On omet d'exprimer l'agent de l'infinitif ; on choisit d'exprimer un terme une seule fois (afin d'éviter une répétition) alors que l'élément exprimé et l'élément omis ne sont pas identiques.

Voici des phrases qui ont été présentées à Nancy.

- « Sur le point de fermer la porte de mon appartement, l'électricien est arrivé. »

Cette phrase est incorrecte parce que l'on a omis d'exprimer l'agent de l'infinitif, c'est-à-dire que l'on n'a pas précisé la personne qui accomplit l'action exprimée par le verbe à l'infinitif. Cette omission ne peut se faire que si l'agent de l'infinitif et le sujet du verbe conjugué sont identiques, ce qui n'est pas le cas ici. Il y a d'une part l'électricien qui arrive, d'autre part moi qui vais fermer la porte de mon appartement. On doit donc corriger cette phrase en écrivant : « Alors que j'étais sur le point de fermer la porte de mon appartement, l'électricien est arrivé. »

On pourrait en revanche écrire : « Sur le point de fermer la porte de mon appartement, je me suis rendu compte que je n'avais pas pris mon parapluie. » (L'agent de l'infinitif n'est pas exprimé car il est identique au sujet du verbe conjugué.)

- « Les parents agissent et influencent les enfants. »

On ne peut pas exprimer *les enfants* une seule fois car ce n'est pas *les enfants,* mais *sur les enfants* qui est à sous-entendre après *agissent. Agissent* et *influencent* ne peuvent pas, ainsi, partager un complément dans la mesure où ils se construisent de façon différente. On doit corriger cette phrase en écrivant : « Les parents agissent sur les enfants et les influencent. »

PARTIE 3

Orthographe lexicale, orthographe grammaticale et signes graphiques

20 | Les homophones grammaticaux

Les pages qui suivent sont consacrées dans leur plus grande partie à des homophones grammaticaux, c'est-à-dire à des termes de natures différentes qui se prononcent de façon identique. Quelques-uns de ces mots ne se disent pas exactement de la même façon, mais l'important est de savoir les orthographier.

■ *A/À*

– *A* est une forme du verbe *avoir* (présent de l'indicatif, 3e personne du singulier) qui peut être remplacée par *avait.*

Exemples : Il a depuis longtemps l'habitude d'aller à l'école tout seul. (= Il avait depuis longtemps l'habitude…) Il a perdu son cartable. (= Il avait perdu son cartable.) Elle a souvent raison.

– *À* est une préposition, c'est-à-dire un mot invariable qui introduit un complément.

Exemples : Il allait à bicyclette. (on ne peut pas dire : « Il allait avait bicyclette. ») Ce livre est à Sophie. C'est une question à étudier.

Veillez à ne pas employer cette préposition devant un nom de personne utilisé pour désigner un lieu : on va *chez le coiffeur, chez le dentiste, chez le médecin,* etc., non *au coiffeur, au dentiste, au médecin, etc.*

N'employez pas non plus *à,* entre deux noms communs, pour marquer la possession.

On ne dit pas : « le livre à Paul ». Ce *à* n'apparaît plus que dans des expressions figées telles que *une bête à bon Dieu* (une coccinelle), *une barbe à papa, un fils à papa.*

■ *Aussi tôt / Aussitôt*

– *Aussitôt* est un adverbe signifiant *immédiatement, au même instant.*

La locution conjonctive *aussitôt que* a le sens de *dès que.*

Exemples : Elle se mit aussitôt à pousser des cris. (= Elle se mit immédiatement à pousser des cris.) Téléphonez-moi aussitôt qu'il arrivera. (= Téléphonez-moi dès qu'il arrivera.)

– Le syntagme *aussi tôt* s'oppose à *aussi tard.*

Exemple : Je n'avais jamais remarqué que le jour se lève aussi tôt en été. (= que le jour se lève aussi tard)

REMARQUE On peut parfois employer *aussitôt* ou *aussi tôt,* suivant ce que l'on veut signifier.
Exemples : Pourquoi arriver aussitôt ? (= Pourquoi arriver immédiatement ?) Pourquoi arriver aussi tôt ? (= Pourquoi arriver à une heure si matinale, bien avant l'heure fixée ?) Envoyez-moi votre mémoire aussitôt que possible. (= Envoyez-moi votre mémoire aussitôt que ce sera possible, dès que possible, le plus tôt possible.) Envoyez-moi votre mémoire aussi tôt que possible. (= Envoyez-moi votre mémoire le plus tôt qu'il vous sera possible de me l'envoyer.)

Au temps pour moi / Autant pour moi

Il faut distinguer ces deux expressions : la première – *au temps pour moi* –, empruntée à la langue militaire, s'emploie lorsqu'on admet une erreur. Elle signifie : « Je reconnais que je me suis trompé, je vais reprendre les choses à leur commencement. » La seconde – *autant pour moi* – ne peut s'employer que s'il est question de prendre une même chose ou une quantité identique.

Exemples : Ce mot ne s'écrit pas ainsi, au temps pour moi ! (J'admets mon erreur.) – Tu as déjà commandé un café ? Garçon, autant pour moi, s'il vous plaît ! (Je passe une même commande.)

Avoir à faire / Avoir affaire

– *Avoir à faire* signifie *avoir à réaliser, avoir à accomplir quelque chose.*

Exemples : Il n'a rien à faire : sa femme fait tout à sa place ! (= Il n'a rien à accomplir…) Il a beaucoup à faire depuis qu'il a accepté d'être le professeur principal de cette classe.

– *Avoir affaire à* signifie *se trouver, être en rapport avec quelqu'un.*

L'expression *avoir affaire* est très souvent suivie de la préposition *à* qui introduit généralement un nom de personne.

Exemples : Je ne pense pas qu'elles auront affaire à des concurrents sérieux, lors de ce concours. (= Je ne pense pas qu'elles seront en relation avec des concurrents…) J'ai eu affaire à une éditrice très soucieuse de mes attentes.

Bien tôt / Bientôt

– *Bientôt* est un adverbe qui signifie *dans peu de temps, très prochainement.*

Exemples : J'aimerais qu'il me raccompagne bientôt chez moi. (= J'aimerais qu'il me raccompagne chez moi dans peu de temps.) J'espère qu'elle va bientôt être totalement autonome.

– *Bien tôt* est une locution adverbiale qui signifie *très tôt ;* elle peut être remplacée par *bien tard.*

Exemples : Ces jeunes gens ont dû subvenir à leurs besoins bien tôt ! (= Ces jeunes gens ont dû subvenir à leurs besoins très tôt, bien tard !) Ses parents l'ont autorisé à aller tout seul à l'école bien tôt !

■ *Ça/Çà/Sa*

– *Sa* est un adjectif possessif féminin singulier qui correspond au masculin *son* et au pluriel *ses*. C'est un terme que l'on emploie devant un nom pour exprimer une idée d'appartenance, de possession.

Exemple : Elle a oublié sa trousse. (= la trousse qui lui appartient) Sa famille vit en Provence.

– *Çà* est un adverbe de lieu signifiant *ici*, que l'on emploie uniquement dans l'expression *çà et là* qui signifie *ici et là, de côté et d'autre.*

Exemples : Afin de respecter ses dernières volontés, nous avons répandu ses cendres çà et là. (= nous avons répandu ses cendres ici et là) Nous errions çà et là à la recherche de l'objet rare.

Çà est encore une interjection que l'on emploie pour inviter ou encourager quelqu'un à faire quelque chose, pour exprimer la surprise, la colère, l'impatience ou la menace, pour renforcer une interrogation.

Exemple : Ah çà ! si je m'attendais à vous rencontrer ici !

RAPPEL Une **interjection** est un mot invariable, toujours suivi d'un point d'exclamation, permettant d'exprimer, entre autres, un ordre, une défense, un sentiment ou une sensation.

– *Ça* est un pronom démonstratif. C'est la forme contractée de *cela* par lequel on peut le remplacer.

Exemples : Ça n'est vraiment pas acceptable ! (= Cela n'est vraiment pas acceptable !) Pourquoi accepter ça ?

REMARQUE – *Ça* est aussi un nom masculin qui désigne, en psychanalyse, l'ensemble des pulsions inconscientes d'un individu ;
– *Ça* peut être employé comme interjection de la même façon que *çà*. On peut donc écrire : « Ah çà ! par exemple ! » ou « Ah ça ! par exemple ! »

■ *Ce/Se*

– *Ce* est un adjectif démonstratif masculin singulier ou un pronom démonstratif. Dans le premier cas, il détermine le nom qu'il précède et peut être remplacé par *le* ; dans le second cas, il peut être remplacé par *cela.*

Exemples : Ce concert est des plus étonnants. (= Le concert est des plus étonnants.) Ce n'est que partie remise ! (= Cela n'est que partie remise !)
– *Se* est un pronom personnel réfléchi de troisième personne, signifiant *elle-même, lui-même* au singulier, *eux-mêmes* ou *elles-mêmes* au pluriel. Il précède obligatoirement un verbe. Si l'on conjugue ce dernier à d'autres personnes, *se* peut être remplacé par *me, te, nous* ou *vous.*

Exemples : Il se plaît dans cette région. (= Je me plais…) Elles se sont étonnées de ne pas avoir été prévenues. (= Je me suis étonnée de…)

■ *C'en / Sans / S'en*

– *C'en* est constitué du pronom démonstratif *ce* élidé, c'est-à-dire privé de sa voyelle finale, et du pronom adverbial *en*. *C'en* peut être remplacé par *cela en*.

C'en se rencontre dans deux tours qui sont synonymes : *c'en est fait* et *c'en est fini*.

Exemples : De la pâte d'amandes ? Je ne sais si c'en est. (= si cela en est) C'en est fait de notre amour ! (= Cela en est fait…) C'en est fini de nos espérances !

– *S'en* est composé du pronom personnel *se* élidé et du pronom adverbial *en*. Le ou les termes précédant *s'en* peuvent être remplacés par *il(s)* ou *elle(s)*.

Exemples : Mes amies s'en sont étonnées. (= Elles s'en sont étonnées.) Mes parents s'en sont rapidement aperçus. (= Ils s'en sont rapidement aperçus.)

REMARQUE

C'en et *s'en* ne peuvent précéder qu'un verbe.

– *Sans* est une préposition qui marque la privation, la négation. Elle peut être remplacée par son antonyme *avec*.

Exemple : Voici un texte sans fautes. (= Voici un texte avec des fautes.) Il est parti sans ses amis.

■ *Ces/Ses*

– *Ces* est un adjectif démonstratif. On écrit *ces* quand on écrirait *ce, cet* ou *cette* si le nom était au singulier. Cet adjectif sert à montrer l'être ou l'objet dont il est question.

Exemples : Veux-tu acheter ces pommes ? (= Veux-tu acheter cette pomme ?) J'aimerais pouvoir emporter ces livres.

– *Ses* est un adjectif exprimant une idée de possession, d'appartenance (*ses* est un adjectif *possessif*). On écrit *ses* quand on écrirait *sa* ou *son* si le nom était au singulier.

Exemples : Comment a-t-il fait pour oublier ses clefs ? (= pour oublier sa clef ?) Il n'a pas encore relu ses lettres de candidature.

REMARQUE

Ces accompagne un nom qui peut être suivi des adverbes *ci* ou *là*, ce qui est impossible lorsque le nom est précédé de *ses*.
Exemples : Ces femmes-là sont des plus étonnantes. Ces femmes-ci sont des plus jolies. *Ses* peut, en revanche, être renforcé par l'adjectif *propres*.
Exemples : Il a vu cela de ses propres yeux. Elle ne tient pas davantage à ses propres enfants.

■ *C'est / S'est*

– *C'est* est constitué du pronom démonstratif *ce* élidé et du verbe *être* à l'indicatif présent (3e personne du singulier). *C'est* peut généralement être remplacé par *cela est*.

Exemples : C'est vraiment difficile de la croire ! (= Cela est vraiment difficile…) C'est vrai que tu penses démissionner ? (Cela est vrai que tu penses démissionner ?)

– *S'est* est composé du pronom personnel réfléchi *se* élidé et du verbe *être* à l'indicatif présent (3e personne du singulier). *S'est* apparaît encadré par un nom ou un pronom à sa gauche et par un participe passé à sa droite. *S'est* et son sujet peuvent être remplacés par *je me suis* ou *tu t'es.*

Exemples : Elle s'est longtemps demandé pourquoi ils l'avaient abandonnée. (= Je me suis longtemps demandé pourquoi…) Il s'est arrêté devant cet édifice. (= Tu t'es arrêté devant…)

Ce sont / Se sont

– *Ce sont* est constitué du pronom démonstratif *ce* et du verbe *être* à l'indicatif présent (3e personne du pluriel). *Ce sont* peut être remplacé par *c'est.*

Exemples : Ce sont des personnes impolies. (= C'est des personnes impolies.) Ce sont ceux que vous avez sélectionnés ?

Devant un nom pluriel ou un pronom autre que personnel, le verbe *être* se met généralement au pluriel, même si le singulier se rencontre parfois, notamment quand singulier et pluriel se prononcent de la même façon.

Exemples : Ce sont des parents extraordinaires. Ce sont celles que tu préfères.
Ce sont les miennes. C'étaient des idioties.

– *Se sont* est composé du pronom personnel réfléchi *se* et du verbe *être* à l'indicatif présent (3e personne du pluriel). *Se sont* est encadré par un nom ou un pronom à sa gauche et par un participe passé à sa droite. *Se sont* et son sujet peuvent être remplacés par *nous nous sommes* ou *vous vous êtes.*

Exemples : Ils se sont crus responsables de cet imbroglio. (= Nous nous sommes crus responsables de cet imbroglio. Vous vous êtes crus responsables de cet imbroglio.) Elles se sont fait fort de réussir. (= Nous nous sommes fait fort de réussir. Vous vous êtes fait fort de réussir.)

Ci / Si / S'y

– *Ci* est un adverbe de lieu signifiant *ici* (cf. *ci-gît*). Il peut précéder immédiatement un adjectif ou un participe passé *(ci-annexé, ci-inclus, ci-joint)* ou bien renforcer un adjectif ou un pronom démonstratifs *(cet exercice-ci, celle-ci). Ci* peut être aussi un pronom démonstratif. Il est alors l'abréviation de *ceci* par lequel on peut le remplacer *(Je compte commander ci et ça. Elle va comme ci, comme ça.)*

– *Si* est une conjonction de subordination signifiant *au cas où, à condition que* ou un adverbe d'intensité – dans ce cas, il peut être remplacé par *aussi* – ou encore un adverbe d'affirmation équivalant à *oui.*

Exemples : S'il ne me donne pas ces informations, je serai fort embarrassé. (= Au cas où il ne me donnerait pas…) Comment se fait-il qu'il soit si riche ? (= aussi riche ?)

– Vous ne pensez pas qu'elle souhaitait vous aider ? – Si, je le crois. (= Oui, je le crois.)

Si peut, enfin, être un nom masculin.

– *S'y* est composé du pronom *se* élidé (pronom personnel réfléchi de troisième personne) et du pronom adverbial *y. S'y,* qui n'apparaît que devant un verbe, peut être remplacé par *se ... à cela* ou *se ... là.*

ORTHOGRAPHE

Exemples : Il va s'y rendre très prochainement. (= Il va se rendre là...) Elle s'y soumet. (= Elle se soumet à cela.)

À retenir

Ci = *ici* ou *ceci*
Si = *au cas où* ou *aussi* ou *oui*
S'y = *se ... à cela* ou *se ... là*

■ *Dans / D'en*

– *Dans* est une préposition qui peut être remplacée par *à l'intérieur de* ou par *pendant.*

Exemples : J'ai peur de le perdre dans la foule. (= parmi la foule) Dans mon enfance, j'organisais des courses d'escargots. (= Pendant mon enfance...)

– *D'en* correspond à l'addition de la préposition *de* et du pronom adverbial *en* ou à l'addition des prépositions *de* et *en,* si *en* fait partie d'une locution comme *en bas.*

D'en peut être généralement remplacé par *de,* par *de ... cela. D'en* précède habituellement un verbe à l'infinitif.

Exemples : Essaie d'en savourer les moindres instants. (= Essaie de savourer les moindres instants de cela.) Tu as choisi d'en assembler les pièces ? (= Tu as choisi d'assembler les pièces de cela ?)

■ *D'avantage(s) / Davantage*

– *D'avantage(s)* est composé de la préposition *de* élidée et du nom *avantage,* synonyme des noms *profit, bénéfice, gain, intérêt* qui peuvent le remplacer. *D'avantage* et *d'avantages,* plus fréquent, se rencontrent habituellement dans des phrases négatives.

Exemples : Je n'ai pas d'avantage à accomplir cette tâche. (= Je n'ai pas de bénéfice...) Nous n'avions pas d'avantage à quitter notre région natale. (= Nous n'avions pas de bénéfice...)

– *Davantage* est un adverbe de quantité, synonyme de *plus.* Cet adverbe modifie généralement un verbe.

Exemples : Elle aimerait pouvoir travailler davantage. (= pouvoir travailler plus) Je ne crois pas qu'elle pourrait l'aimer davantage.

On n'emploie *davantage* ni devant un adjectif ni devant un adverbe.
On ne dit pas : « Elle est davantage grande que lui », mais « Elle est plus grande que lui. »
On ne dit pas : « Elle a agi davantage rapidement que son frère », mais « Elle a agi plus rapidement que son frère. »
Davantage ne peut modifier un adjectif ; il peut cependant se rapporter au pronom personnel *le* lorsque ce dernier reprend un adjectif.
Exemple : Elle est belle, mais sa sœur l'est davantage.

Davantage apparaît dans deux constructions : *davantage de* et *davantage que,* la première signifiant *plus de,* la seconde *plus que.*

Exemples : Ils éprouvent le besoin d'avoir davantage d'argent. (= d'avoir plus d'argent) Mon livre me plaît davantage que le tien. (= me plaît plus que le tien)

■ *Des/Dès*

– *Des* est un article – indéfini, partitif ou défini. Il s'agit d'un terme qui précède toujours un nom. Les articles indéfini et partitif *des* peuvent être remplacés par *quelques*. L'article défini *des* est la contraction de *de* et de *les*.

Exemples : J'ai acheté des cerises. (= J'ai acheté quelques cerises.) Il a mangé des épinards. (= Il a mangé quelques épinards.) Nous revenons des champs. (= Nous revenons « de les » champs.)

– *Dès* est une préposition signifiant *depuis, à dater de*.

Exemples : Je souhaite qu'elle endosse plus de responsabilités, dès maintenant. (= à dater de maintenant) Dès le seuil de la porte, il entendit ses enfants rire. (= Depuis le seuil de la porte…)

■ *Du/Dû*

– *Du* est soit un article partitif, soit un article défini contracté (= *de le*). Dans un cas comme dans l'autre, il précède un nom. *Du* correspond au féminin *de la*.

Exemples : Il mange du fromage. (= Il mange de la viande.) Je reviens du cinéma. (= Je reviens de la cinémathèque.)

– *Dû* est un nom masculin synonyme du nom *dette*.

Exemple : Il est venu payer son dû. (= Il est venu payer sa dette.)

Dû peut être aussi le participe passé masculin singulier de *devoir*.

Exemple : Ils ont dû partir immédiatement.

REMARQUE Le participe passé de *devoir* ne prend un accent circonflexe qu'au masculin singulier : *dû*. L'accent circonflexe disparaît au masculin pluriel *(dus)*, au féminin singulier *(due)* et au féminin pluriel *(dues)*.

■ *Eh bien / Et bien*

– *Eh bien* est une locution interjective qui introduit souvent une question, une information, un reproche ou un ordre. On peut la remplacer par *alors*.

Exemples : Eh bien, comment s'est passé ton examen ? (= Alors, comment…) Eh bien, montre-moi ton bulletin de notes ! (= Alors, montre-moi…)

Quand on emploie cette locution en début de phrase, on la fait suivre d'une virgule ; quand on l'emploie seule ou en fin de phrase, on l'accompagne d'un point d'interrogation ou d'un point d'exclamation.

Exemple : Vous avez rencontré ces nouvelles recrues ? Eh bien ?

– *Et bien* est composé de la conjonction de coordination *et* et de l'adverbe *bien*. Apparaît généralement après ce *bien* un *que*, *bien que* étant une locution conjonctive courante.

Exemple : Elle m'a souri et, bien qu'elle m'ait regardé, je ne lui ai adressé aucun signe.

On peut, de la même façon, différencier *eh quoi* qui marque l'indignation, l'étonnement de *et quoi.*

Exemples : Eh quoi, tu voudrais que je lui tresse une couronne de laurier ? Et, quoi qu'il arrive, vous ne devrez pas oublier que vous êtes en position de force.

■ *Est/Et*

– *Est* est une forme du verbe *être* (présent de l'indicatif, 3e personne du singulier) qui peut être remplacée par *était.*

Exemples : Il est fatigué. (= Il était fatigué.) Il est parti peu avant l'aube. (= Il était parti…)

– *Et* est une conjonction de coordination qui permet d'unir des mots ou des groupes de mots. Cette conjonction exprime une addition.

Exemples : Son père et sa mère sont partis en vacances. Elle a rangé ses vestes et ses manteaux dans des boîtes.

■ *Hors/Or*

– *Hors* est une préposition signifiant *à l'extérieur de.*

Exemples : Elle courut hors du bâtiment. (= Elle courut à l'extérieur du bâtiment.) Ils semblent vivre hors de la réalité.

– *Or* est une conjonction de coordination que l'on emploie pour introduire un fait nouveau. *Or* peut être remplacé par *et.*

Exemples : Elle veut sortir de l'hôpital, or elle n'a pas atteint le poids voulu. (= Elle veut sortir de l'hôpital et elle…) Il accueillait ces enfants pendant les vacances depuis de longues années. Or, un beau matin, il décida de leur fermer sa porte. (= Et, un beau matin…)

Ces deux termes sont aussi présentés comme des adverbes dans les dictionnaires.

Hors, comme adverbe, signifie *dehors.* Il subsiste uniquement dans la locution adverbiale *hors tout* (*hors tout* = en prenant en compte les plus grandes dimensions d'un objet).

Or, comme adverbe, signifie *maintenant.* Aujourd'hui, on ne le retrouve que dans la locution adverbiale *d'ores et déjà* qui signifie *dès maintenant, désormais.*

Ces deux adverbes sont rassemblés dans ce vers de La Fontaine : « *Or, adieu, j'en suis hors.* » *(Le Renard et le Bouc).*

■ *L'a(s) / La / Là*

– *L'a(s)* correspond à l'addition du pronom personnel *le* élidé et du verbe *avoir* (indicatif présent, 2e ou 3e personne du singulier). On peut remplacer *l'a(s)* par *l'avais* ou *l'avait.*

Exemples : Tu l'as déjà choisi ? (= Tu l'avais déjà choisi ?) Elle l'a épousé. (= Elle l'avait épousé.)

– *La* est un pronom personnel ou un article défini féminin singulier, les deux pouvant être remplacés par le pluriel *les.*

Exemples : Je la veux. (= Je les veux ; *la* est un pronom personnel) La nuit est belle. (= Les nuits sont belles ; *la* est un article défini)

– *Là* est un adverbe de lieu.

Exemple : Pose-le là. (= Pose-le à cet endroit.)

Ce terme vient parfois renforcer un démonstratif.

Exemples : Cet homme-là t'a beaucoup aidé. Celui-là t'est fidèle.

Là est aussi une interjection, employée souvent pour apaiser ou encourager.

Exemples : Là ! essaie de te reposer ! Là ! là ! sèche vite tes larmes !

■ *Leur/Leur(s)*

– *Leur* est un pronom personnel de la 3e personne du pluriel qui est invariable. Il signifie *à eux, à elles* et peut être remplacé par le pronom singulier qui lui correspond : *lui.*

Si cette substitution est possible, il est incorrect d'écrire *leurs.*

Exemples : Il leur a donné des cours de mathématiques. (= Il a donné des cours de mathématiques à eux. = Il lui a donné des cours de mathématiques.) Elle leur a chanté une berceuse. (= Elle lui a chanté une berceuse.)

– *Leur* est un adjectif possessif signifiant *qui les concerne, qui leur appartient.* Il précède un nom masculin ou féminin et s'accorde en nombre avec ce nom. Si vous employez un nom au pluriel, vous devez donc écrire : *leurs.*

Exemples : Ils ont perdu leur chat. Elles ont invité leurs amis. Leurs erreurs seront pardonnées.

Cet adjectif possessif entre dans la composition du pronom possessif : *le leur, la leur, les leurs.*

■ *Mais/Mes*

– *Mes* est un adjectif possessif que l'on emploie devant un nom pluriel, féminin ou masculin. On peut le remplacer par *tes* ou *ses.* On peut encore le remplacer par *mon* ou *ma,* si l'on met le nom, que *mes* précède, au singulier.

Exemple : As-tu corrigé mes fautes ? (= As-tu corrigé tes fautes ? As-tu corrigé ses fautes ? As-tu corrigé ma faute ?)

Si cette substitution est impossible, on écrit *mais.*

– *Mais* est souvent une conjonction de coordination qui peut généralement être remplacée par *cependant* ou *pourtant.*

Exemple : Cet étudiant a beaucoup travaillé, mais il n'a pas obtenu de concours. (= Cet étudiant a beaucoup travaillé, pourtant il n'a pas obtenu de concours.)

Mais peut encore être un adverbe. *Mais* est un adverbe dans l'expression *n'y pouvoir mais* (= n'y pouvoir rien). Il est aussi adverbe quand on l'emploie pour insister sur un point, dans la langue parlée : *Mais bien sûr ! Mais certainement ! Mais enfin ! Mais non ! Mais oui ! Mais pas du tout ! Mais pourquoi ? Mais si !*

Il a alors le sens de *vraiment.*

■ *Même/Même(s)*

– *Même* est variable quand il est adjectif. C'est un adjectif indéfini.

Il précède le nom et a le sens de *pareil, identique, semblable, égal.*

Exemples : Veux-tu que je t'offre les mêmes gants ? (= des gants identiques) Ils tenaient à s'échanger des bibelots de même valeur. (= de valeur égale)

Il suit le nom et a le sens de *exact, au plus haut degré.*

Exemples : Ce sont les gestes mêmes qu'il a faits. (= les gestes exacts) Cette adolescente est l'insolence même ! (= l'insolence au plus haut degré)

Cet adjectif est lié au pronom personnel par un trait d'union. On écrit : « moi-même, toi-même, lui-même, elle-même, nous-même(s), vous-même(s), eux-mêmes, elles-mêmes ».

On emploie *nous-mêmes* et *vous-mêmes* quand le *nous* et le *vous* sont pluriels, quand ils désignent plusieurs personnes. On adopte *nous-même* et *vous-même* lorsque *nous* et *vous* ne désignent qu'une personne, c'est-à-dire quand on parle de soi en employant la première personne du pluriel et lorsqu'on vouvoie quelqu'un.

– *Même* est variable quand il est pronom, c'est-à-dire quand il joue le rôle de nom. C'est un pronom indéfini.

Il est alors précédé des articles *le, la, les.*

Exemples : Veux-tu que je t'achète le même ? Essaie de choisir la même. Ils nous ont promis de nous rapporter les mêmes.

– En revanche, *même* est invariable quand il est adverbe.

Il a, dans ce cas, le sens de *aussi, exactement.*

Exemples : Je n'en reviens pas ! Même eux ont échoué ! (= Aussi eux ont échoué !) Elle m'a promis de me donner ces informations aujourd'hui même. (= aujourd'hui exactement)

REMARQUE

- Quand *même* suit immédiatement un nom ou un pronom démonstratif, il peut souvent être considéré comme un adjectif, et donc varier, ou comme un adverbe et donc être invariable.
Exemple : Ces personnes même(s) ne tarderont pas à te dénigrer.

- *Même* est lié au seul pronom personnel par un trait d'union. On ne met donc pas de trait d'union entre *même* et un nom, entre *même* et un pronom démonstratif, entre *même* et un adverbe.
Exemples : cette maison même, cela même, ici même, là même, par là même.

- On écrit toujours : *à même* (directement sur), *de même* (ainsi), *de même que* (comme), *tout de même* (néanmoins), *quand même* (cependant), *à même de* (capable de).

■ *Ni / N'y*

– *Ni* est une conjonction de coordination qui exprime la négation. Elle peut être remplacée par *et* après transformation de la phrase négative, dans laquelle elle apparaît, en phrase affirmative. Cette conjonction est souvent répétée.

Exemples : Je ne songe ni à la réprimander ni à la culpabiliser ! (= Je songe à la réprimander et à la culpabiliser !) Ni le café ni la vitamine C ne lui permettent de rester éveillée aussi longtemps qu'elle le voudrait. (= Le café et la vitamine C…) Ils sont partis sans tambour ni trompette.

– *N'y* est composé de l'adverbe de négation *ne* élidé et du pronom adverbial *y*. *N'y* peut être remplacé par *y* après transformation de la phrase négative, dans laquelle il apparaît, en phrase affirmative. *N'y* précède toujours un verbe.

Exemples : Tu n'y trouves vraiment rien à redire ? (= Tu trouves à y redire ?) Tu n'y es jamais allée ? (= Tu y es déjà allée ?)

Notre/Nôtre

– On écrit habituellement *notre* quand ce terme précède immédiatement un nom ou un groupe nominal. Dans les autres cas, on écrit *nôtre*.

Exemples : Nous avons dû reporter notre rendez-vous. (*notre* précède immédiatement un nom). Notre séjour à Londres nous a fait le plus grand bien. Vos amis ne sont pas encore arrivés ? J'aperçois les nôtres. (*nôtres* ne précède pas immédiatement un nom)

Quand *notre* précède immédiatement un nom, c'est un déterminant possessif de la 1re personne du pluriel. Quand ce terme prend un accent, il entre généralement dans la composition des pronoms possessifs *le nôtre, la nôtre, les nôtres*.

Ou/Où

– *Ou* est une conjonction de coordination que l'on peut remplacer par *ou bien*. Quand cette substitution est impossible, on écrit *où*.

Exemples : Tu veux acheter une jupe ou un pantalon ? (= Tu veux acheter une jupe ou bien un pantalon ?) Ou tu restes, ou tu pars.

– *Où* peut être pronom relatif, adverbe relatif ou adverbe interrogatif ; il renvoie alors à un lieu, à un temps ou à un état.

Quand *où* est un pronom relatif ou un adverbe relatif (le pronom relatif a un antécédent exprimé alors que l'adverbe n'en a pas), il peut être remplacé par *dans lequel (laquelle, lesquels, lesquelles)* ou par *à l'endroit où*.

Exemples : Je viens de visiter la maison où je suis né. (= dans laquelle je suis né ; *où* a pour antécédent *maison* : c'est un pronom relatif) Je t'accompagnerai où tu voudras. (= à l'endroit où tu voudras ; *où* n'a pas d'antécédent exprimé : c'est un adverbe relatif)

Quand *où* est un adverbe interrogatif, il peut être remplacé par *dans quel endroit ?*

Exemple : Où vas-tu ? (= Dans quel endroit vas-tu ?)

Par ce que / Parce que

– *Parce que* est une locution conjonctive introduisant une proposition circonstancielle de cause. Elle répond à la question : « Pourquoi ? » *Parce que* peut être remplacé par *car*, par *étant donné que*.

Exemple : Je me dépêche parce que j'ai un rendez-vous à quatorze heures. (Je me dépêche pourquoi ? Parce que j'ai un rendez-vous. Je me dépêche car j'ai un rendez-vous.)

– *Par ce que* correspond à l'addition de la préposition *par*, du pronom démonstratif *ce* et du pronom relatif *que*. La proposition relative qu'introduit *par* répond à la question : « Par quoi ? » Elle peut être remplacée par *cela*. On peut aussi remplacer *ce* par *cela même*.

Exemple : Je suis vraiment très étonnée par ce que je viens d'apprendre. (Je suis très étonnée par quoi ? Par ce que je viens d'apprendre. Je suis vraiment très étonnée par cela. Je suis vraiment très étonnée par cela même que je viens d'apprendre.)

■ *Peu/Peut/Peux*

– *Peux* correspond à la 1re et à la 2e personne du singulier de l'indicatif présent du verbe *pouvoir*. Il est possible de remplacer *peux* par *pouvais*.

Exemples : Je peux interrompre ta lecture un instant ? (= Je pouvais interrompre…) Tu peux répondre à ce courrier, si tu le souhaites. (= Tu pouvais répondre…)

– *Peut* correspond à la 3e personne du singulier de l'indicatif présent du verbe *pouvoir*. Il est possible de remplacer *peut* par *pouvait*.

Exemples : Que peut-il faire pour t'aider ? (= Que pouvait-il faire pour t'aider ?) Peut-il venir te rejoindre vers quinze heures ?

– *Peu* est un adverbe qui indique une petite quantité. Il est généralement possible de le remplacer par son antonyme : *beaucoup*.

Exemples : Il travaille peu. (= Il travaille beaucoup.) Peu de personnes seront présentes. (= Beaucoup de personnes seront présentes.)

Il entre, comme nom, dans la composition des constructions suivantes : *le, ce, mon, ton, son peu + de +* complément.

Exemple : Le peu d'argent qu'il a reçu lui a fait plaisir.

■ *Peut être / Peut-être*

– *Peut-être* est un adverbe qui peut être remplacé par *probablement, sans doute*.

Exemples : Peut-être a-t-il raison. (= Sans doute a-t-il raison.) Il va peut-être nous accompagner.

– *Peut être* correspond à la succession de *pouvoir* à l'indicatif présent (3e personne du singulier) et du verbe *être* à l'infinitif. On peut remplacer *peut être* par *pouvait être*.

Exemples : Il a beaucoup marché, il peut être fatigué. (= il pouvait être fatigué) Il peut être content de lui !

■ *Plus tôt / Plutôt*

– *Plutôt* est un adverbe qui signifie *davantage, assez* ou *plus exactement*.

Exemples : Il faut reconnaître que ces personnes se marient par intérêt plutôt que par amour. (= davantage que par amour) Notre vie ici est plutôt agréable. (= Notre vie ici est assez agréable.) Elle n'est pas en colère, mais plutôt déçue. (= mais, plus exactement, déçue)

– *Plus tôt* correspond à l'addition des adverbes *plus* et *tôt*. Ces deux éléments signifient *avant, plus vite*. Pour vérifier qu'ils ne sont pas soudés dans l'écriture, on peut les remplacer par *plus tard*.

Exemples : Les imperméables se vendront plus tôt que les manteaux. (= Les imperméables se vendront plus tard que les manteaux.) Il faudrait qu'elle obtienne cette mutation le plus tôt possible. (= Il faudrait qu'elle obtienne cette mutation le plus tard possible.)

Pour ce faire / Pour se faire

– La locution *pour ce faire* signifie *à cette fin*. Le pronom démonstratif *ce,* qui entre dans sa composition, désigne ce qui a été précédemment dit. Il peut être remplacé par *cela*.

Pour ce faire = Pour faire cela (cf. *ce faisant = en faisant cela*)

Exemple : Il faut que vous utilisiez au mieux le temps dont vous disposez. Pour ce faire, je vous conseille de préparer un emploi du temps.

– *Pour se faire* contient le pronom personnel réfléchi de la 3e personne : *se*. Ce syntagme précède généralement un infinitif, mais il peut aussi prendre place devant un nom, accompagné ou non d'une préposition.

Exemples : Il portera une rose à la boutonnière, pour se faire reconnaître. Elle a fait beaucoup de concessions pour se faire une place dans cette famille. Comment pourraient-ils se faire à cette idée ? Pour se faire, cette exposition devra être de courte durée.

Pour quoi / Pourquoi

– *Pour quoi* est un syntagme combinant préposition *(pour)* et pronom relatif ou interrogatif *(quoi)*. Il équivaut à *pour quelle chose, pour cela* (quand *quoi* est pronom relatif), à *pour quelle chose ?* (quand *quoi* est pronom interrogatif).

Exemples : Voici la raison pour quoi tu dois accepter ce travail. (*quoi* est pronom relatif) Il a redoublé, certes, mais pour quoi faire ? (*quoi* est pronom interrogatif)

– *Pourquoi* est une conjonction de subordination *(= pour quelle raison)*, un adverbe interrogatif *(= pour quelle raison ?)* ou un nom masculin.

Exemples : Voilà pourquoi j'ai été absente. (conjonction) Pourquoi ferais-je cet effort ? (adverbe) Connaîtrai-je un jour le pourquoi de cette histoire ? (nom)

Près/Prêt

Nous avons déjà évoqué la nécessité de ne pas confondre *près de + infinitif* qui signifie *sur le point de* et *prêt à + infinitif* dont le sens est *préparé pour, disposé à*. *Près* est une préposition, donc un mot invariable ; *prêt* est un adjectif qui s'accorde en genre et en nombre avec le nom – ou le pronom – auquel il se rapporte.

Exemples : Il est près de partir. Elle est prête à accepter cette proposition.

Quand / Quant / Qu'en

– *Quand* est une conjonction de subordination qui sert à exprimer un rapport de temps ou d'opposition.

Exemple : Quand il vient, elle ne daigne pas sortir de sa chambre.

– *Quant à* est une locution prépositive équivalant à *pour ce qui est de, en ce qui concerne.*

Exemple : Il ne se pose aucune question quant aux conséquences de ses actes.

– *Qu'en* est composé de la conjonction de subordination *que* élidée et de *en,* qui peut être préposition ou pronom adverbial. Lorsque *en* est pronom, il équivaut à *de cela*.

Exemple : Il ne se sent libre qu'en mer. Qu'en penser ? (= Que penser de cela ?)

■ *Qu'elle / Quelle*

– *Quelle* est un adjectif interrogatif ou exclamatif qui détermine un nom féminin singulier. Le masculin correspondant est *quel.*

Exemples : Quelle heure est-il ? (adjectif interrogatif) Quelle arrogance ! (adjectif exclamatif)

– *Qu'elle* est formé de *que* (conjonction de subordination ou pronom relatif), suivi du pronom personnel féminin singulier *elle.*

Qu'elle, à la différence de *quelle,* peut être remplacé par *qu'il* ou par *que lui.*

Exemples : Je ne souhaite pas qu'elle prenne ma place. (= Je ne souhaite pas qu'il prenne ma place ; *que* est conjonction) As-tu aperçu la peinture qu'elle a choisie ? (*que* est pronom relatif) Son frère est plus travailleur qu'elle. (= Son frère est plus travailleur que lui ; *que* est conjonction)

■ *Quel(les) que / Quelque(s)*

– On écrit *quel(les) que* lorsque ces deux termes sont suivis des verbe *être, devenir, devoir être, sembler, pouvoir être* ou *paraître.*

Que est une conjonction de subordination, *quel* est un adjectif attribut. On accorde cet adjectif, en genre et en nombre, avec le nom (le sujet) auquel il se rapporte. Ce tour concessif appelle le subjonctif.

Exemples : N'oublie pas de travailler, quelle que soit l'heure. Quels que puissent être leurs critères de sélection, il te faudra accepter ceux-là. Ils l'aimeront, quels que soient son âge et son sexe. Achète-la, quelle qu'elle soit.

Quand *quel(les) que* est suivi de sujets synonymes, l'accord de *quel* se fait avec le sujet le plus proche.

Exemples : Quelle que soit son attitude, son comportement, nous l'accueillerons comme l'une des nôtres. Quel que soit son comportement, son attitude, nous l'accueillerons comme l'une des nôtres.

Quand *quel(les) que* est suivi de sujets liés par *ou,* l'accord de *quel* se fait avec les deux sujets ou avec le sujet le plus proche.

Exemples : Tu devras faire en sorte qu'elle ait ce concours, quel que soit son niveau ou son intelligence. Tu devras faire en sorte qu'elle ait ce concours, quelle que soit son intelligence ou son niveau. Tu devras faire en sorte qu'elle ait ce concours, quels que soient son niveau ou son intelligence.

– On écrit *quelque(s),* en un mot, lorsque ce terme équivaut à *un,* à *plusieurs* ou à *environ.*

Quelque est soit adjectif indéfini et variable, soit adverbe et invariable.

Lorsque *quelque* est adjectif indéfini, il s'accorde en genre et en nombre avec le nom qu'il détermine. Il a le sens de *un* au singulier, celui de *plusieurs* au pluriel.

Exemples : Il me fera certainement quelque cadeau. Je l'attends depuis quelque temps. Ils ont mangé quelques cerises. Il va devoir recruter quelques collaborateurs.

Lorsque *quelque* est adverbe, il est invariable et a le sens de *environ.*

Exemples : Je vais parcourir quelque trois cents kilomètres. Il possède quelque deux cents brebis.

Ne confondez pas *quel(les) que* et *quelque(s) ... que*. Dans cette dernière expression, *quelque* s'écrit en un mot. Il est soit adjectif et variable, soit adverbe et invariable.

Quelque est adjectif et variable lorsqu'il précède un nom.

Il peut être remplacé par *quel(les) que soi(en)t...*

Exemples : Quelque bêtise qu'il fasse, il est d'une bonne volonté désarmante. Quelques fautes qu'ils fassent, tu devras corriger orthographe et syntaxe.

Quelque est adverbe et invariable lorsqu'il précède un adjectif ou un adverbe.

Il peut être remplacé par *si* ou par *aussi*.

Exemples : Quelque intelligentes qu'elles soient, elles n'ont pas eu ce concours. Quelque rapidement qu'ils se préparent, nous ne serons pas prêts à l'heure voulue.

Quand *quelque* précède un nom accompagné d'un adjectif, il est adverbe et invariable ou adjectif et variable.

Quelque est adverbe et invariable lorsque le « nom » est attribut du sujet. (Pour ce faire, le verbe qui suit *que* doit être le verbe *être* ou un verbe d'état.)

Exemple : Quelque bons étudiants qu'ils soient, ils n'ont pas été sélectionnés. (*qu'*, c'est-à-dire *étudiants,* est attribut du sujet *ils*)

Quelque est adjectif et variable quand le nom n'est pas attribut.

Exemple : Quelques bons enseignants qu'il ait eus, il n'a pas réussi ce concours. (*qu'*, c'est-à-dire *enseignants,* est COD du verbe *avoir*)

■ *Quelquefois / Quelques fois*

– L'adverbe *quelquefois* signifie *parfois, de temps en temps.*

Exemples : Elle pense quelquefois à lui. Il accepte quelquefois de jouer avec ses enfants.

– Le syntagme *quelques fois* est constitué de l'adjectif indéfini *quelques* et du nom commun *fois*. Il équivaut à *un petit nombre de fois.*

Exemples : Ils ne sont allés voir leur grand-mère que quelques fois, cette année. Je ne lui ai pas accordé l'attention voulue les quelques fois où elle a tenté de participer à la vie de la classe.

■ *Quoi que / Quoique*

– *Quoi que* est une locution concessive qui équivaut à *quelle que soit la chose que.* Elle est toujours suivie du subjonctif.

Exemples : Quoi que tu fasses, je t'épaulerai. (= Quelle que soit la chose que tu fasses...) Il la soutient, quoi qu'elle dise. (= quelle que soit la chose qu'elle dise)

– *Quoique* est une conjonction de subordination qu'il est possible de remplacer par *bien que.* Cette conjonction est généralement suivie du subjonctif.

Exemples : Elle a choisi de s'absenter, quoiqu'il soit grippé. (= bien qu'il soit grippé) Quoique triste, il a accepté leur invitation. (= Bien que triste)

■ *Si tôt / Sitôt*

– Le syntagme *si tôt* équivaut à *de si bonne heure,* à *aussi tôt* et peut être remplacé par la formule antonyme *si tard.*

Exemples : Elles sont arrivées si tôt qu'elles ont trouvé porte close. Vous nous quittez si tôt ?

– L'adverbe *sitôt* signifie *dans l'instant même, aussitôt.*

Exemples : Elle répondra certainement à ma demande sitôt qu'elle aura un petit moment de libre. Sitôt ces exercices faits, nous irons nous promener.

La locution adverbiale *pas de sitôt* s'emploie uniquement dans des phrases négatives. Elle signifie *pas avant longtemps.*

Exemple : Je ne les reverrai pas de sitôt.

■ *Sur/Sûr*

– *Sur* est une préposition de lieu qui signifie, entre autres, *au-dessus. Sur* est aussi un adjectif qualificatif signifiant *acide, aigrelet.*

Exemples : Les nuages, qui se forment sur nos têtes, ont l'air menaçants. Elles nous ont servi un vin sur.

– *Sûr* est un adjectif qualificatif signifiant *assuré, certain.*

Exemples : Il est maintenant sûr de son choix. Elle m'a répondu d'un ton sûr.

■ *Voir/Voire*

– *Voir* est un verbe à l'infinitif.

Exemples : Il va souvent la voir. Elle aimerait voir ses toiles.

– *Voire* est un adverbe signifiant *et même.* Il faut donc éviter d'employer la formule pléonastique *voire même.*

Exemples : Elle l'attendra des mois, voire des années. On la trouve souvent réservée, voire hautaine.

Entraînement

1 [Besançon] Noircissez la (ou les cases) correspondant à une phrase correctement orthographiée :

a. Il ne faut tout de mêmes pas me prendre pour un idiot.
b. Pierre et Paul ont les mêmes goûts.
c. Même Gad Elmaleh et Sylvie Joly ne la font pas rire.
d. Pierre est la bonté et la générosité mêmes.
e. Pauline et Violaine font elles-même leur lessive.

2 [Lille] Cochez la forme correcte du mot manquant dans chaque phrase suivante : « A » *quoi que* ou « B » *quoique.*

1. Réfléchis bien avant de décider .... ce soit.
2. .... Jeanne ressente, elle n'exprime rien.
3. .... ce voisin soit aimable, nous n'avons pas de relations particulières avec lui.

3 [Marseille] .... pas venir, ils viendront.

a. Quoiqu'ils ne veulent quand même
b. Quoiqu'ils ne veuillent quand même
c. Quoi qu'ils ne veulent
d. Quoi qu'ils ne veuillent
e. Quoi qu'ils veulent

4 [Marseille] ………, je ne lui parlerais pas.
a. Quant bien même il venait
b. Quand bien même il venait
c. Qu'en bien même il venait
d. Quand bien même il viendrait
e. Quant bien même il viendrait

5 [Marseille] ……… la raison, il faudra s'y faire.
a. Quelle que soit
b. Qu'elles que soient
c. Quelles que soient
d. Quelques soient
e. Quelque soit

6 [Paris] QRU - Indiquez le mot souligné éventuellement mal orthographié.
a. Quoi qu'il en soit, nous ne changerons pas d'avis.
b. Quelques puissent être ses amis, nous devons les recevoir.
c. Son nouvel album, quoique bien illustré, n'a pas eu de succès.
d. Quelques erreurs flagrantes qu'ait pu commettre ce spécialiste, il est toujours populaire.
e. ARNC

7 [Paris] QRM - Indiquez les mots soulignés incorrects.
a. Ces bouteilles ont quelque vingt ans d'âge.
b. Quelqu'en soient les causes, le résultat est nul.
c. Je n'aime pas leurs nouveaux tableaux, quelque coûteux soient-ils.
d. Nous irons à la mer dimanche, quel que soit la météo.
e. Notre ordinateur, quoique récent, est déjà obsolète.

8 [Paris] QRM - Indiquez les mots soulignés incorrects.
a. Sont-ils enfin prêts à partir ?
b. Plutôt que de tergiverser, prenez n'importe lequel !
c. Nous ne sommes pas prêts de quitter la région.
d. Tu aurais dû venir plutôt au lieu de flâner dans les magasins.
e. Il semblait prêt de changer d'avis, mais il s'est ravisé.

9 [Paris] QRU - Complétez la phrase suivante : «… il en soit, certains fruits,… séduisants par leurs couleurs, sont mortels. »
a. Quoiqu', quoique
b. Quoiqu', quoi que
c. Quoi qu', quoique
d. Quoi qu', quoi que

10 [Paris] QRU - Quelle est la phrase qui, éventuellement, contient un mot mal orthographié ?
a. Tout, jusqu'aux brins d'herbe même, émeut le poète.
b. Les armées de César sont la discipline et la solidité même.
c. Observons, à l'étranger, les musées, les monuments, les auberges même.
d. Les mêmes causes produisent les mêmes effets.
e. ARNC

11 [Poitiers] Il faut écrire en respectant l'orthographe et les règles d'accord :
a. Il avait quelque cinquante ans.
b. Quelque puisse être sa réaction, je lui parlerai.
c. Quelque intelligents qu'ils soient, ils n'en sont pas moins mortels.

d. Quelles que puissent être leurs réactions, je leur parlerai.
e. J'ai quelque mille fleurs dans mon jardin.

⓬ [Poitiers] Il faut écrire, en respectant la distinction entre « quoique » et « quoi que » :
a. Quoi que Pierre fasse, il le fait toujours bien.
b. Quoique parfaitement renseigné, il feint de ne rien savoir.
c. Quoiqu'elle trouve, elle n'en est jamais satisfaite.
d. Quoique vous plantiez dans ce terrain, vous n'obtiendrez aucun légume.
e. Quoiqu'il soit très fatigué, il ne veut pas aller se coucher.

Corrigé

❶ **b**, **c** et **d** (**a** : tout de même ; **e** : elles-mêmes). ❷ **1 A** ; **2 A** ; **3 B**. ❸ **b.** ❹ **d.** ❺ **a.** ❻ **b** (Quels que puissent être). ❼ **b** et **d** (**b** : Quelles qu'en soient ; **d** : quelle que soit). ❽ **c**, **d** et **e** (**c** : prêts à ; **d** : plus tôt ; **e** : près de). ❾ **c.** ❿ **e.** ⓫ **a**, **c**, **d** et **e** (**b** : Quelle que puisse être). ⓬ **a**, **b** et **e** (**c** : Quoi qu'elle ; **d** : Quoi que).

21 | Les noms simples, leur féminin, leur pluriel

1. Le féminin des noms

■ **Le féminin s'obtient généralement en ajoutant un *e* au nom masculin.**

Exemples : adolescent, adolescente ; chaland, chalande ; émigré, émigrée ; filleul, filleule ; lapin, lapine.

■ **Certains noms féminins se caractérisent en outre par le redoublement de la consonne finale du nom masculin.**

– Les noms en *-el* ont leur féminin en *-elle.*

Exemples : colonel, colonelle ; criminel, criminelle ; homosexuel, homosexuelle ; intellectuel, intellectuelle ; romanichel, romanichelle.

– Les noms en *-en* et en *-on* ont leur féminin en *-enne* et en *-onne.*

Exemples : chirurgien, chirurgienne ; lycéen, lycéenne ; fripon, friponne ; patron, patronne.

ATTENTION Cinq mots font exception : *démon, Lapon, Letton, mormon* et *santon* (ascète). On écrit : *une démone, une Lapone, une Lettone, une mormone, une santone.* On écrit *une Nippone* ou *une Nipponne.*

– Les noms en *-an,* en *-in* et en *-ain* ont leur féminin en *-ane, en -ine* et en *-aine, à l'exception de paysan* qui s'écrit *paysanne* au féminin.

Exemples : gitan, gitane ; musulman, musulmane ; cousin, cousine ; gamin, gamine ; châtelain, châtelaine ; suzerain, suzeraine.

– Les noms en *-et* ont leur féminin en *-ette,* sauf *préfet* et *sous-préfet* (une *préfète,* une *sous-préfète*).

Exemples : biquet, biquette ; mouflet, mouflette ; pipelet, pipelette.

■ **Les noms en *-eur***

– Ceux qui dérivent d'un verbe ou d'un nom français auquel le suffixe *-eur* est venu s'ajouter ont leur féminin en *-euse.*

Exemples : accoucheur, accoucheuse ; brodeur, brodeuse ; chanteur, chanteuse ; parfumeur, parfumeuse.

REMARQUE *Enchanteur, pécheur* et *vengeur* ont pour féminins *enchanteresse, pécheresse* et *vengeresse*.
Bailleur, défendeur, demandeur et *vendeur* ont pour féminins *bailleresse, défenderesse, demanderesse* et *venderesse* dans la langue juridique ; *charmeur* et *chasseur* ont pour féminins *charmeresse* et *chasseresse* dans la langue poétique. Parallèlement à ces féminins, on rencontre *charmeuse, chasseuse, demandeuse* et *vendeuse* dans la langue courante.
Émetteur a pour féminin *émettrice*.
Créditeur, éditeur, exécuteur, inspecteur, inventeur, persécuteur et *sculpteur* ont un féminin en *-trice* (*créditrice, éditrice, exécutrice, inspectrice, inventrice, persécutrice, sculptrice*). Ces termes ne constituent pas des exceptions car ils ne sont pas dérivés de verbes ; ce sont eux qui ont donné naissance aux verbes qui leur correspondent (cf. règle suivante).

– Les noms en *-teur* qui n'ont pas été formés au moyen du suffixe *-eur* ont leur féminin en *-trice*.

Exemples : annonciateur, annonciatrice ; illustrateur, illustratrice ; simulateur, simulatrice ; instituteur, institutrice ; moniteur, monitrice ; novateur, novatrice.

Soit ces noms ont été composés avec le suffixe *-ateur*, soit ils ne sont pas dérivés d'un verbe ou d'un nom français.

REMARQUE On emploie, avec des sens différents, *débiteuse* et *débitrice*, *enquêteuse* et *enquêtrice*.

■ **Les noms féminins finissant en *-té* [te] ou en *-tié* [tje]** ne prennent pas de *e*.

Exceptions : abattée, actée, batée, battée, bractée, butée, compotée, déculottée, dentée, dictée (*et* autodictée), frottée, futée, jetée, montée, nuitée, pâtée, pontée, portée, potée, remontée, tétée, tripotée, termes auxquels il faut ajouter les noms désignant un contenu (assiettée, brouettée, charretée, jattée, litée, marmitée, pelletée, platée, pochetée).

2. Le pluriel des noms

■ **Noms en *-ail* [aj], pluriel en *-ails***

aiguail ; ail (des ails *ou* des aulx) ; attirail ; autorail ; bercail ; bétail ; camail ; caravansérail ; chandail ; contre-rail ; crédit-bail ; détail ; entrerail *ou* entre-rail ; épouvantail ; éventail ; foirail ; frontail ; gouvernail ; harpail ; mail ; mézail ; monorail ; pérail ; poitrail ; portail ; rail ; rougail ; sérail ; télétravail ; tramail ; travail (dispositif qui permet de maintenir immobiles des bœufs, des chevaux, pour les soigner ou les ferrer) ; trémail (cf. tramail) ; trenail.

Noms en -*ail*, pluriel en -*aux*

bail (des baux) ; corail ; émail ; fermail ; gemmail ; soupirail ; travail ; vantail ; ventail ; vitrail.

Noms en -*al* [al], pluriel en -*als*

ammonal ; aval ; bal ; barbital ; cal ; cantal ; caracal ; carnaval ; cérémonial ; chacal ; chloral ; choral ; contre-pal ; copal ; corral ; emmental *ou* emmenthal ; eurosignal ; festival ; floréal ; furfural ; futal ; futsal ; gal ; galgal ; gardénal ; gavial ; gayal ; germinal ; hectopascal ; joual ; kraal ; marshal ; mescal ; minerval ; mistral ; morfal ; narval ; nopal ; pal ; pascal ; penthiobarbital ; penthotal ; phénobarbital ; pipéronal ; prairial ; pyridoxal ; quetzal ; récital ; régal ; rétinal ; revival ; rial ; rital ; rorqual ; roseval ; santal (vx : santaux) ; saroual ; serval ; sial ; sisal ; sonal ; tagal ; tergal ; tincal ; trial ; véronal ; virginal.

Noms en -*al*, pluriel en -*als* ou en -*aux*

étal (des étals *ou*, rare, des étaux) ; idéal (des idéals *ou* des idéaux) ; val (des vals *ou* des vaux).

Noms en -*au*, pluriel en -*aus*

berimbau ; grau ; landau ; nilgau (*ou* nilgaut) ; restau ; sarrau ; senau ; unau.

Ciel, œil* et *aïeul

– On écrit *des cieux* ou *des ciels* (en météorologie, en peinture et dans *des ciels de lit, des ciels de carrière*).

– On écrit *des yeux* ou *des œils* (le pluriel *œils* est utilisé dans les domaines techniques, notamment en imprimerie, et dans les mots composés suivants : *des œils-de-bœuf, des œils-de-chat, des œils-de-faisan, des œils-de-paon, des œils-de-perdrix, des œils-de-pie*).

– On écrit *des aïeuls* (des grands-parents, des grands-pères) ou *des aïeux* (des ancêtres).

Noms en -*eu*, pluriel en -*eus*

bas-bleu (des bas-bleus) ; bleu (des bleus) ; col-bleu (des cols-bleus) ; cordon-bleu (des cordons-bleus) ; démonte-pneu (des démonte-pneus) ; émeu (des émeus) ; enfeu (des enfeus) ; lieu (des lieus : poissons) ; pneu (des pneus).

Noms en -*ou*, pluriel en -*oux*

bijou ; caillou ; chou (*et* coupe-chou) ; genou (*et* protège-genou) ; hibou ; joujou ; pou.

Nom en -*ou*, pluriel en -*ous* ou en -*oux*

ripou.

Noms n'existant qu'au pluriel (listes non exhaustives)

Les noms suivis de l'astérisque sont reconnus au singulier avec un autre sens.

– Noms féminins

Accordailles ; affres ; ambages ; annales ; archives ; armoiries ; arrhes ; assises* ; babines ; badigoinces ; balayures ; bésicles ; braies ; brisées ; brucelles ; cactacées ;

ORTHOGRAPHE

cactées ; calendes ; castagnettes ; chips ; chocottes ; cisoires ; cliques* ; clopinettes ; complies ; condoléances ; coordonnées ; crosses* ; cucurbitacées ; dreadlocks ; écrouelles ; entrailles ; épousailles ; fèces ; fiançailles ; floralies ; frusques ; funérailles ; gambas ; gémonies ; hardes* ; laissées ; latrines ; laudes ; leggins ; matines ; menstrues ; miscellanées ; mœurs ; neurosciences ; obsèques ; palabres* ; pépètes ; pierreries ; pluches ; pouilles ; prémices ; relevailles ; représailles ; rillettes ; royalties ; semailles ; sixties ; spartiates* ; ténèbres ; vêpres.

– Noms masculins

Acariens ; achards ; affûtiaux ; agissements ; agrès ; alentours ; apparaux ; appas ; appointements ; arrérages ; arrière-grands-parents ; arrière-petits-enfants ; auspices ; beaux-arts ; beaux-enfants ; bestiaux* ; bordages ; bovins ; coléoptères ; comices* ; confins ; cornflakes *ou* corn-flakes ; corticoïdes ; décombres ; dépens ; desiderata ; ébats ; équidés ; environs ; errements ; fastes* ; favoris* ; fonts ; frais* ; grands-parents ; gravats ; hominidés ; honoraires ; impedimenta ; limbes* ; lods ; mamours ; mânes ; myriapodes ; narcodollars ; oblats* ; ossements ; ovins ; parages* ; pénates ; petits-enfants ; pétrodollars ; pickles ; prolégomènes ; rillons ; sévices ; smocks ; thermes ; trois-huit* ; us ; varia.

Le pluriel des noms propres de personnes

Au pluriel, les noms propres de personnes ne subissent généralement aucune modification.

Exemples : Les Durand vont bientôt fêter leur anniversaire de mariage. Qu'écriraient aujourd'hui les Goncourt ?

Ne suivent pas cette règle et prennent la marque du pluriel :

– les noms de dynasties, de familles qui sont célèbres depuis longtemps.

Exemples : Comment décrire le nez des Bourbons ? Son exposé portera sur les Condés.

– les noms de personnages illustres appartenant à l'Antiquité ou à la Bible.

Exemple : Qui étaient les trois Maries ?

L'usage est hésitant en ce qui concerne les noms employés pour désigner des types (des personnes telles que…). Il semble préférable de mettre un *s* à ces noms de personnes.

Exemple : Il nous faudrait bien des Lacans pour comprendre les tenants et les aboutissants de cette histoire !

Le singulier est, en revanche, de rigueur lorsque le nom de personne ne désigne qu'un individu et ce, même si celui-là est précédé, par emphase, d'un déterminant pluriel.

Exemple : Les Foucault, les Lacan enseignaient alors !

3. Quelques noms à retenir...

Noms en *-aiement*

bégaiement ; déblaiement ; défraiement ; égaiement ; enraiement ; étaiement ; non-paiement ; paiement ; prépaiement ; remblaiement ; télépaiement ; zézaiement.

Nom en *-aiment*

braiment.

Noms en *-assion*

compassion ; passion.

Noms en *-aut*

artichaut ; assaut ; bliaut (on écrit *bliaud* ou *bliaut*) ; défaut ; gerfaut ; haut ; héraut ; levraut (*ou* levreau) ; nilgaut (*ou* nilgau) ; panicaut ; quartaut ; rehaut ; ressaut ; saut ; soubresaut ; sursaut.

Noms en *-cage* et en *-quage*

-cage : applicage ; blocage ; bocage ; cage ; contreplacage ; déblocage ; décorticage ; déflocage ; démarcage (*ou* démarquage) ; démasticage ; flicage ; flocage ; marécage ; masticage ; pacage ; parcage ; picage (trouble du comportement touchant des oiseaux domestiques) ; placage (revêtement) ; plasticage ; racage ; remasticage ; rusticage ; saccage ; stucage ; trucage (*ou* truquage).

-quage : astiquage ; braquage ; claquage ; craquage ; décalquage ; déchoquage ; démarquage (*ou* démarcage) ; dépiquage ; détroquage ; encaustiquage ; hydrocraquage ; laquage ; marquage ; masquage ; matraquage ; pacquage ; piquage (action de piquer, de percer) ; plaquage (au rugby, fait de plaquer un adversaire) ; remorquage ; repiquage ; taquage ; truquage (*ou* trucage) ; vapocraquage.

REMARQUE On écrit *démarquage* ou *démarcage* ; *truquage* ou *trucage*.

Noms en *-eance*

allégeance ; dérogeance ; désobligeance ; engeance ; intransigeance ; obligeance ; vengeance.

Noms masculins en *-ée*

androcée ; antifumée ; apogée ; athée ; athénée ; caducée ; camée ; chasse-marée ; conopée ; coryphée ; écomusée ; empyrée ; gynécée ; hyménée ; hypogée ; lance-fusée ; lépidostée (*ou* lépisostée) ; lycée ; macchabée ; mausolée ; moteur-fusée ; musée ; nymphée (mot attesté aussi au féminin) ; pare-fumée ; périgée ; périnée ; poisson-épée ; pongée (on écrit *pongé* ou *pongée*) ; porte-épée ; presse-purée ; propylée ; protée ; prytanée ; pygmée ; raz-de-marée (traits d'union facultatifs) ; rez-de-chaussée ; scarabée ; sigisbée ; spondée ; trochée ; trophée ; zée.

Noms en *-eterie/-èterie/-éterie*

affèterie *ou* afféterie ; bonneterie ; briqueterie ; buffleterie ; contrepèterie ;

gobeleterie ; graineterie ; louveterie ; marqueterie ; mousqueterie ; paneterie ; papeterie ; parqueterie ; pelleterie.

Noms en -*étion*

accrétion ; concrétion ; délétion ; déplétion ; discrétion ; excrétion ; indiscrétion ; réplétion ; sécrétion (hypersécrétion, hyposécrétion) ; sujétion.

Noms en -*ettier*

allumettier ; carpettier ; casquettier ; cigarettier ; crevettier ; limettier ; lunettier.

Noms en -*euille*

chèvrefeuille ; feuille ; millefeuille *ou* mille-feuille (n. f.) ; millefeuille (n. m.) ; poiseuille ; portefeuille ; quartefeuille ; quintefeuille.

Noms en -*illier*

bougainvillier ; coquillier ; groseillier ; joaillier ; mancenillier ; marguillier ; médaillier ; millier ; quillier ; quincaillier ; sapotillier ; vanillier.

Noms en -*oierie*

corroierie, soierie.

Noms en -*oirie(s)*

armoiries, hoirie, plaidoirie, pourvoirie, voirie.

Noms en -*oire*

– **n. m. :** accessoire ; aide-mémoire ; anti-inflammatoire ; auditoire ; boire ; ciboire ; collutoire ; conservatoire ; consistoire ; contre-interrogatoire ; déambulatoire ; déboire ; déclinatoire ; dépilatoire ; dépositoire ; dimissoire ; directoire ; ducroire ; émonctoire ; exutoire ; faldistoire ; giratoire ; grimoire ; infusoire ; interrogatoire ; ivoire ; laboratoire ; masticatoire ; mémoire ; monitoire ; moratoire ; observatoire ; offertoire ; oratoire ; pétitoire ; pourboire ; prétoire ; promontoire ; propitiatoire ; purgatoire ; purificatoire ; réfectoire ; répertoire ; réquisitoire ; rescisoire ; suppositoire ; territoire ; vésicatoire ; vomitoire.

– **n. f. :** armoire ; baignoire ; balançoire ; bassinoire ; bétoire ; bouilloire ; combinatoire ; doloire ; drayoire ; échappatoire ; écritoire ; écumoire ; éliminatoire ; eupatoire ; foire ; forêt-noire ; glissoire ; gloire ; histoire ; jabloire ; lardoire ; mâchoire ; mangeoire ; mémoire ; moire ; nageoire ; noire ; pantoire ; passoire ; pataugeoire ; patinoire ; pâtissoire ; périssoire ; pétoire ; poire ; polissoire ; préhistoire ; protohistoire ; ratissoire ; rôtissoire ; trajectoire ; victoire.

Noms en -*quation*

adéquation ; coéquation ; équation ; inadéquation ; inéquation ; liquation ; péréquation.

Noms en -*rrhée*

aménorrhée ; blennorrhée ; bronchorrhée ; diarrhée ; dysménorrhée ; graphorrhée ; hyperménorrhée ; leucorrhée ; logorrhée ; otorrhée ; proctorrhée ; pyorrhée ; séborrhée ; sialorrhée.

■ Noms dont on oublie souvent le *s* final

aurochs ; corps ; entremets ; entrelacs ; lacs ; legs ; mets ; mors ; poids ; pouls ; puits ; remords ; rets ; surpoids ; temps ; tréfonds.

REMARQUE *Camp* et *champ* ne prennent pas de *s* au singulier.

■ Noms féminins en *-u* [y]

bru, glu, tribu, vertu, visu.

■ Noms en *-xion*

annexion ; complexion ; connexion ; crucifixion ; déconnexion ; déflexion ; flexion ; fluxion ; génuflexion ; inflexion ; interconnexion ; irréflexion ; préfixion ; réflexion ; rétroflexion ; solifluxion ; transfixion.

Entraînement

❶ [Amiens] Quels mots ne s'utilisent qu'au pluriel ? « A » pluriel exclusivement, « B » singulier et pluriel.

1. entrailles	**2.** embarras	**3.** frusques	**4.** prémisses	**5.** catacombes
6. pourparlers	**7.** agrès	**8.** émoluments	**9.** appas	**10.** annales

❷ [Lille] Cochez « A » si le pluriel du nom est en « als », « B » s'il est en « aux », « C » si le nom accepte les deux pluriels.

1. le journal	**2.** l'aval	**3.** le choral
4. le val	**5.** l'idéal	**6.** le récital

❸ [Paris] QRU - Indiquez le nom, éventuellement, mal orthographié.
a. J'ai assisté au <u>marquage</u> des jeunes animaux.
b. Les <u>placages</u> étaient très spectaculaires au match de rugby.
c. La pluie va retarder le <u>repiquage</u> des salades.
d. Les paysans vont procéder au <u>décorticage</u> du riz.
e. ARNC

❹ [Paris] QRM - Indiquez les séries dans lesquelles les trois noms ne forment pas leur pluriel de la même façon.
a. noyau - landau - étau
b. cardinal - arsenal - cérémonial
c. vaisseau - drapeau - copeau
d. chandail - détail - portail
e. verrou - genou - caillou

❺ [Paris] QRU - Indiquez la phrase qui contient éventuellement un mot souligné mal orthographié.
a. Elle a rapporté de belles <u>soieries</u> indiennes.
b. Les <u>paieries</u> sont-elles toujours héréditaires en Angleterre ?
c. Il étudie actuellement les <u>armoieries</u> moyenâgeuses.
d. Les <u>mairies</u> parisiennes se ressemblent beaucoup.
e. ARNC

6 [Paris] QRU - Indiquez le nom qui, au féminin, a éventuellement une forme différente des trois autres.
a. un enchanteur b. un pêcheur c. un mulâtre d. un prêtre e. ARNC

7 [Paris] QRU - Indiquez le mot souligné éventuellement mal orthographié.
a. L'annexion de leur territoire remonte à plusieurs décennies.
b. Il souffre d'une fluxion de poitrine.
c. La connexion entre ces deux appareils est défectueuse.
d. Sa voix prenait parfois des inflexions gutturales.
e. ARNC

8 [Paris] QRM - Indiquez les phrases qui contiennent un pluriel incorrect.
a. On vend aussi des landaus dans ce magasin.
b. Entre les deux salles s'ouvre une large porte à plusieurs vantails.
c. Les carnavals se succèdent dans ce pays.
d. Utilisez donc des étaus pour maintenir les pièces à coller !
e. Ces épouvantails sont-ils efficaces ?

9 [Paris] QRU - Indiquez la série qui, éventuellement, contient un nom mal orthographié.
a. un mors - un remords - le poids
b. un mets - un rets - un puits
c. un corps - un champs - le temps
d. un cours - un discours - un recours
e. ARNC

10 [Paris] QRM - Indiquez les mots mal orthographiés.
a. un boudoir b. un réfectoire c. un exutoir d. un abattoire e. un reposoir

11 [Paris] QRU - Cherchez l'erreur...
a. la satiétée b. la dictée c. la jetée d. la portée e. ARNC

12 [Poitiers] Le féminin de :
a. spoliateur est « spoliatrice »
b. défendeur est « défendeuse »
c. bailleur est « bailleresse »
d. enchanteur est « enchantrice »
e. pécheur est « pécheuse »

13 [Poitiers] On doit écrire :
a. trois Peugeot
b. les Dupont
c. les Capet
d. les Condé
e. les deux Allemagnes

14 [Poitiers] On peut écrire :
a. un aïeul, des aïeux
b. un aïeul, des aïeuls
c. un ciel, des ciels
d. un vantail, des vantails
e. de l'ail, des aulx

Corrigé

❶ **1 A** ; **2 B** ; **3 A** ; **4 B** ; **5 B** (*catacombe* s'emploie le plus souvent au pluriel, mais est attesté au singulier) ; **6 B** (*pourparler* s'emploie surtout au pluriel, mais est attesté au singulier) ; **7 A** ; **8 B** ; **9 A** ; **10 A.** ❷ **1 B** ; **2 A** ; **3 A** (le nom a un pluriel en *-als*, l'adjectif a deux pluriels : *chorals* et, plus rarement, *choraux*) ; **4 C** (vals, vaux) ; **5 C** (idéals, idéaux) ; **6 A.** ❸ **b** (si l'on suit le *Dictionnaire de l'Académie française*), **e** (si l'on suit *Le petit Robert*). ❹ **a** (des noyaux, *des landaus*, des étaux), **b** (des cardinaux, des arsenaux, *des cérémonials*) et **e** (*des verrous*, des genoux, des cailloux). ❺ Il semble préférable de choisir la réponse **e**, deux phrases étant incorrectes : la phrase **b** (on doit écrire ici *pairie* puisque le terme désigne la dignité de membre de la Chambre des Lords) et la phrase **c** (armoiries, n. f. pl.). ❻ **b** (*pêcheur* a pour féminin *pêcheuse*, *pécheur* a pour féminin *pécheresse*). ❼ **e.** ❽ **b** et **d** (**b** : vantaux ; **d** : étaux). ❾ **c** (un champ). ❿ **c** (un exutoire) et **d** (un abattoir). ⓫ **a** (la satiété). ⓬ **a** et **c** (**b** : défenderesse ; **d** : enchanteresse ; **e** : pécheresse ; retenez les couples suivants : *pécheur/pécheresse*, *pêcheur/pêcheuse*). ⓭ **a**, **b** et **e** (on écrit les *Capets*, les *Condés* ; choisir la réponse **e** est discutable car on écrit *les deux Allemagnes* ou *les deux Allemagne*). ⓮ **a**, **b**, **c** et **e** (**d** : un vantail, des vantaux).

22 | Les adjectifs, leur féminin, leur pluriel

1. Le féminin des adjectifs

■ **Le féminin s'obtient généralement par l'adjonction d'un *e* à l'adjectif masculin.**

Exemples : méchant, méchante ; vert, verte ; intru, intruse ; étonné, étonnée ; éperdu, éperdue.

■ **Certains adjectifs féminins se caractérisent en outre par le redoublement de la consonne finale de l'adjectif masculin.**

– Les adjectifs en *-an,* en *-in,* en *-ain,* en *-ein* et en *-un* ont leur féminin en *-ane,* en *-ine,* en *-aine,* en *-eine* et en *-une,* à l'exception de *paysan* et de *rouan* qui s'écrivent *paysanne* et *rouanne* au féminin.

Exemples : plan, plane ; anodin, anodine ; sain, saine ; serein, sereine ; opportun, opportune.

– Les adjectifs en *-el* et en *-eil* ont leur féminin en *-elle* et en *-eille.*

Exemples : accidentel, accidentelle ; cruel, cruelle ; virtuel, virtuelle ; pareil, pareille ; vermeil, vermeille.

– Les adjectifs en *-en* et en *-on* ont leur féminin en *-enne* et en *-onne.*

Exemples : aérien, aérienne ; gaullien, gaullienne ; bougon, bougonne ; tatillon, tatillonne.

Font exception *lapon, letton* et *mormon* dont les féminins sont *lapone, lettone* et *mormone.* On écrit *nippone* ou *nipponne.*

– Les adjectifs en *-et* ont leur féminin en *-ette* sauf dix qui ont leur féminin en *-ète* : complet, concret, désuet, discret, incomplet, indiscret, inquiet, quiet, replet, secret.

Adjectifs en *-et* redoublant leur *t* au féminin (féminin en *-ette*) : aigrelet ; blet ; clairet ; coquet ; croquignolet ; doucet ; douillet ; drôlet ; fluet ; follet ; frisquet ; gentillet ; ginguet ; grandelet ; grandet ; grassouillet ; guilleret ; jaunet ; jeunet ; longuet ; louvet ; maigrelet ; mignonnet ; mollet ; muet ; net ; pauvret ; propret ; rondelet ; seulet ; simplet ; sourd-muet (sourde-muette) ; sujet ; suret ; tristounet ; ultraviolet ; verdelet ; violet.

■ ***Ammoniac, caduc, franc*** (peuple germanique), ***public, semi-public* et *turc*** ont leur féminin en *-que,* mais ***grec* et *néogrec*** conservent leur *c* devant le *q* : on écrit, au féminin, *ammoniaque, caduque, franque, publique, semi-publique* et *turque,* mais *grecque* et *néogrecque.*

■ **Les adjectifs en *-eur***

– Ceux qui dérivent d'un verbe ou d'un nom français auquel le suffixe *-eur* est venu s'ajouter ont leur féminin en *-euse.*

Ce féminin concerne les adjectifs qui permettent d'obtenir un participe présent lorsqu'on remplace *-eur* par *-ant.*

Exemples : batailleur, batailleuse ; butineur, butineuse ; trompeur, trompeuse.

Constituent des exceptions les adjectifs *détecteur, éditeur, émetteur, exécuteur* et *persécuteur,* dont le féminin est en *-trice (détectrice, éditrice, émettrice, exécutrice, persécutrice).*

REMARQUE

Les adjectifs *enchanteur* et *vengeur* deviennent *enchanteresse* et *vengeresse* au féminin.

– Les adjectifs en *-teur* qui n'ont pas été formés au moyen du suffixe *-eur* ont leur féminin en *-trice.*

Exemples : civilisateur, civilisatrice ; érecteur, érectrice ; récepteur, réceptrice.

■ **Les adjectifs en *-gu*** ont leur féminin en *-guë : aigu, ambigu, contigu, exigu, subaigu, suraigu* deviennent *aiguë, ambiguë, contiguë, exiguë, subaiguë, suraiguë.*

■ **Seuls sept adjectifs en *-ot*** s'écrivent *-otte* au féminin : *boscot, boulot, jeunot, maigriot, pâlot, sot* et *vieillot.*

Adjectifs en *-ot* ne redoublant pas leur *t* au féminin (féminin en *-ote*) : bigot ; bot ; cheminot ; dévot ; falot ; fiérot ; gavot ; hottentot ; huguenot ; idiot ; manchot ; nabot ; parigot ; petiot.

■ **Les adjectifs *bénin* et *malin*** deviennent *bénigne* et *maligne* au féminin.

■ **Les adjectifs *andalou, coi, esquimau, favori* et *rigolo*** deviennent *andalouse, coite, esquimaude, favorite* et *rigolote* (parfois *rigolo*) au féminin.

■ Les adjectifs qui se finissent par un *e* au masculin ne subissent pas de modification au féminin, on dit qu'ils sont **épicènes**.

2. Le pluriel des adjectifs

■ **Adjectifs en *-al,* masculin pluriel en *-als***

aéronaval ; anténatal ; austral ; banal (ordinaire) ; bancal ; cérémonial ; dual ; fatal ; fractal ; morfal ; natal ; naval ; néonatal ; périnatal ; postnatal ; prénatal ; semi-nasal.

■ **Adjectifs en *-al,* masculin pluriel en *-als* ou en *-aux***

atonal (atonaux *ou* atonals) ; bitonal (bitonaux *ou* bitonals) ; causal (causals *ou* causaux) ; choral (chorals *ou* choraux) ; facial (faciaux *ou* facials) ; final (finals *ou* finaux) ; glacial (glacials *ou,* rare, glaciaux) ; idéal (idéals *ou* idéaux) ; joual

ORTHOGRAPHE

(jouals *ou*, rare, jouaux) ; marial (marials *ou*, parfois, mariaux) ; pascal (pascals *ou* pascaux) ; polytonal (polytonaux *ou* polytonals) ; tonal (tonaux *ou* tonals).

REMARQUE On écrit *banals* lorsqu'on fait de ce terme un synonyme d'*ordinaires*, *banaux* quand on donne à ce mot le sens de *qui appartient au seigneur*.
Exemples : des manteaux banals ; des fours ou des moulins banaux.

- Adjectifs simples invariables (exception faite des adjectifs de couleur et des adjectifs numéraux cardinaux)

afro ; amish ; amont ; antiblocage ; antibruit ; anticalcaire ; anticellulite ; anticorrosion ; antidémarrage ; antidouleur ; antidrogue ; antidumping ; antifriction ; antifumée ; antigel ; antigivre ; antiglisse ; antiguerre ; antihalo ; antihausse ; antimondialisation ; antipersonnel ; antipoison ; antipollution ; antirejet ; antirouille ; antisida ; antitabac ; antitout ; antivol ; arrière ; audio ; autoradio ; autoreverse ; avant ; baby ; bateau ; bath ; beat ; bécarre ; bémol ; bêta ; bidon ; bœuf ; bof ; bottier ; braille ; bulle ; cabot (inv. en genre) ; cajun (inv. en genre) ; canon ; cantilever ; capot ; casher (*ou* kascher, kasher) ; cheap ; chic ; chippendale ; chou (parfois *choute*) ; clean ; compound ; cool ; coton ; couleur ; country ; craché ; cracra ; crampon ; craspec ; dada ; debout ; delta ; design ; destroy ; dextrorsum ; dièse ; disco ; dry ; époxy ; est ; exprès (inv. à l'un de ses sens) ; extra ; flirt ; frontière ; fun ; funky ; gay ; gnangnan ; gore ; groggy ; halal ; hip-hop ; hot ; in ; inuit (inv. en genre) ; jacquard ; jazzy ; joual (parfois inv. en genre) ; kitsch (*ou* kitch) ; lambda ; light ; live ; marconi ; mastoc ; mat (aux échecs) ; melba ; météo ; midi ; mimi ; mini ; monobloc ; monorail ; multinorme (adj. m.) ; nature ; nord ; off ; offshore ; open ; ouest ; out ; pat ; people ; péritel ; peuple ; photo ; pop ; popote ; psy ; pullman ; raglan ; raï ; aplapla ; rasoir ; régence ; reggae ; réglo ; rétro ; révolving (*ou* revolving) ; rigolo (fém. parfois inv.) ; riquiqui ; rocaille ; rock ; rococo ; rosat ; sati ; scratch ; seizième (au sens de *B. C. B. G.*) ; select ; sénestrorsum (*ou* senestrorsum) ; sexy ; shocking ; smart ; snob (parfois inv.) ; soul ; sport ; sportwear ; spot ; standard ; stéréo ; sterling ; sud ; super ; tabou (parfois inv.) ; tarte (parfois inv.) ; toc ; top ; trash ; tricourant ; turbo ; ultra ; underground ; variorum ; vaudou ; vidéo ; vintage ; vivace [vivatʃe] ; waterproof ; yéyé ; yiddish ; zen ; zinzin.

3. Quelques adjectifs à retenir...

- **Adjectifs en -*cable* et en -*quable***

-cable : applicable ; bancable ; communicable ; confiscable ; convocable ; éducable ; évocable ; explicable ; hypothécable ; impeccable ; implacable ; impraticable ; inapplicable ; incommunicable ; inéducable ; inexplicable ; inextricable ; insécable ; irrévocable ; peccable ; praticable ; prédicable ; révocable ; sécable.

-quable : attaquable ; banquable ; cliquable ; critiquable ; immanquable ; inattaquable ; remarquable.

Notez que l'on écrit bancable *ou* banquable.

Adjectifs en *-cant* et en *-quant*

***-cant* :** capricant ; claudicant ; communicant ; convaincant ; coruscant ; formicant ; peccant ; prédicant ; provocant ; radicant ; sécant ; suffocant ; urticant ; vacant ; vésicant.

***-quant* :** autobloquant ; choquant ; claquant ; clinquant ; craquant ; croquant ; débloquant ; délinquant ; manquant ; marquant ; paniquant ; piquant ; pratiquant.

Adjectifs en *-il* [il]

amaril ; antiamaril ; bissextil ; civil ; incivil ; mil (adj. inv.) ; puéril ; subtil ; vil ; viril ; volatil.

ATTENTION Ne confondez pas *volatil, ile* (adj. signifiant *qui peut passer à l'état de vapeur*), *volatile* (n. m. désignant un oiseau de basse-cour) et *volatile* (adj. épicène signifiant *qui peut voler*).

Entraînement

1 [Lille] Dans la liste suivante, combien d'adjectifs ont un pluriel uniquement en « aux » ?
naval - mental - glacial - génial
a. 0 **b.** 1 **c.** 2 **d.** 3 **e.** 4

2 [Paris] QRU - Indiquez la série qui, éventuellement, contient un adjectif dont le pluriel est différent de celui des deux autres.
a. pénal - bancal - naval
b. beau - hébreu - jumeau
c. orange - marron - émeraude
d. nouveau-né - sourd-muet - court-vêtu
e. ARNC

3 [Paris] QRU - Indiquez la phrase qui contient éventuellement un mot souligné mal orthographié.
a. Il régnait une odeur pestilentielle.
b. Nous avons profité de conditions préférentielles.
c. Elle inspirait une crainte révérentielle.
d. Ces notes sont tout à fait confidentielles.
e. ARNC

4 [Paris] QRU - Indiquez la phrase qui contient éventuellement un adjectif souligné mal orthographié.
a. L'aînée des trois sœurs était la plus fluette.
b. Elle est sujette à de fortes migraines.
c. La réussite sera complète.
d. Voilà enfin une donnée concrète.
e. ARNC

5 [Paris] QRU - Indiquez la phrase qui contient éventuellement un mot souligné mal orthographié.
a. Pourquoi est-il toujours aussi provoquant ?
b. Leur attitude est tout à fait choquante.

ORTHOGRAPHE

c. Elle est croyante mais pas vraiment <u>pratiquante</u>.
d. On parle toujours du chaînon <u>manquant…</u>
e. ARNC

6 [Paris] QRM - Indiquez les erreurs dans les adjectifs soulignés.
a. Ce bassin <u>ovale</u> est très original.
b. Il voulait se donner un air <u>virile</u>.
c. Son aspect <u>joviale</u> était rassurant.
d. C'était un pauvre homme <u>débile</u> qui faisait pitié.
e. Une étamine est un organe <u>mâle</u> de la fleur.

7 [Paris] QRM - Indiquez les phrases qui contiennent un mot souligné mal orthographié.
a. Je n'ai jamais rencontré un garçon aussi <u>versatile</u>.
b. Ce n'était pas très <u>subtile</u> de sa part d'inventer cette histoire.
c. Ce gaz est particulièrement <u>volatile</u>.
d. C'était un enfant plutôt <u>gracile</u>.
e. Que voilà un divertissement bien <u>futile</u> !

8 [Poitiers] Les mots féminins suivants doivent s'écrire :
a. désuète **b.** proprette **c.** boulote **d.** pâlote **e.** sotte

Corrigé

1 Si l'on recherche les adjectifs qui ont un *masculin* pluriel uniquement en *-aux*, on choisit la réponse **c** (mentaux, géniaux) ; le masculin pluriel de *naval* est *navals*, celui de *glacial* est *glacials* ou *glaciaux ;* on pourrait opter pour la réponse **a**, tous les adjectifs proposés ayant un pluriel féminin en *-ales*. **2** **e** (Les deux séries **a** et **d** contiennent un adjectif au pluriel différent, **a** : *pénaux*, bancals, navals ; **d** : nouveau-nés, *sourds-muets*, court-vêtus). **3** **c** (révérencielle). **4** **e** **5** **a** (provocant). **6** **b** et **c** (**b** : viril ; **c** : jovial). **7** **b** et **c** (**b** : subtil ; **c** : volatil). **8** **a**, **b** et **e** (**c** : boulotte ; **d** : pâlotte).

23 | Le pluriel des termes composés

1. Les adjectifs

■ **Élément en -*o* ou en -*i* + adjectif**

Lorsque l'adjectif composé est formé d'un élément en -*o* ou en -*i* et d'un adjectif, seul le second terme varie.

Exemples : des époques tragi-comiques ; des légendes anglo-saxonnes.

■ **Adjectif + adjectif**

Quand l'adjectif composé est formé de deux adjectifs se rapportant tous deux au nom qu'ils accompagnent, les deux termes varient.

Exemples : des cerises aigres-douces ; des fillettes sourdes-muettes.

Lorsque le premier des deux adjectifs a une valeur adverbiale, seul le second terme varie.

Exemples : des chatons mort-nés ; des brebis nouveau-nées.

■ **Mot invariable (adverbe, préposition) + adjectif**

Lorsque l'adjectif composé est formé d'un mot invariable – adverbe ou préposition – et d'un adjectif, seul l'adjectif varie.

Exemples : des ex æquo avant-derniers ; des fosses sous-marines ; des jeunes filles court-vêtues.

■ **Préposition + nom**

Quand l'adjectif composé est formé d'une préposition et d'un nom, seul le nom peut s'accorder.

Exemples : des ganglions sous-maxillaires (accord du nom) ; des services après-vente (non-accord du nom).

■ ***Franc-maçon* et *tout-puissant***

Franc varie en nombre, non en genre ; *tout* varie au féminin, non au masculin.

Exemples : un rituel franc-maçon ; des rituels francs-maçons ; une société franc-maçonne ; des sociétés franc-maçonnes ; un peuple tout-puissant ; des peuples tout-puissants ; une nation toute-puissante ; des nations toutes-puissantes.

■ **Adjectifs composés invariables** (autres que les adjectifs de couleur et que les adjectifs numéraux cardinaux)

al dente ; anti-âge ; anti-g ; a pari ; a posteriori ; après-vente ; a priori ; bon enfant ; bon marché ; boulot boulot ; casse-cou ; casse-gueule ; demi-lune ; dum-dum ; ex nihilo ; extra-dry ; free-lance ; hip-hop ; hors service ; hors tout ; in-bord ; in-dix-huit ; in-douze ; in-folio ; in-octavo ; in-plano ; in-quarto ; in-seize ;

ORTHOGRAPHE

intra-muros ; in-trente-deux ; in-vingt-quatre ; kif-kif ; knock-out ; lèche-cul ; m'as-tu-vu ; modern style ; nègre-blanc ; new-look ; non-stop ; nord-est ; nord-ouest ; olé olé ; passe-bande ; passe-bas ; passe-haut ; pète-sec ; presse-bouton ; pro domo ; pro forma ; rail-route ; risque-tout ; sans-gêne ; sans-souci ; soi-disant ; stand-by ; super-huit ; tape-à-l'œil ; trotte-menu ; tsoin-tsoin ; tutti frutti ; va-t-en-guerre.

2. Les noms

- **Élément en *-o* ou en *-i* + nom**

Lorsque le nom composé est formé d'un élément en *-o* ou en *-i* et d'un nom, seul le second terme prend la marque du pluriel.

Exemples : des micro-ordinateurs ; des Anglo-Saxons ; des tragi-comédies.

- **Adjectif + adjectif**

Quand le nom composé est formé de deux adjectifs, les deux termes prennent la marque du pluriel.

Exemple : des clairs-obscurs.

- **Adjectif + nom (ou inversement)**

Lorsque le nom composé est formé d'un adjectif et d'un nom, les deux termes prennent la marque du pluriel.

Exemples : des blancs-becs ; des ronds-points ; des lauriers roses ; des sages-femmes ; des eaux-fortes.

REMARQUE On écrit *des petits-beurre, des mères-grand* et *des terre-pleins.*

- **Nom + nom**

Quand le nom composé est formé de deux noms qui ont une même valeur, les deux termes prennent la marque du pluriel.

Exemples : des portes-fenêtres ; des choux-fleurs ; des tiroirs-caisses ; des jupes-culottes.

Lorsque le second nom complète le premier, seul le premier prend la marque du pluriel.

Les noms peuvent être séparés ou non par une préposition.

Exemples : des timbres-poste (*poste* est complément de *timbre*) ; des bébés-éprouvette ; des cous-de-pied ; des arcs-en-ciel ; des chefs-d'œuvre.

- **Mot invariable (adverbe, préposition) + nom**

Quand le nom composé est formé d'un mot invariable – adverbe ou préposition – et d'un nom, seul le nom prend la marque du pluriel.

Exemples : des non-lieux ; des après-rasages ; des arrière-boutiques ; des contre-attaques.

Verbe + nom

Lorsque le nom composé est formé d'un verbe et d'un nom, seul le nom – s'il est COD du verbe – peut prendre la marque du pluriel.

Les orthographes proposées par les dictionnaires pour ce type de composés varient d'un ouvrage à l'autre. La réforme orthographique de 1990 recommande, quant à elle, de mettre le nom au pluriel seulement si le nom composé est au pluriel.

Si l'on suit cette réforme, on écrit *un couvre-lit, des couvre-lits ; un essuie-glace, des essuie-glaces ; un pèse-bébé, des pèse-bébés,* etc.

Lorsque le nom n'est pas COD du verbe, il ne s'accorde pas.

Exemple : des réveille-matin (*matin* est complément circonstanciel de temps)

Verbe + adverbe

Lorsque le nom composé est formé d'un verbe et d'un adverbe, aucun élément ne prend la marque du pluriel.

Exemples : des passe-partout ; des passe-debout ; des couche-tard ; des lève-tard ; des couche-tôt.

Verbe + verbe

Lorsque le nom composé est formé de deux verbes, aucun élément ne prend la marque du pluriel.

Exemples : des faire-valoir ; des savoir-faire ; des va-et-vient ; des ouï-dire.

Phrase

Lorsque le nom composé est une phrase, il est invariable.

Exemples : des on-dit ; des m'as-tu-vu ; des va-nu-pieds ; des qu'en-dira-t-on ; des cessez-le-feu ; des Marie-couche-toi-là ; des décrochez-moi-ça ; des suivez-moi-jeune-homme.

Noms dont les composés sont maintenant soudés

On écrit *bonshommes, gentilshommes, mesdames, mesdemoiselles, messieurs.*

Quelques noms composés à considérer comme invariables

abat-jour ; aide-mémoire ; allume-gaz ; alter ego ; après-midi ; a priori ; appuie-tête ; béni-oui-oui ; bernard-l'ermite ; boute-en-train ; bric-à-brac ; cache-col ; cache-misère ; camping-gaz ; casse-croûte ; chasse-neige ; chauffe-eau ; contre-ut ; coq-à-l'âne ; croque-monsieur ; dessous-de-bouteille ; dessous-de-plat ; dessous-de-table ; dessus-de-lit ; faire-part ; gagne-petit ; garde-boue ; grille-pain ; hors-bord ; laissez-passer ; ouï-dire ; pare-brise ; pêle-mêle ; pis-aller ; porte-bonheur ; porte-malheur ; porte-monnaie ; porte-parole ; pot-au-feu ; rabat-joie ; réveille-matin ; rez-de-chaussée ; sans-abri ; savoir-faire ; savoir-vivre ; sèche-linge ; souffre-douleur ; sous-main ; tête-à-queue ; tête-à-tête ; trompe-l'œil ; vert-de-gris ; volte-face.

Entraînement

1 [Amiens] Lequel des mots composés suivants est-il incorrectement orthographié ?
a. des abat-jour
b. des oiseaux-mouches
c. des basses-cours
d. des gardes-chasse

2 [Amiens] Quel est le pluriel incorrect ?
a. des arrière-boutiques
b. des nouveaux-nés
c. des après-midi
d. les derniers-nés

3 [Lille] Au pluriel, on écrit :
a. des station-service
b. des stations-service
c. des station-services

4 [Marseille] Il déteste les ....
a. grattes-ciel
b. gardes-barrière
c. porte-feuilles
d. nouveaux-nés
e. faire-part

5 [Marseille] Ils ont acheté ....
a. des porte-plumes argent
b. des portefeuilles rouge et or
c. un compte-gouttes transparent
d. des serre-tête jaune paille
e. des couvre-lits oranges

6 [Paris] QRU - Indiquez le pluriel éventuellement inexact.
a. des plus-values
b. des ayants-droits
c. des sauf-conduits
d. des passe-droits
e. ARNC

7 [Paris] QRU - Indiquez le pluriel éventuellement incorrect.
a. des hors-texte
b. des en-têtes
c. des tirés à part
d. des culs-de-lampe
e. ARNC

8 [Paris] QRU - Indiquez éventuellement le pluriel incorrect.
a. des avant-projets
b. des timbres-postes
c. des sourds-muets
d. des gratte-ciel
e. ARNC

9 [Poitiers] On doit écrire en respectant les règles d'accord des noms composés :
a. Des tire-lignes
b. Des chiens-loups
c. Des réveilles-matin
d. Des garde-champêtres
e. Des chefs-d'œuvre

10 [Toulouse] Quel est le pluriel de « sot-l'y-laisse » ?
a. des sot-l'y-laisse
b. des sots-l'y-laisse
c. des sots-l'y-laissent
d. des sot-l'y-laissent

11 [Toulouse] Quelle est la bonne orthographe ?
a. des timbres-postes
b. des tête-à-tête
c. des avant-poste

12 [Toulouse] « Dans certains romans québécois, les Anglo-Canadiens sont présentés comme des oppresseurs ». « Anglo-Canadiens » est-il :
a. correctement écrit
b. à orthographier : « anglos-canadiens »
c. à orthographier : « Anglo-canadien »
d. à orthographier : « anglo-canadiens »

Corrigé

❶ **d** (des gardes-chasses). ❷ **b** (des nouveau-nés). ❸ **b.** ❹ **b** et **e** (**a** : gratte-ciel *ou* gratte-ciels ; **c** : portefeuilles ; **d** : nouveau-nés). ❺ **a**, **b**, **c** et **d** (**a** : on écrit aussi *des porte-plume* ; **e** : des couvre-lits orange). ❻ **b** (des ayants droit ; notez que l'on écrit aussi *des ayants cause*). ❼ **e.** ❽ **b** (des timbres-poste). ❾ **a**, **b** et **e** (**c** : des réveille-matin, n. m. inv. ; **d** : des gardes-champêtres, *garde* est un nom d'où le *s*, le trait d'union est facultatif). ❿ **a** (n. m. inv.). ⓫ **b** (**a** : des timbres-poste, **c** : des avant-postes ; notez que l'on écrit des *avants-centres*). ⓬ **a.**

ORTHOGRAPHE

24 | La couleur

1. Les adjectifs de couleur

■ **Adjectif de couleur simple**

Lorsque la couleur est exprimée par un adjectif de couleur simple, cet adjectif s'accorde.

Exemples : un visage blanc ; des yeux verts ; une trousse noire ; des lèvres bleues.

■ **Adjectif + adjectif**

Lorsque la couleur est exprimée par deux adjectifs, les deux adjectifs sont invariables.

Exemples : des rideaux rouge foncé ; une chemise bleu clair ; des serviettes vert pâle.

■ **Adjectif (+ *de*) + nom**

Lorsque la couleur est exprimée par un adjectif et un nom – séparés ou non par la préposition *de* –, l'ensemble est invariable.

Exemples : des collants blanc crème ; des cheveux noir de jais ; des couvertures bleu ciel.

■ **Nom adjectivé ou syntagme nominal adjectivé**

Lorsque la couleur est exprimée par un nom adjectivé ou par un syntagme nominal adjectivé, ce nom et ce syntagme sont invariables à l'exception de *fauve*, *écarlate*, *mauve*, *pourpre* et *rose* qui varient. (Le nom *fauve* étant tiré de l'adjectif, certains grammairiens considèrent que ce terme ne constitue pas une exception.)

Exemples : des yeux noisette ; des ongles cerise ; des pantoufles orange ; des chaussons bouton-d'or ; des cheveux poivre et sel ; des lèvres lie-de-vin ; des robes coquille d'œuf.

À retenir

Tout adjectif de couleur composé est invariable.

■ **Adjectif + *et* + adjectif (ou nom employé comme adjectif)**

Lorsque la couleur est exprimée au moyen de deux adjectifs coordonnés par *et*, soit les adjectifs sont invariables, soit ils varient (chacun des objets désignés est bicolore). Bien évidemment, les deux adjectifs varient si chacun des éléments mentionnés est d'une seule couleur.

Exemples : une écharpe bleu et vert ; une écharpe bleue et verte ; une robe blanc et noir ; une robe blanche et noire ; des tissus noir et or ; des tissus noirs et or ; des serviettes rose et bleu ; des serviettes roses et bleues ; des torchons rouge et blanc ; des torchons rouges et blancs.

■ Le trait d'union

Retenez que l'on met généralement un trait d'union entre deux adjectifs de couleur lorsque l'on évoque une couleur qui tire sur une autre.

Exemples : des cailloux blanc-gris ; des yeux bleu-vert ; des larves marron-rose.

■ Quelques adjectifs de couleur invariables...

acajou ; amarante ; améthyste ; anthracite ; aubergine ; auburn ; bistre ; cachou ; café ; canari ; cannelle ; caramel ; carmin ; carotte ; céladon ; cerise ; chair ; champagne ; chocolat ; citron ; cognac ; corail ; crème ; cyclamen ; émeraude ; fraise ; froment ; fuchsia ; garance ; grenat ; groseille ; havane ; indigo ; isabelle ; ivoire ; jonquille ; kaki ; mandarine ; marengo ; marron ; mastic ; nacarat ; noisette ; ocre ; olive ; or ; orange ; paille ; parme ; pervenche ; pie ; pistache ; ponceau ; prune ; réséda ; rouille ; sable ; safran ; saphir ; saumon ; tabac ; tango ; taupe ; turquoise ; vermillon ; zinzolin.

2. Les noms de couleur

Notez, pour finir, que les termes de couleur employés comme noms sont masculins et qu'ils prennent un *s* au pluriel.

Exemples : de beaux rouges ; de somptueux indigos ; des verts étonnants.

Entraînement

1 [Marseille] Elle porte des chaussettes.........

a. bleu clair
b. sables
c. vertes foncées
d. orange
e. bèges

2 [Paris] QRM - Indiquez les adjectifs mal orthographiés.

a. Elle a acheté une robe bleue pâle.
b. Il voulait des chaussures marron.
c. Il a pris des bottes marron clair.
d. Les nouveaux rideaux sont oranges.
e. Il porte toujours des pulls vert-sombre.

3 [Poitiers] Parmi les adjectifs au pluriel dans les syntagmes suivants, quel est celui (ou quels sont ceux) qui est (ou sont) correctement orthographié(s) ?

a. des murs roses
b. des étoffes pourpre
c. des draperies mauve
d. des peintures ivoires
e. des décors vermillon

4 [Poitiers] On doit écrire :

a. des yeux noisette
b. des chaussures mauves
c. des robes gris perle
d. de l'encre bleu-noire
e. des robes bleu clair

ORTHOGRAPHE

❺ [Toulouse] Quelle est la bonne orthographe ?
a. des cravates bleu foncé
b. des cravates bleues foncé
c. des cravates bleues foncées

❻ [Toulouse] Quelle est, parmi les suivantes, l'expression mal orthographiée ?
a. des yeux noisette b. des rubans oranges c. des lèvres écarlates

❼ [Tours] Cochez les phrases correctement orthographiées :
a. Ce magasin fait des soldes exceptionnels.
b. Des yeux bleu clair.
c. Une chevelure châtain.
d. Ces chevaux ont une robe baie claire.
e. Des pantalons marrons.

Corrigé

❶ a et d (b : sable ; c : vert foncé ; e : beiges). ❷ a, d et e (a : bleu pâle ; d : orange ; e : vert sombre). ❸ a et e (b : pourpres ; c : mauves ; d : ivoire). ❹ a, b, c et e (d : bleu-noir). ❺ a. ❻ b (orange). ❼ a, b et c (c : on pourrait aussi écrire *châtaine* ; d : bai clair ; e : marron).

25 | Les nombres

■ Règle générale

Les adjectif numéraux cardinaux (*deux*, *trois*, *quatre*, *cinq*, six, sept, huit, etc.) sont généralement invariables. *Un*, cependant, peut prendre la marque du féminin.

Exemples : Il me reste quatre heures pour finir ce travail. Il m'a attendue pendant sept minutes. Nous mettrons vingt et une roses dans chacun des vases.

■ *Cent* et *vingt*

– *Cent* et *vingt* prennent la marque du pluriel lorsqu'ils sont multipliés et non suivis d'un autre adjectif numéral.

Exemples : Mon père fêtera ses quatre-vingts ans l'année prochaine. Elle a déjà écrit cinq cents pages. Il y a vingt-trois étudiants dans ce groupe. (*Vingt* ne prend pas la marque du pluriel car il est suivi de *trois.*) Es-tu en mesure de me rendre mes cent euros ? (*Cent* ne prend pas la marque du pluriel car il n'est pas multiplié.)

– *Cent* et *vingt* sont invariables lorsqu'ils ont une valeur ordinale, c'est-à-dire lorsqu'il est possible de les remplacer par *centième* et *vingtième*.

Exemples : Comment vivait-on en l'an deux cent ? (= lors du deux centième an) Qu'est-ce que l'auteur a écrit page quatre-vingt ? (= à la quatre-vingtième page)

– Notez que *cent* est aussi un nom masculin qui prend, de façon tout à fait normale, la marque du pluriel lorsqu'il désigne un ensemble de cent unités ou la centième partie de l'euro.

Exemples : Il leur fallait nourrir journellement des cents de poules. Elles en possèdent des mille et des cents ! Nous ferons des rouleaux avec ces petites pièces de deux cents et de cinq cents.

■ *Mille*

– *Mille* est invariable.

Exemple : Ils devraient lui rembourser quatre mille euros !

– On peut écrire *mil* dans une date. La règle veut que l'on adopte cette orthographe lorsque ce nombre est suivi d'un ou de plusieurs autres nombres.

On écrit donc, de préférence : *l'an mille, l'an deux mille, l'an mil cinq cent.*

Mais on rencontre fréquemment : *l'an mil, l'an deux mil, l'an mille cinq cent.*

– Ne confondez pas ce numéral avec le nom masculin *mille* qui désigne une mesure de longueur et prend, de façon tout à fait normale, la marque du pluriel.

Exemples : Les cavaliers parcoururent cinq milles sans faire halte. Nos bateaux sont encore à trois milles des côtes.

■ *Milliard, millier, million*

Milliard, millier, million – qui sont des noms – prennent, de façon tout à fait normale, la marque du pluriel.

Exemples : trois milliards ; deux milliers ; dix millions.

REMARQUE *Milliard*, *millier* et *million* n'empêchent pas l'accord de *cent* et de *vingt* lorsque ces derniers les précèdent.

Exemples :

Que ferais-tu de ta vie si tu gagnais quatre-vingts millions ?

Il y en aurait, apparemment, trois cents milliards.

■ Le trait d'union

Le trait d'union se place entre des termes qui sont l'un et l'autre inférieurs à *cent*. Quand les deux éléments sont liés par *et*, on ne met pas de trait d'union.

Exemples : vingt-trois ; quatre-vingts ; cent cinquante-deux ; mille deux cent soixante ; vingt et un.

Entraînement

1 [Marseille] Il a parcouru .... mètres.

a. quatre cents mille b. quatre-vingts c. quatre-vingts mille
d. quatre-vingt mille e. huit-cents

2 [Poitiers] Parmi les adjectifs numéraux inclus dans les syntagmes suivants, lequel (ou lesquels) est (ou sont) correctement orthographié(s) ?

a. huit cents euros b. neuf cents trente euros c. quatre-vingts-trois euros
d. huit cents mille euros e. quatre-vingts euros

3 [Poitiers] On écrit en respectant les règles d'accord et la présence ou l'absence de traits d'union :

a. cinquante et un b. cinquante-trois c. huit cent vingt-huit
d. trois mille francs e. le dix-neuf janvier mil neuf cent-douze

4 [Toulouse] Quelle est la forme exacte ?

a. deux milles b. quatre-vingts c. mille deux cent

5 [Toulouse] Un seul de ces nombres est mal orthographié :

a. trois mille francs b. quatre-vingts élèves
c. deux cent vingts livres d. la ligne deux cent

Corrigé

1 b et d (a : quatre cent mille ; c : quatre-vingt mille ; e : huit cents). 2 a et e (b : neuf cent trente euros ; c : quatre-vingt-trois euros ; d : huit cent mille euros). 3 a, b, c et d (e : le dix-neuf janvier mil neuf cent douze). 4 b (a : deux mille ; c : mille deux cents). 5 c (deux cent vingt livres).

26 | Les adverbes en *-ment*

Règle générale

On forme l'adverbe à partir du féminin de l'adjectif, auquel on ajoute *-ment.*

Exemples : adéquat → *adéquate* + *-ment* = adéquatement ; courtois → *courtoise* + *-ment* = courtoisement ; dangereux → *dangereuse* + *-ment* = dangereusement ; honnête → *honnête* + *-ment* = honnêtement.

REMARQUE Les adverbes suivants se terminent non pas en *-ement,* mais en *-**é**ment :* aveuglément ; commodément ; communément ; conformément ; confusément ; densément ; diffusément ; énormément ; expressément ; exquisément ; immensément ; importunément ; incommodément ; indivisément ; intensément ; obscurément ; opportunément ; précisément ; profondément ; profusément ; uniformément.

Les adverbes des adjectifs en *-ai,* en *-é,* en *-i* et en *-u*

On forme l'adverbe des adjectifs en *-ai,* en *-é,* en *-i* et en *-u* à partir du masculin de l'adjectif, auquel on ajoute *-ment.*

Exemples : vrai → *vrai* + *-ment* = vraiment ; assuré → *assuré* + *-ment* = assurément ; joli → *joli* + *-ment* = joliment ; absolu → *absolu* + *-ment* = absolument.

ATTENTION Les adverbes suivants ont un accent circonflexe sur le *i* ou le *-u* : gaîment (*ou* gaiement) ; assidûment ; congrûment ; continûment ; crûment ; dûment ; goulûment ; incongrûment ; indûment ; nûment (*ou* nuement).

Les adverbes des adjectifs en *-ant* et en *-ent*

Lorsqu'un adjectif se termine par *-ant,* l'adverbe qui lui correspond est en *-amment.*

Exemples : élégant → *élég-* + *-amment* = élégamment ; méchant → méchamment ; obligeant → obligeamment.

Lorsqu'un adjectif se termine par *-ent,* l'adverbe qui lui correspond est en *-emment.*

Exemples : évident → *évid-* + *-emment* = évidemment ; prudent → prudemment ; récent → récemment.

Font exception *lentement, présentement* et *véhémentement.*

1 [Marseille] Identifiez les mots bien orthographiés.

ORTHOGRAPHE

Entraînement

a. sciemment **b.** notament **c.** précipitament
d. prudamment **e.** violemment

❷ [Paris] QRU - Indiquez l'adverbe éventuellement mal orthographié.
a. Ils nous ont très <u>obligeamment</u> prêté leur maison de campagne.
b. Il est <u>expressément</u> défendu de fumer.
c. Elle est entrée <u>subrepticement</u> par la petite porte.
d. Il portait un vieux feutre <u>négligeamment</u> rejeté en arrière.
e. ARNC

❸ [Paris] QRU - Indiquez l'adverbe souligné éventuellement incorrect.
a. Nous avons <u>dûment</u> réglé toutes les factures.
b. Il a répondu très <u>ingénument</u> aux questions posées.
c. Elle s'en moque <u>éperdument</u>.
d. Il avala <u>goulûment</u> sa part de gâteau.
e. ARNC

❹ [Paris] QRM - Indiquez les lignes qui contiennent un adverbe mal orthographié.
a. ingénument - couramment
b. vraiment - apparemment
c. résolument - ardamment
d. gaiment - évidemment
e. confusément - élégamment

❺ QRU - Indiquez l'adverbe éventuellement mal orthographié.
a. Il a très <u>posément</u> exposé ses griefs.
b. Leurs machines tombent <u>fréquemment</u> en panne.
c. L'opération fut conduite <u>nuitemment</u> et en secret.
d. Ce n'est pas l'idée qu'on s'en fait <u>communément</u>.
e. ARNC

❻ [Poitiers] On doit écrire :
a. prétendumment **b.** galamment **c.** constament
d. incessamment **e.** bruyamment

Corrigé

❶ **a** et **e** (**b** : notamment ; **c** : précipitamment ; **d** : prudemment). ❷ **d** (négligemment). ❸ **e.** ❹ **c** (ardemment) et **d** (gaiement *ou* gaîment). ❺ **c.** (nuitamment). ❻ **b**, **d** et **e** (**a** : prétendument ; **c** : constamment).

27 | *Aucun* et *nul*

Comme déterminants indéfinis, *aucun* et *nul* sont généralement au singulier.

Ces deux termes s'emploient cependant au pluriel lorsqu'ils accompagnent ou un nom qui n'existe qu'au pluriel ou un nom qui a, au pluriel, un sens particulier.

Exemples : Je souhaite qu'ils n'aient aucuns frais durant leur séjour chez moi. Nulles archives ne lui permettront de mieux connaître cet écrivain. Aucunes menottes n'empêchèrent ce prisonnier étrange de grignoter des biscuits. Nulles lunettes ne plaisent à cet enfant.

REMARQUE La langue littéraire emploie *aucun* et *nul* au pluriel devant n'importe quel nom pluriel.

28 | *Avoir l'air ; des plus, des mieux, des moins*

■ ***Avoir l'air*** **+ adjectif**

– Lorsque *avoir l'air* a pour sujet un nom de personne ou d'animal, l'adjectif qui suit s'accorde avec le sujet ou avec *air.*

Exemples : Cette adolescente a l'air fâchée. Cette adolescente a l'air fâché.

– Lorsque le sujet est un nom de chose, l'adjectif s'accorde avec le sujet.

Exemples : Ces maisons ont l'air vieilles. Ses chaussures ont l'air neuves.

– Lorsque *air* est suivi d'un complément ou quand ce terme est opposé à un autre nom, l'accord de l'adjectif se fait obligatoirement avec *air.*

Exemples : Elle a l'air malheureux d'une épouse abandonnée. Ces adolescents ont l'air triste, mais la plaisanterie sur le bord des lèvres.

REMARQUE Les adjectifs *bossu* et *enceinte* s'accordent obligatoirement avec le sujet.
Exemples : Ces garçonnets ont l'air bossus. Ces jeunes femmes ont l'air enceintes.

■ ***Des plus, des moins, des mieux*** **+ adjectif (ou participe)**

– Lorsque l'adjectif qui suit *des plus, des moins, des mieux* se rapporte à un nom singulier, il s'accorde avec ce nom et se met au singulier ou alors se met au pluriel.

Exemples : Sa robe est des plus excentrique. Sa robe est des plus excentriques.

– Lorsque l'adjectif qui suit *des plus, des moins, des mieux* se rapporte à un infinitif ou à un pronom neutre *(ce, cela, il),* il se met au singulier.

Exemples : Courir après un ballon me semble des plus intrigant. C'est des plus agréable. Cela est des plus intelligent. Il est des plus vivifiant d'apprendre.

Entraînement

❶ [Poitiers] Parmi les adjectifs précédés de « des plus » ou « des moins » inclus dans les expressions suivantes, quel est celui (ou quels sont ceux) dont l'orthographe est correcte ou admise ?
a. L'exemple est des mieux choisi.
b. La situation était des plus embarrassante.
c. La traversée fut des plus agitées.
d. Notre souper fut des plus simple.
e. L'opération était des plus délicates.

❷ [Toulouse] Laquelle de ces trois phrases est mal orthographiée ?
a. Ces arbres ont l'air penchés.
b. Elle a l'air occupée comme un ministre.
c. Ils m'avaient l'air terriblement hardis.

❸ [Toulouse] Quels sont les bons accords ?
a. C'est un homme des plus brillant.
b. C'est un homme des plus brillants.

Corrigé

❶ **a**, **b**, **c**, **d** et **e**. ❷ **b** (on accorde obligatoirement l'adjectif avec *air* lorsque ce nom est accompagné d'un complément, on écrira donc *elle a l'air occupé comme un ministre*). ❸ **a** et **b**.

ORTHOGRAPHE

29 | *Battant neuf et flambant neuf*

Dans ces deux expressions, les participes présents *battant* et *flambant* sont invariables ; quant à *neuf*, il peut ne pas varier ou s'accorder en genre et en nombre avec le nom que l'expression accompagne.

Exemples : un vélo flambant neuf ; des vélos flambant neuf/neufs ; une voiture flambant neuf/neuve ; des voitures flambant neuf/neuves.

30 | Demi, mi et semi

■ *Demi*

– Adjectif

En tant qu'adjectif, *demi* est invariable quand il précède un nom. Il est alors lié à ce dernier par un trait d'union.

Exemples : un demi-cercle ; quatre demi-groupes ; une demi-heure ; des demi-baguettes.

Demi est, en revanche, variable en genre, et en genre seulement, quand il est placé après un nom auquel il est lié par *et*.

Exemples : un pain et demi ; une baguette et demie ; trois ans et demi ; quatre heures et demie.

– Adverbe

En tant qu'adverbe, *demi* est invariable. Il est lié au terme qu'il précède – adjectif ou participe passé – par un trait d'union.

Exemples : des étudiants demi-endormis ; des coupes demi-vides.

– Nom

En tant que nom, *demi* prend la marque du pluriel, de façon tout à fait normale.

Comme nom masculin ou féminin, *demi* désigne, entre autres, la moitié d'une quantité, d'un objet.

Exemples : Il n'avait plus de sacs de deux kilos, j'ai donc acheté quatre demis. Vous voulez une baguette ou une demie ?

En tant que nom féminin, *demi* désigne une demi-heure.

Exemple : Le carillon de ma grand-mère sonnait les quarts et les demies.

Comme nom masculin, *demi* désigne ou un verre de bière ou un joueur se tenant entre les arrières et les avants.

Exemples : Tous les matins, il s'arrêtait boire deux demis. Les demis ont mal joué, aujourd'hui.

– La locution adverbiale *à demi*

Notez l'absence de trait d'union.

Exemples : Il a découvert une salle à demi vide. Elle n'en a qu'à demi envie. Ces étudiants étaient à demi soûls en fin de soirée. Ces fillettes ne sont qu'à demi déshabillées.

Ne confondez pas cette locution avec des formules telles que *à demi-mot, à demi-corps, à demi-voix,* dans lesquelles *demi* est adjectif (on dit ordinairement, aujourd'hui, *à mi-corps, à mi-voix*). Vous pourrez toujours remplacer la locution adverbiale *à demi* par *à moitié,* substitution que vous ne pouvez pas faire dans les trois expressions précitées.

■ *Mi*

Mi est invariable. Ce terme est toujours lié à l'adjectif ou au participe qu'il précède par un trait d'union.

Exemples : Mon grand-père gardait tout le temps les yeux mi-clos. Mi-accroupie, elle essayait de se dissimuler derrière un buisson.

■ *Semi*

Semi est invariable. Ce terme est lié, par un trait d'union, à l'adjectif ou au nom qu'il précède.

Exemples : J'ai dû leur expliquer ce que sont les semi-consonnes. Elle a choisi de n'utiliser que des pierres semi-précieuses.

Entraînement

❶ [Paris] QRM - Indiquez les mots soulignés mal orthographiés.
a. Cette horloge sonne les heures et les <u>demies</u>.
b. Je les vois toujours <u>nu</u>-jambes en n'importe quelle saison.
c. Sa porte était ouverte à <u>demie</u>.
d. Je ne resterai pas plus d'une <u>demi</u>-heure.
e. Elle se promène souvent à <u>demie</u>-nue dans la maison.

❷ [Toulouse] Quelle est l'expression incorrectement orthographiée ?
a. Ce ne sont que des demi-mesures.
b. La tasse est à demi vide.
c. L'horloge sonne les heures et les demis.
d. Une demi-douzaine d'huîtres.

❸ [Toulouse] Quelle est la phrase correctement orthographiée ?
a. Je vais acheter une livre et demi de beurre.
b. J'ai vu s'envoler une demie-douzaine d'oiseaux.
c. Il n'y a qu'une demi-douzaine de personnes, ce matin.

Corrigé

❶ **c** et **e** (**c** : à demi ; **e** : à demi nue). ❷ **c** (les demies). ❸ **c** (**a** : une livre et demie ; **b** : une demi-douzaine).

31 | *Feu et nu*

■ *Feu*

Feu (décédé depuis peu) est un adjectif qui s'accorde en genre et en nombre lorsqu'il prend place entre un déterminant et un nom. Ce terme est en revanche invariable quand il est placé devant un déterminant ou lorsqu'il n'y a pas de déterminant.

Exemples : feu mon grand-père ; feu ma grand-mère ; feu mes grands-parents ; mon feu grand-père ; ma feue grand-mère ; mes feus grands-pères ; mes feues grands-mères. J'aimerais que vous disiez une messe pour l'âme de feu Madame Bertin.

ATTENTION Ne confondez pas *feus* (adjectif au masculin pluriel) et *feux* (nom masculin au pluriel).

■ *Nu*

– Quand *nu* précède un nom, il est invariable et est lié à ce nom par un trait d'union.

Exemples : Ces enfants sont allés à la plage nu-tête ! N'acceptant pas de porter des chaussons, ce bébé est toujours nu-pieds.

Font exception *nue-propriété* et *nu-propriétaire.* On écrit *des nues-propriétés, des nus-propriétaires.* Le *Dictionnaire de l'Académie française* fait de *nu-propriétaire* un nom masculin, *Le petit Robert* admet *une nue-propriétaire, des nues-propriétaires.*

– Quand *nu* suit un nom, il s'accorde en genre et en nombre avec ce nom et n'est pas lié à lui par un trait d'union.

Exemples : Elle est sortie tête nue. Ils marchent toujours pieds nus.

– *Nu* est invariable dans la locution adverbiale *à nu.*

Exemples : Il lui faudrait des gants laissant à nu le bout des doigts. Chaque semaine, ses patients mettent leur cœur à nu.

– *Nu* est, de plus, un nom masculin invariable lorsqu'il désigne la treizième lettre de l'alphabet grec.

Exemple : Ne forme pas tes nu comme des mu !

32 | *Gens*

Gens est d'ordinaire un nom masculin pluriel

Exemples : Quels que soient ces gens, il nous faudra les accueillir chaleureusement. Ces gens sont partis mécontents. Quoique déçus de leurs résultats, ces gens sont satisfaits des cours qu'ils ont reçus.

Gens est parfois un nom féminin pluriel

Quand *gens* est précédé immédiatement d'un déterminant ou d'un adjectif épithète ayant des formes différentes au masculin et au féminin, ce déterminant et cet adjectif épithète se mettent au féminin pluriel. Il en est de même pour tout autre déterminant ou adjectif épithète placé avant *gens* et faisant partie du même groupe de mots.

REMARQUE Les adjectifs, pronoms et participes qui suivent *gens* demeurent au masculin pluriel.

Exemples : Certaines gens passent leur temps à médire. Ces vieilles gens ont un optimisme à toute épreuve. Toutes ces bonnes gens étaient contents de nous revoir. Ces charmantes vieilles gens nous ont semblé moins âgés que nous. Quelles braves et charmantes gens !

REMARQUE Lorsque l'adjectif qui est placé immédiatement avant *gens* est épicène, c'est-à-dire lorsqu'il a une même forme au masculin et au féminin, les déterminants et adjectifs épithètes le précédant se mettent au masculin pluriel.
Exemples : Tous ces habiles gens nous ont roulés dans la farine ! Quels charmants et braves gens !

Un adjectif ou un participe placé avant *gens,* mais n'appartenant pas au même groupe de mots (c'est-à-dire un adjectif ou un participe apposé) doit être mis au masculin pluriel.
Exemples : Exténués par cette journée de marche, ces bonnes gens ont préféré regagner leur chambre.
Mécontents de leur sort, ces vieilles gens ont fait appel à un avocat.

Lorsque *gens* est suivi d'un complément, plus précisément quand *gens* est suivi par la préposition *de* accompagnée d'un nom, les adjectifs précédant *gens* sont à mettre au masculin pluriel. Voici quelques expressions qui se verront donc précédées d'adjectifs au masculin pluriel : *gens d'affaires, gens d'armes, gens de bien, gens de cœur, gens de cour, gens d'Église, gens d'épée, gens de finance, gens de guerre, gens d'honneur, gens de justice, gens de lettres, gens de loi, gens de main, gens de maison, gens de mer, gens du monde, gens de robe, gens de sac et de corde, gens du spectacle, gens du voyage, etc.*
Exemples : Quels gens d'Église admirables ! Certains gens de lettres sont persuadés d'avoir écrit un chef-d'œuvre. Tous ces courageux gens de mer devraient apprécier son film.

33 | *Grand, large et frais*

■ *Grand ouvert / large ouvert*

Dans ces deux formules, *ouvert* s'accorde toujours avec le nom auquel il se rapporte ; quant à *grand* et à *large*, ils peuvent être laissés tels quels si l'on voit en eux des adverbes ou s'accorder si on les considère comme des adjectifs. Notez que l'accord de *grand* est plus fréquent.

Exemples : un portail grand ouvert ; des volets grands/grand ouverts ; une porte grande/grand ouverte ; des fenêtres grandes/grand ouvertes ; des tiroirs larges/large ouverts ; des bouches larges/large ouvertes.

■ *Frais*

Placé devant un adjectif féminin ou devant un participe passé féminin, *frais* peut rester invariable ou s'accorder, prenant alors les formes de *fraîche* ou de *fraîches*. Notez que l'accord de *frais* est plus fréquent.

Exemples : un sol frais peint ; des épis frais coupés ; une pelouse fraîche/frais tondue ; des fleurs fraîches/frais écloses.

34 | *Nouveau-né, mort-né, premier-né* et *dernier-né*

■ ***Nouveau* et *mort* sont invariables dans *nouveau-né* et dans *mort-né.***

Exemples : Ces nouveau-nés sont attendrissants. Ils enveloppèrent les brebis nouveau-nées dans des couvertures. Ce fut une idée mort-née. Il leur fallut donner des prénoms à ces êtres mort-nés.

■ ***Premier* et *dernier* varient dans *premier-né* et dans *dernier-né,* que ces expressions soient employées comme adjectifs ou comme noms.**

Exemples : Les premiers-nés sont-ils toujours privilégiés ? Ses œuvres dernières-nées sont les meilleures.

REMARQUE

Né s'accorde dans tous les cas.

35 | *Possible, d'égal à égal, n'avoir d'égal que* et *sans égal*

Possible

– *Possible* est invariable dans les tours suivants :

Le plus, le moins possible + *de* + nom ; *Le plus, le moins* + *de* + nom + *possible.*

Exemples : Cueille le plus possible de fraises. Cueille le plus de fraises possible.

– Dans ses autres emplois, *possible* s'accorde de façon tout à fait normale.

Possible s'accorde donc lorsqu'il suit un adjectif au superlatif (l'article n'étant pas au singulier), quand il suit un nom qui complète un adjectif au superlatif, lorsque aucun superlatif n'apparaît dans le syntagme.

Exemples : Choisis les fruits les plus beaux possibles. C'est assurément la meilleure des écoles possibles. Cueille toutes les fraises possibles.

D'égal à égal

Il est possible d'employer cette expression telle quelle, en toutes circonstances, ou d'accorder chacun des adjectifs avec le terme (nom ou pronom) auquel il se rapporte.

Exemples :
Ce père a pu discuter avec son fils d'égal à égal.
Ce père a pu discuter avec sa fille d'égal à égal / d'égal à égale.
Cette femme a pu discuter avec son époux d'égal à égal / d'égale à égal.
Cette femme a pu discuter avec sa fille d'égal à égal / d'égale à égale.

N'avoir d'égal que

Égal est généralement invariable dans cette locution, mais on peut le trouver accordé avec le COD qui suit *que* ou bien avec le sujet.

Exemples : Sa beauté n'a d'égal/égale que sa gentillesse. Son humour n'a d'égal/égale que son intelligence. Sa bonté n'a d'égal/égale que sa grâce.

Sans égal

– Quand cette expression est employée au sujet d'une femme, on écrit *égale* si on compare cette femme à d'autres femmes ; dans le cas contraire, on écrit *égal.*

Exemples : Juliette est une séductrice sans égale. Juliette est sans égal dans l'art de manier les mots.

– Quand cette expression est employée au sujet d'une chose, on accorde généralement *égal* avec le nom auquel il se rapporte (nom qui le précède).

Exemples : Cette exposition est sans égale. Ce cours demeure sans égal. Il a fait preuve d'une attention, d'une générosité sans égales.

36 | *Tel, tel que et tel quel*

■ *Tel*

Tel s'accorde en genre et en nombre avec le nom qui le suit.

Exemples : Elle est étendue au soleil, tel un lézard. Ces personnes âgées s'amusent, tels des gamins.

■ *Tel que*

Lorsqu'il est accompagné de *que, tel* s'accorde en genre et en nombre avec le nom qu'il précise, nom qui – généralement – le précède.

Exemples : Nous apprenions alors des langues anciennes, telles que le grec et le latin. Il se nourrit principalement de viandes blanches, telles que la dinde et le poulet. Tels que des balles de ping-pong, les grêlons ont cabossé le toit des voitures.

■ *Tel quel*

Cette locution signifie *tel qu'il est, dans l'état où il se trouve, sans arrangement.* Les deux éléments qui la composent s'accordent en genre et en nombre avec le nom qu'ils accompagnent.

Exemples : Mon bureau est encore tel quel. Elle m'a rendu ma copie telle quelle. J'ai laissé mes livres tels quels. Ils ont abandonné leurs chaussures telles quelles.

REMARQUE Il est incorrect de remplacer cette locution par *tel que.*

37 | Tout

Adjectif

Quand *tout* est adjectif, il s'accorde en genre et en nombre avec le nom qu'il précède.

Exemples : Tout poème le transporte. Toute remarque la blesse. Il a planté des radis dans tout le jardin. Elle a passé toute l'année à jacasser. Il est désagréable en toutes circonstances.

Pronom

Lorsque *tout* est pronom – c'est-à-dire quand il joue le rôle de nom –, il s'écrit *tout, tous* ou *toutes.*

Exemples : Te sens-tu capable de tout manger ? Je les veux tous. Toutes ont été charmantes.

Adverbe

Quand *tout* est adverbe – c'est-à-dire quand il a le sens de *tout à fait*, de *entièrement* –, il est généralement invariable.

Exemples : Mon fils est tout sale. Ces enfants sont tout attentifs. Cette fillette paraît tout heureuse. Ces étudiantes sont tout étonnées.

Tout varie cependant en genre et en nombre lorsqu'il est placé devant un adjectif féminin commençant par une consonne ou par un *h* aspiré. Rappelons qu'un *h* est *aspiré* lorsqu'il ne permet ni liaison ni élision.

Voici quelques adjectifs commençant par un *h* aspiré qui peuvent vous être utiles : *haché, hagard, haillonneux, haineux, haïssable, hâlé, haletant, handicapant, hanté, harassant, harassé, harcelant, hardi, hargneux, hasardeux, hâtif, haut, hautain, hâve, hennissant, hérissé, heurté, hideux, hiérarchique, hiératique, hiéroglyphique, hollywoodien, honteux, houleux, huppé, hurlant.*

Exemples : Elle est devenue subitement toute rouge. Leurs mains sont toutes blanches. Elle est toute hâlée. Ces femmes semblent toutes honteuses.

Nom

Lorsque *tout* est un nom masculin, il prend, de façon tout à fait normale, un *s* au pluriel. On écrit *un tout, des touts.*

Tout + autre

Quand *tout* est suivi par *autre*, soit il est adjectif et variable, soit il est adverbe et invariable.

– *Tout* est variable lorsqu'il a le sens de *n'importe quel*. Dans ce cas, *autre* peut être rejeté après le nom.

Exemples : Il aurait agi différemment en toute autre circonstance. (= en n'importe quelle autre circonstance ; en toute autre circonstance = en toute circonstance autre) Toute autre proposition l'enchanterait. (= n'importe quelle autre proposition)

– *Tout* est invariable quand il a le sens de *tout à fait.*

Exemples : Sa vie à lui fut tout autre. Elle a une tout autre attente. Ils espéraient de tout autres résultats.

■ *Tout* + nom propre de personne

Tout est invariable lorsqu'il est placé devant un nom de personne désignant l'œuvre produite par cette personne.

Exemple : Il faudrait qu'elle relise tout Duras avant de commencer à rédiger sa thèse.

■ *Tout* + nom de matière

Tout est invariable dans des locutions telles que *tout laine, tout soie.*

Exemples : une écharpe *tout* laine ; des bas *tout* soie.

■ *Tout* + nom de ville

Tout est ordinairement invariable lorsqu'il est placé devant un nom de ville. Précédé de *le,* il se lie à ce nom par un trait d'union pour désigner l'élite de la ville dont il est question.

Exemples : Tout La Rochelle est venu les regarder plonger. Le Tout-Paris se presse à leurs réceptions.

■ *Tout* + titre

Placé devant un titre de livre, de film, etc., *tout* est généralement invariable. *Tout* varie parfois, lorsqu'il précède un article faisant partie du titre.

Exemples : Elle a lu tout *Antigone.* Il doit lire toute *La Princesse de Clèves.*

■ *(Être) tout(e) à quelqu'un*

Une femme écrira *je suis toute à vous* pour signifier qu'elle est entièrement à la disposition de la personne à laquelle elle s'adresse, dans le cadre d'une relation amoureuse. Elle écrira *je suis tout à vous* pour signifier simplement qu'elle dispose totalement de son temps.

■ Expressions avec *tout*

– ***Tout(e) :*** à tout âge ; à tout bout de champ ; à tout hasard ; à tout prix ; à toute allure ; à toute épreuve ; à toute force ; à toute heure ; à toute vitesse ; contre toute attente ; de tout cœur ; de tout repos ; de toute évidence ; de toute façon ; de toute manière ; de toute nature ; de toute urgence ; en tout bien tout honneur ; en tout et pour tout ; en toute connaissance de cause ; en toute franchise ; en toute hâte ; en toute liberté ; en toute simplicité ; selon toute apparence ; tout feu, tout flamme ; tout ouïe ; tout yeux, tout oreilles.

– ***Tous/Toutes :*** à tous crins ; à tous égards ; à toutes fins utiles ; à toutes jambes ; de toutes pièces ; en toutes lettres ; toutes choses égales d'ailleurs ; toutes proportions gardées ; toutes voiles dehors.

– ***Tout* ou *tous* / *Toute* ou *toutes* :** à tout moment / à tous moments ; à tout point de vue / à tous points de vue ; de tout côté / de tous côtés ; de toute part / de toutes parts ; de toute sorte / de toutes sortes ; en tout genre / en tous genres ; en tout lieu / en tous lieux ; en tout point / en tous points ; en tout sens / en tous sens ; en toute chose / en toutes choses ; en toute saison / en toutes saisons ; toute affaire cessante / toutes affaires cessantes.

Entraînement

1 [Amiens] Quelle est la phrase correcte ?
a. Elle était tout étonnée.
b. Il a les mains toutes abîmées.
c. Elle était tout honteuse.
d. Elle était toute attendrie.

2 [Bordeaux] Indiquez si l'orthographe est correcte (réponse A) ou si l'orthographe est incorrecte (réponse B).
Ils sont tout contents de leur victoire.

3 [Marseille] Elle est arrivée ....
a. tout assoiffée
b. tout attendrie
c. tout trempée
d. toute étonnée
e. toute rougissante

4 [Paris] QRM - Indiquez les mots soulignés incorrects.
a. Voici les <u>tous</u> derniers modèles de sa collection.
b. De <u>tout</u> temps il y a eu des poètes.
c. Ce sujet me passionne, je suis <u>tout</u> ouïe !
d. L'ensemble formait des <u>touts</u> homogènes.
e. Je préfère ce compromis à <u>tout</u> autre solution.

5 [Paris] QRU - Indiquez le mot souligné éventuellement incorrect.
a. Les enfants, très excités, avaient les joues <u>toutes</u> rouges.
b. À <u>toutes</u> les autres stations, je préfère Chamonix.
c. J'ai vu qu'il avait des skis <u>tout</u> neufs.
d. Vos appareils sont-ils <u>tous</u> garantis ?
e. ARNC

6 [Paris] QRU - Indiquez la phrase contenant un mot souligné éventuellement incorrect.
a. Les demandeurs étaient nombreux, <u>tous</u> reçurent une indemnité.
b. Elle revint, chagrine et <u>toute</u> dépitée.
c. Les <u>tous</u> derniers chapitres sont encore à écrire.
d. Elles avaient la patinoire pour elles <u>toutes</u> seules.
e. ARNC

7 [Poitiers] Il faut écrire en respectant les règles d'accord de « tout » selon qu'il est adjectif indéfini ou adverbe :
a. Les jeunes filles étaient tout émues.
b. Les jeunes filles étaient tout tremblantes.
c. Toute honteuse, elle s'enfuit dans sa niche.
d. En ce matin de printemps, tous les promeneurs admiraient les arbres tout verts.
e. Dans la petite brise du matin, les feuilles des arbres étaient tout frémissantes.

8 [Toulouse] Quelle est l'orthographe incorrecte ?
a. Elle est restée tout étonnée.
b. Des livres tous neufs.
c. Elle est rentrée toute honteuse.

Corrigé

❶ **a** (**b** : tout abîmées ; **c** : toute honteuse ; **d** : tout attendrie). ❷ **A** ❸ **a**, **b** et **e** (**c** : toute trempée ; **d** : tout étonnée). ❹ **a** et **e** (**a** : tout ; **e** : toute, toute autre solution = n'importe quelle autre solution). ❺ **e.** ❻ **c** (les tout derniers). ❼ **a**, **c** et **d** (**b** : toutes tremblantes ; **e** : toutes frémissantes). ❽ **b** (tout neufs).

38 | Les accents

1. Les accents grave et aigu

- **On n'accentue pas un *e* précédant une consonne double.**

Exemples : ecchymose, ecclésiastique, impeccable, peccadille, cheddar, reddition, beffroi, effarer, fieffé, greffe, inefficace, belliciste, cellophane, parcellaire, dilemme, femme, flemmarder, gemmail, gemmologie, biennal, fennec, hennir, nenni, quinquennal, seppuku, steppe, aberrant, atterrir, errance, perron, serrure, agresser, blessure, concessif, essor, messe, assujettir, dilettante, émietter, fouetter, trompettiste, etc.

- **On n'accentue pas un *e* précédant immédiatement un *x*.**

Exemples : annexe, cachexie, dextérité, exagérer, exégète, indexer, lexème, lexical, paratexte, perplexe, réflexe, sexiste, silex, textile, unisexe, vexant, vexillologie, etc.

- **On ne met pas d'accent sur un *e* qui, en fin de mot, est suivi par une consonne autre que *s*.**

Exemples : chef, grief, relief, archipel, colonel, pulsionnel, requiem, schelem, tandem, abdomen, cérumen, spécimen, cep, julep, andouiller, bijoutier, mer, vivandier, adret, banquet, colifichet, assez, chez, nez, etc.

- **On met, en revanche, un accent aigu ou un accent grave sur le *e* qui termine une syllabe.**

Ce *e* de fin de syllabe prend un accent grave quand la syllabe suivante comporte un *e* muet.

Exemples : abécédaire, abnégation, bénin, cédille, décan, ébruiter, féculent, gélatine, hélice, impiété, lévrier, méduser, bipède, cèdre, diadème, élève, fidèle, gangrène, homogène, indigène, lèpre, matière, ulcère, volière, etc.

- **Quand l'accent permet de distinguer des termes…**

À (prép.) / a (n., adj., v.) ; çà (adv., interj.) / ça (pron., n. m.) ; dès (prép.) / des (article) ; là (adv., interj.) / la (article, n. m. inv.) ; libellé (n. m.) / libelle (n. m.) ; où (pron., adv.) / ou (conj., n. m.).

2. L'accent circonflexe

- **Mots ou expressions dont on oublie parfois l'accent circonflexe**

À tâtons, alcôve, âme, âne, appât, apprêt, arête, assidûment, aumône, aussitôt, bâbord, bâillement, baptême, bâtiment, bêche, benêt, bientôt, binôme, carême, châle, châssis, châtiment, chômage, clôture, contrôle, côtoyer, crûment, dégât, dîme, diplôme, enjôleur, enquête, entrepôt, fâcher, fêlure, flâner, frôler, gâcher, gâchette, gâteau, geôle, goût, grêle, guêpe, hâte, honnête, huître, impôt, intérêt, mâcher, maîtriser, marâtre, môme, ôter, pâquerette, pêche, pimbêche, piqûre, plâtras, plâtre, plutôt, poêle, pylône, quête, rafraîchissant, relâche, rêve, rôle, salpêtre, soûler (*ou* saouler), suppôt, suprême, surcroît, symptôme, tantôt, tête, théâtre, traître, trêve.

■ Mots auxquels, souvent, on attribue indûment un accent circonflexe

Arène, argot, assurément, atome, axiome, bagout, barème, batardeau, bateau, blafard, blasphème, bobèche, bohème, boiter, boiteux, brèche, brome, brume, cèpe, chapiteau, chapitre, chenet, chrome, chute, cime, complot, coteau, cotillon, coutume, crèche, crème, cyclone, dégainer, dépotoir, dévot, dose, drainer, dru, égout, égrener, emblème, éperdument, faner, fève, fibrome, futé, gaine, glaive, glose, gnome, goitre, guépard, guitare, hache, havre, héler, hublot, huche, indu, ingénument, javelot, mare, matelot, mélèze, motel, patelin, pavot, plèbe, poème, poète, pose, prétendument, prodrome, pupitre, raclée, racler, raout, ruche, solfège, syndrome, tatillon, téter, théorème, toit, tricot, trot, zone.

■ Quand l'accent permet de distinguer des termes…

Âcre (adj.) / acre (n. f.) ; âge (n. m.) / age (n. m.) ; bâiller (v.) / bailler (v.) ; blême (adj.) / blème (n. m.) ; Bohême (n. f.) / bohème (n.) ; boîte (n. f.) / boite (v., cf. *boiter*) ; châsse (n. f.) / chasse (n. f.) ; côcher (v.) / cocher (v., n. m.) ; côlon (n. m.) / colon (n. m.) ; côte (n. f.) / cote (n. f.) ; crû (p. passé) / cru (n. m., adj., p. passé) ; dû (adj., n. m., p. passé) / du (article) ; faîte (n. m.) / faite (p. passé) ; forêt (n. f.) / foret (n. m.) ; genêt (n. m.) / genet (n. m.) ; hâler (v.) / haler (v.) ; icône (n. f.) / icone (n. m.) ; jeûne (n. m.) / jeune (adj., n.) ; mâle (n., adj.) / male (adj., cf. *mal*) ; mât (n. m.) / mat (adj., n. m.) ; mâter (v.) / mater (v., n. f.) ; mâtin (n. m.) / matin (n. m.) ; mâtinée (p. passé) / matinée (n. f.) ; mâtines (n. f.) / matines (n. f. pl.) ; mâture (n. f.) / mature (adj.) ; môle (n. f., n. m.) / mole (n. f.) ; mû (p. passé) / mu (n. m. inv.) ; mûr (adj.) / mur (n. m.) ; pâle (adj.) / pale (n. f.) ; pâlot (adj.) / palot (n. m.) ; paraît (v., cf. *paraître*) / parait (v., cf. *parer*) ; pêche (n. f.) / pèche (v., cf. *pécher*) ; pêcher (n. m., v.) / pécher (v.) ; pêcheur (n.) / pécheur (n.) ; prêteur (n., adj.) / préteur (n. m.) ; râper (v.) / raper (v.) ; recrû (n. m.) / recru (adj.) ; rôder (v.) / roder (v.) ; rôt (n. m.) / rot (n. m.) ; sûr (adj.) / sur (prép., adj.) ; tâche (n. f.) / tache (n. f., v.) ; tâcher (v.) / tacher (v.) ; tête (n. f.) / tète (v., cf. *téter*).

■ Quand seuls certains mots d'une même famille portent un accent circonflexe…

Âcre, âcreté / acrimonie, acrimonieux ; arôme / aromate, aromatique, aromatiser ; bête / bétail, bétaillère ; binôme / binomial ; câblage, câble, câbler, câblerie, câblier / encablure (*ou* encâblure) ; cône / conifère, conique ; conquête / conquérant ; côte / coteau ; crâne, crânien, hémicrânie / craniectomie, craniologie, craniotomie ; crêpage, crêpe, crêpelé, crêpelure, crêper / crépir, crépu ; dépôt, entrepôt, impôt / déposer, dépositaire, entreposer, imposant, imposer, imposition ; diplôme, diplômer / diplomate, diplomatie, diplomatique ; drôle, drôlement, drôlerie, drôlesse, drôlet / drolatique ; extrême, extrêmement / extrémisme, extrémiste, extrémité ; fantôme / fantomatique ; fût / futaie ; fût / futaille ; goulûment / goulu ;

grâce, disgrâce / disgracier, disgracieux, gracier, gracieusement, gracieuseté, gracieux ; icône / iconicité, iconique, iconoclaste, iconographie ; infâme / diffamant, diffamatoire, diffamer, famé, fameux, infamant, infamie ; jeûne, jeûner, jeûneur / déjeuner, à jeun ; mêler / mélange, mélanger, mélangeur ; pâtir / compassion, compatir, compatissant ; pôle, dipôle / dipolaire, polaire, polarisation, polariser ; râteau, râteler / ratissage, ratisser ; suprême, suprêmement / suprématie ; sûr, sûrement, sûreté / assurance, assurer, assureur, rassurant, rassurer, réassurer ; symptôme / symptomatique, symptomatologie ; tâter, tâtonnement, tâtonner, à tâtons / tatillon ; tempête, tempêter / tempétueux ; trône, trôner, détrôner / intronisation, introniser ; vêlage, vêlement, vêler / vélin.

Termes en *-atre/-âtre*

-atre : Antipsychiatre, embatre, gériatre, hippiatre, in-vingt-quatre, neuropsychiatre, pédiatre, pédopsychiatre, phoniatre, physiatre, placoplatre, podiatre, psychiatre, quatre, quatre-quatre, ranatre, trois-quatre, vératre.

-âtre : Acariâtre, albâtre, amphithéâtre, âtre, beigeâtre, bellâtre, blanchâtre, bleuâtre, brunâtre, café-théâtre, douçâtre *ou* douceâtre, écolâtre, emplâtre, folâtre, grisâtre, iconolâtre, idolâtre, jaunâtre, marâtre, mulâtre, noirâtre, olivâtre, opiniâtre, palâtre, parâtre, pâtre, plâtre, rosâtre, rougeâtre, roussâtre, saumâtre, théâtre, verdâtre, violâtre, zoolâtre.

La finale *-iatre* (de *iatros,* médecin en grec) sert à former des noms de médecins ; le suffixe *-âtre* (du latin *-asterum*) se trouve dans des adjectifs exprimant une approximation, souvent péjorative.

Termes en *-ôme*

Arôme, binôme, bôme, diplôme, dôme, fantôme, môme, monôme, polynôme, radôme, symptôme, trinôme.

Entraînement

1 [Amiens] Quel terme porte obligatoirement un accent circonflexe ?
a. saumatre b. creche c. tegument d. mirodrome

2 [Besançon] Repérez le ou les mots dont une des voyelles prend un accent circonflexe.
a. baillement b. acariatre c. diplomatique d. gracieux e. fantomatique

3 [Besançon] Repérez le ou les mots dont une des voyelles prend un accent circonflexe.
a. boiteux b. cyclone c. égout d. pupitre e. tempete

4 [Lille] Cochez « A » si le mot ne prend jamais d'accent circonflexe, « B » s'il prend toujours un accent circonflexe, « C » si le mot peut s'écrire avec et sans accent circonflexe.
1. sur **2.** maratre **3.** acre **4.** grace **5.** gracier
6. pecher **7.** pole **8.** creme **9.** pédiatre **10.** bellatre

5 [Nancy] Soulignez, dans ces mots, la voyelle qui prend un accent (circonflexe, grave ou aigu) et ajoutez celui-ci très lisiblement.
1. gracieux grace **2.** polaire pole
3. symptome symptomatique **4.** interprete (l') interpreter
5. crete ecreter

ORTHOGRAPHE

❻ [Poitiers] Il faut écrire, en faisant attention à la présence ou à l'absence d'accent circonflexe sur le mot « cote » :

a. un plat de côte
b. une côte mal taillée
c. la cote mobilière
d. la cote de la Bourse
e. se tenir les cotes

❼ [Tours] Ces mots sont correctement écrits :

a. assener
b. gangréner
c. gracieux
d. indû
e. fantomatique

❽ [Tours] Quels mots prennent un accent circonflexe ?

a. diplôme
b. marâtre
c. grâcieux
d. pédiâtre

❾ [Tours] Quels mots, selon leur sens, ont un accent ou non ?

a. forêt
b. tâter
c. mâcher
d. hâler
e. bâiller

Corrigé

❶ a (a : saumâtre ; b : crèche ; c : tégument). ❷ a et b (a : bâillement ; b : acariâtre). ❸ e (tempête). ❹ **1 C** (sur : dessus, acide ; sûr : certain) ; **2 B** (marâtre) ; **3 C** (acre : arpent ; âcre : aigre) ; **4 B** (grâce) ; **5 A** ; **6 C** (pécher : commettre une faute ; pêcher : arbre, prendre du poisson) ; **7 B** (pôle) ; **8 A** (crème) ; **9 A** ; **10 B** (bellâtre). ❺ **1** : grâce ; **2** : pôle ; **3** : symptôme ; **4** : interprète, interpréter ; **5** : crête, écrêter. ❻ a, c et d (b : une cote mal taillée, e : se tenir les côtes ; notez que l'on écrit habituellement *plat de côtes*). ❼ a, b, c et e (d : indu ; on écrit *asséner* ou *assener, gangrener* ou *gangréner ;* le *Dictionnaire de l'Académie française* n'admet que *gangrener,* à la différence du *Petit Robert ;* on écrit *gracieux* et *fantomatique,* mais *grâce* et *fantôme*). ❽ a et b (c : gracieux ; d : pédiatre). ❾ a (foret : n. m.), d (haler : tirer) et e (bailler : donner).

39 | La cédille, le *g*, le tréma et le *t* euphonique

La cédille

On emploie un *c cédille (ç)* devant *a*, *o* et *u* afin obtenir le son [s].

Exemples : déglaçage, français, grinçant, ponçage, arçon, caleçon, glaçon, traçoir, conçu, déçu, gerçure, reçu.

Si le *c* ne porte pas de cédille devant *a*, *o* et *u*, il se prononce [k].

Exemples : acariâtre, bancal, cacao, foucade, accolade, fiasco, sirocco, tabasco, abacule, clavicule, mercure, élocution.

On ne met jamais de *c cédille* devant *e* et *i*.

Exemples : acerbe, ancêtre, ficeler, glycémie, lancement, acide, balancier, cinéphile, irascible, pesticide.

Le *g*

Placé devant *a, o* et *u*, le *g* se prononce [g].

Exemples : alligator, élégance, gant, polygame, allégorie, cigogne, gober, gouverneur, argus, gugusse, gustatif, légume.

Placé devant *e, i* et *y*, le *g* se prononce [ʒ].

Exemples : adage, cage, exiger, gélule, nigelle, agile, contagion, engin, marginal, rugir, clergyman, gymnaste, gynécée, misogyne, panégyrique.

Devant *e, i* et *y*, on emploie le digramme *gu* afin d'obtenir le son [g].

Exemples : aguerrir, fugue, langue, pirogue, vigueur, aiguille, guimauve, languir, narguilé, sanguinaire, Guy, guyot.

Devant *a, o* et *u,* on emploie le digramme *ge* afin d'obtenir le son [ʒ].

Exemples : désobligeant, geai, orgeat, rougeaud, cageot, bourgeon, geôle, pigeon, avantageux, nageur, nuageux, voyageur.

REMARQUE Les verbes en *-guer* (*alléguer, conjuguer, distinguer, fatiguer*, etc.) conservent le digramme *gu* dans toute leur conjugaison ;
On écrit *aiguade, aiguail, aiguayer, baguage* (fait de baguer), *distinguable, distinguo, guai* ou *guais.*

Le tréma

Le tréma (signe formé de deux points juxtaposés) se place sur les voyelles *e, i* et *u*, pour indiquer le plus souvent que ces voyelles doivent être détachées, dans la prononciation, des voyelles qui les précèdent.

Exemples : canoë, boësse, Noël, paëlla (*ou* paella), foëne (*ou* foène), androïde, archaïsme, coïncidence, prosaïque, haïr, judaïque, Saül.

ORTHOGRAPHE

REMARQUE Il n'y a jamais de tréma sur un *i* suivant un *é*.
Exemples : absentéisme, caféine, déifier, licéité, néréide, passéiste.

Le *t* euphonique

Le *t* euphonique, encadré de traits d'union, se place entre les verbes finissant par *a*, *e* ou *c* et les pronoms sujets postposés *il*, *elle* ou *on*.

Exemples : Pensera-t-il à moi ? Peut-être remarchera-t-il. L'aime-t-elle ? Dîne-t-on maintenant ? Aussi convainc-t-elle son époux.

ATTENTION Veillez à ne pas employer ce *t* entre traits d'union lorsque la forme verbale se termine par un *d*, le *d* se prononçant [t].
Exemples : Vend-il son appartement ? Attend-elle son frère ?

Ne confondez pas ce *t* euphonique et le *t'* qui correspond au pronom personnel *te* élidé.
Exemple : Va-t'en.

40 | L'apostrophe et le trait d'union

1. L'apostrophe

L'apostrophe marque l'élision, c'est-à-dire l'effacement d'une voyelle finale devant un terme commençant par une voyelle ou par un *h* muet.

- **Le *e* de *jusque*** s'élide toujours.

Exemples : Ils ont choisi d'aller jusqu'à Tours. Elle a décidé de vivre cette expérience jusqu'au bout.

- **Les *e* de *presque* et de *quelque*** ne s'élident que dans *quelqu'un, quelqu'une, presqu'île.*

Exemples : Elle est arrivée presque à la fin. Il paraît lucide, quelque amoureux qu'il soit.

- **Les *e* de *lorsque, puisque* et *quoique*** peuvent s'élider en toutes circonstances, mais des grammairiens n'admettent l'élision du *e* que devant *il, ils, elle, elles, un, une, on* auxquels certains ajoutent *ainsi* et *en.*

Exemples : Il l'invita lorsque enfin il eut un appartement décent. Pourquoi être triste puisque alors tu n'avais pas d'autre choix ? Elle a acquiescé à ma demande, quoique étonnée. Quoiqu'il soit tard, ne te presse pas. On peut espérer réussir lorsqu'on travaille.

- **La conjonction de subordination *si*** perd son *i* devant les pronoms personnels *il* et *ils.*

Exemples : S'il te parle de cela, ne le contredis pas. Je ne sais pas s'ils pourront être présents.

2. Le trait d'union

- **Devant *ci* et *là***

Les adverbes *ci* et *là* sont liés aux pronoms démonstratifs et aux noms précédés d'un adjectif démonstratif par un trait d'union.

Exemples : celui-ci, celle-là, ceux-ci, celles-là, cet homme-ci, cette femme-là, ces fautes-ci.

REMARQUE Le trait d'union disparaît quand le nom accompagné de l'adjectif démonstratif est suivi d'un complément.
Exemples : ce tribunal de justice là, ces femmes de chambre là, ces règles de grammaire ci.

Après un pronom personnel

L'adjectif indéfini *même* est toujours lié au pronom personnel qui le précède par un trait d'union.

Exemples : moi-même, toi-même, elle-même, lui-même, nous-même(s), vous-même(s), elles-mêmes, eux-mêmes.

Même n'est lié par un trait d'union qu'au pronom personnel.

Exemples : ceux mêmes qui, ici même, par là même, cette enfant même, ces faits mêmes.

Après un verbe à l'impératif

Le pronom personnel conjoint, complément d'un impératif (non négatif), est lié au verbe par un trait d'union.

Exemples : Suis-moi, attends-le, manges-en, choisis-la-lui, donne-le-leur, allons-nous-en.

Après *au, en, par*

Les locutions prépositives ou adverbiales dont le premier élément est *au* ou *par* prennent un trait d'union, mais celles qui commencent par *en* n'en prennent pas.

Exemples : au-deçà de, au-dedans, au-dehors, au-delà, au-devant de, au-dessous, au-dessus, par-dehors, par-delà, par-derrière, par-dessous, par-dessus, par-devant, par-devers, en deçà de, en dedans, en dehors, en dessous, en dessus.

REMARQUE On peut écrire *au-delà* ou *au delà, au-dedans* ou *au dedans, au-dehors* ou *au dehors.*

Après *non*

On ne met généralement pas de trait d'union entre *non* et l'adjectif qui le suit, mais on intercale un trait d'union entre *non* et le substantif qu'il précède.

Exemples : non coupable, non exhaustif, non négligeable, non-assistance, non-conformisme, non-respect.

Après *quasi*

Quasi est suivi d'un trait d'union seulement s'il est placé devant un nom.

Exemples : une quasi-certitude, une quasi-nécessité, une quasi-impossibilité, la quasi-totalité, quasi définitif, quasi vertical, quasi nul.

Dans les noms de fraction

Les noms de fraction ne présentent généralement pas de traits d'union.

Exemples : les deux cinquièmes de la ville, les trois quarts de la classe.

Lorsque le dénominateur est un multiple de *cent*, de *mille*, etc., il semble préférable de mettre un trait d'union si le numéral est employé comme nom, de ne pas mettre de trait d'union si le numéral est employé comme adjectif.

Exemples : un cinq-centième, un deux-millième, la deux centième étudiante, le trois millième candidat.

Dans les noms de rues

On met un trait d'union dans les noms de rues entre le prénom et le nom de famille, entre le titre et le nom de famille. On procède de la même façon pour les noms d'avenues, de places, d'écoles, de théâtres, de fondations, etc.

Exemples : rue Victor-Hugo, rue Jules-Simon, rue du Maréchal-Joffre, rue du Caporal-Morange.

CONSEIL **Pensez à revoir** l'emploi du trait d'union avec *demi, à demi, nu, saint,* dans les numéraux, dans les adjectifs de couleur composés. (Cf. sections 24-25, 30-31, 41)

Entraînement

❶ [Amiens] Notez A si les mots ou groupes de mots s'écrivent avec des traits d'union, B s'ils s'écrivent sans trait d'union.

1. vis à vis **2.** état major **3.** huis clos **4.** halte là **5.** non violent
6. non violence **7.** ex æquo **8.** château fort **9.** sur le champ

❷ [Nantes] Pour chacune des propositions suivantes, trouvez celle qui est correcte.

1. Boulevard Gabriel-Guist'hau (A) Boulevard Gabriel Guist'hau (B)
2. Va-t'en (A) Va-t-en (B)
3. Y a-t-il ? (A) Y-a-t'il ? (B)
4. Le règne de Louis le Pieux (A) Le règne de Louis-le-Pieux (B)

❸ [Poitiers] On écrit en respectant les règles d'accord et la présence ou l'absence de traits d'union :

a. cinquante et un **b.** cinquante-trois
c. huit cent vingt-huit **d.** trois mille francs
e. le dix-neuf janvier mil neuf cent-douze

❹ [Tours] Cochez les orthographes correctes :

a. État-civil **b.** Libre-arbitre **c.** Moyen-Âge **d.** Statu-quo **e.** Vis-à-vis

Corrigé

❶ **1 A** ; **2 A** ; **3 B** ; **4 A** ; **5 B** (on ne met généralement pas de trait d'union entre *non* et l'adjectif qui le suit, mais on intercale un trait d'union entre *non* et le substantif qu'il précède) ; **6 A** ; **7 B** ; **8 B** ; **9 A**. ❷ **1 A** ; **2 A** ; **3 A** ; **4 A**. ❸ **a**, **b**, **c** et **d** (**e** : le dix-neuf janvier mil neuf cent douze). ❹ **c** (on écrit aussi *Moyen Âge*) et **e** (**a** : état civil ; **b** : libre arbitre ; **d** : statu quo).

ORTHOGRAPHE

41 | Les majuscules

■ ***dieu/Dieu* ; *saint/Saint***

– On écrit *Dieu* lorsqu'il s'agit de religions monothéistes, *dieu(x)* quand il est question de religions polythéistes.

Exemples : Rendons gloire à Dieu ! Il a réveillé la colère des dieux infernaux.

– On met une majuscule à *saint*, suivi d'un nom propre de personne, et on place un trait d'union après ce terme quand on désigne une localité (ville, rue, église, abbaye, etc.) ou une fête. Majuscule et trait d'union disparaissent lorsque *saint* désigne la personne, le saint lui-même.

Exemples : L'église Saint-Léon devrait être rénovée. Elle prie souvent saint Antoine.

■ ***église/Église* ; *état/État***

– Le mot *église* prend une majuscule quand il désigne l'institution, la communauté, une minuscule quand il désigne l'édifice.

– Le mot *état* prend une majuscule quand il désigne un pays ou son gouvernement, une minuscule quand il désigne une manière d'être.

– La majuscule permet ici de distinguer des sens différents. Cf. aussi : *bourse, chambre, faculté, résistance, révolution, tour, trésor,* etc.

■ ***Un Français / un ami français / le français***

On met une majuscule au nom des habitants d'un lieu, mais non à l'adjectif correspondant ni au nom de langue.

Exemples : Elle aime un Français. Ils ont des amis français. Ils parlent couramment l'anglais.

■ ***lune/Lune* ; *soleil/Soleil* ; *terre/Terre***

On met une majuscule à *lune, soleil* et *terre* dans la langue scientifique, en cosmographie ; dans l'usage courant, on met une minuscule.

■ ***nord/Nord* ; *sud/Sud* ; *est/Est* ; *ouest/Ouest***

Nord, sud, est et *ouest* ne prennent pas de majuscule lorsqu'ils désignent des points cardinaux. Ils en prennent une quand, employés seuls, ils désignent la région d'un pays ou une région du globe.

Exemples : L'autan est un vent qui souffle du sud ou du sud-est. Elle est allée vivre dans le Sud.

L'usage est aujourd'hui hésitant quand ces termes sont complétés par un nom de lieu.

Exemples : le sud de la France ; le Sud de la France.

■ **Les surnoms**

Les adjectifs servant de surnoms prennent la majuscule.

Exemples : Pierre le Grand ; Roland le Preux.

On ne met pas de trait d'union entre ces adjectifs et les prénoms auxquels ils sont subordonnés.

Noms de mois et de jours

Veillez à ne pas mettre de majuscule aux noms de mois ni, d'ailleurs, aux noms de jours.

Exemples : des lundis mémorables ; des dimanches délicieux ; des décembres joyeux ; des mais pluvieux.

42 | Les mots en ...

Voici quelques mots, toutes natures confondues, dont il vous faut connaître l'orthographe.

■ Verbes en *agg-*

agglomérer ; agglutiner ; aggraver.

■ Verbes en *ap-*

apaiser ; apercevoir ; apeurer ; apiquer ; apitoyer ; aplanir ; aplatir ; apostasier ; aposter ; apostiller ; apostropher ; apurer.

■ Mots en *-caire* et en *-quaire*

-caire : anticalcaire (adj. inv.) ; apothicaire (n. m.) ; bancaire (adj.) ; bibliothécaire (n.) ; calcaire (adj., n. m.) ; cercaire (n. f.) ; discothécaire (n.) ; ficaire (n. f.) ; hypothécaire (adj.) ; interbancaire (adj.) ; loricaire (n. m.) ; matricaire (n. f.) ; médiathécaire (n.) ; persicaire (n. f.) ; précaire (adj.) ; pulicaire (n. f.) ; salicaire (n. f.) ; sicaire (n. m.) ; sous-bibliothécaire (n.) ; suburbicaire (adj.) ; urticaire (n. f.) ; vaccaire (n. f.) ; verrucaire (n. f.) ; vicaire (n. m.).

-quaire : antiquaire (n.) ; disquaire (n.) ; moustiquaire (n. f.) ; reliquaire (n. m.).

■ Mots en *-ciel*

actanciel (adj.) ; arc-en-ciel (n. m.) ; artificiel (adj.) ; cicatriciel (adj.) ; ciel (n. m.) ; circonstanciel (adj.) ; didacticiel (n. m.) ; gratte-ciel (n. m.) ; gratuiciel (n. m.) ; indiciel (adj.) ; logiciel (n. m., adj.) ; ludiciel (n. m.) ; matriciel (adj.) ; officiel (adj., n.) ; préjudiciel (adj.) ; progiciel (n. m.) ; révérenciel (adj.) ; sacrificiel (adj.) ; superficiel (adj.) ; tendanciel (adj.).

■ Mots en *-dd-*

addax (n. m.) ; addenda (n. m.) ; addict (adj., n.) ; addictif (adj.) ; addiction (n. f.) ; addictologie (n. f.) ; addictologue (n.) ; additif (adj., n. m.) ; addition (n. f.) ; additionnel (adj.) ; additionner (v.) ; additivé (adj.) ; adducteur (adj. m., n. m.) ; adduction (n. f.) ; bouddha (n. m.) ; bouddhique (adj.) ; bouddhisme (n. m.) ; bouddhiste (n., adj.) ; buddleia *ou* buddléia (n. m.) ; caddie (n. m.) ; caddy (n. m.) ; cheddar (n. m.) ; cheddite (n. f.) ; gréco-bouddhique (adj.) ; haddock (n. m.) ; kaddish (n. m.) ; luddisme (n. m.) ; lyddite (n. f.) ; paddock (n. m.) ; paddy (n. m. inv.) ; plum-pudding (n. m.) ; pudding (n. m.) ; puddlage (n. m.) ; puddler (v.) ; quiddité (n. f.) ; reddition (n. f.) ; sadducéen (n., adj.) ; teddy (n. m.) ; teddy-bear (n. m.) ; yiddish (n. m. inv.).

■ Mots en *-eant*

affligeant (adj.) ; arrangeant (adj.) ; assiégeant (adj., n.) ; changeant (adj.) ; copartageant (adj., n.) ; décourageant (adj.) ; dérangeant (adj.) ; désobligeant (adj.) ; dirigeant (adj., n.) ; encourageant (adj.) ; engageant (adj.) ; enrageant (adj.) ; exigeant (adj.) ; frangeant (adj. m.) ; ignifugeant (adj., n. m.) ; intransigeant (adj.) ; obligeant (adj.) ; outrageant (adj.) ; partageant (n.) ; plongeant (adj.) ; rageant (adj.).

Mots en *-ellier*

cellier (n. m.) ; cenellier (n. m.) ; dentellier (n., adj.) ; gadellier (n. m.) ; mirabellier (n. m.) ; prunellier (n. m.) ; sellier (n. m.) ; senellier (n. m.).

Mots en *exh-*

exhalaison (n. f.) ; exhalation (n. f.) ; exhaler (v.) ; exhaure (n. f.) ; exhaussement (n. m.) ; exhausser (v.) ; exhausteur (n. m.) ; exhaustif (adj.) ; exhaustion (n. f.) ; exhaustivement (adv.) ; exhaustivité (n. f.) ; exhérédation (n. f.) ; exhéréder (v.) ; exhiber (v.) ; exhibition (n. f.) ; exhibitionnisme (n. m.) ; exhibitionniste (n.) ; exhortation (n. f.) ; exhorter (v.) ; exhumation (n. f.) ; exhumer (v.).

Mots en *-gent*

agent (n. m.) ; argent (n. m.) ; astringent (adj., n. m.) ; biréfringent (adj.) ; bouton-d'argent (n. m.) ; contingent (adj., n. m.) ; convergent (adj.) ; détergent (adj., n. m.) ; diligent (adj.) ; divergent (adj.) ; émergent (adj.) ; entregent (n. m.) ; gent (n. f.) ; gent (gente, adj.) ; indigent (adj.) ; indulgent (adj.) ; inintelligent (adj.) ; intelligent (adj.) ; négligent (adj.) ; réfringent (adj.) ; régent (n.) ; résurgent (adj.) ; sergent (n.) ; tangent (adj.) ; urgent (adj.) ; vif-argent (n. m. sing.).

Mots en *-gg-*

aggiornamento (n. m.) ; agglomérat (n. m.) ; agglomération (n. f.) ; aggloméré (n. m.) ; agglomérer (v.) ; agglutinant (adj.) ; agglutination (n. f.) ; agglutiner (v.) ; agglutinine (n. f.) ; agglutinogène (n. m.) ; aggravant (adj.) ; aggravation (n. f.) ; aggravée (n. f.) ; aggraver (v.) ; appoggiature (n. f.) ; autosuggestion (n. f.) ; baggy (n. m.) ; boggie (n. m.) ; bootlegger (n. m.) ; buggy (n. m.) ; dogger (n. m.) ; groggy (adj. inv.) ; haggis (n. m.) ; isoagglutination (n. f.) ; jigger (n. m.) ; jogger (v., n. m.) ; joggeur (n.) ; jogging (n. m.) ; leggins *ou* leggings (n. f. pl.) ; loggia (n. f.) ; nugget (n. m.) ; outrigger (n. m.) ; raggamuffin (n. m.) ; reggae (n. m., adj. inv.) ; suggérer (v.) ; suggestibilité (n. f.) ; suggestible (adj.) ; suggestif (adj.) ; suggestion (n. f.) ; suggestionner (v.) ; suggestivité (n. f.) ; tagger (n. m.) ; toboggan (n. m.) ; ziggourat (n. f.).

Mots en *-oner/-ôner*

bigophoner (v.) ; cloner (v.) ; cocooner (v.) ; coroner (n. m.) ; crooner (n. m.) ; détoner (v.) ; détrôner (v.) ; dissoner (v.) ; époumoner (s') (v.) ; hormoner (v.) ; prôner (v.) ; ramoner (v.) ; retéléphoner (v.) ; schooner (n. m.) ; siliconer (v.) ; téléphoner (v.) ; toner (n. m.) ; trôner (v.) ; violoner (v.) ; zoner (v.).

Verbes en *-otter*

ballotter ; botter ; bouillotter ; boulotter ; boycotter ; cachotter ; calotter ; carotter ; cocotter (*ou* cocoter) ; crotter ; culotter ; dansotter (*ou* dansoter) ; débotter ; décalotter ; décrotter ; déculotter ; dégotter (*ou* dégoter) ; déhotter ; émotter ; flotter ; frisotter ; frotter ; garrotter ; grelotter ; marcotter ; margotter (*ou* margoter) ; marmotter ; menotter ; motter (se) ; reculotter ; trotter.

Verbes en *-ouffler*

essouffler ; souffler.

ORTHOGRAPHE

Verbes en *-oufler*

boursoufler (ne pas accepter la variante avec deux *f*) ; camoufler ; emmitoufler ; époustoufler ; maroufler ; pantoufler.

Mots en *-zz-*

blizzard (n. m.) ; free-jazz (n. m. inv.) ; gin-fizz (n. m. inv.) ; grizzli *ou* grizzly (n. m.) ; intermezzo (n. m.) ; jacuzzi (n. m.) ; jazz (n. m.) ; jazzman (n. m.) ; jazz-rock (n. m.) ; jazzy (adj. inv.) ; lazzarone (n. m.) ; lazzi (n. m.) ; mezzanine (n. f.) ; mezza-voce (loc. adv.) ; mezze (n. m.) ; mezzo-soprano (n.) ; mezzotinto (n. m.) ; mozzarella (n. f.) ; muezzin (n. m.) ; paparazzi (n. m.) ; piazza (n. f.) ; pizza (n. f.) ; pizzaïolo (n. m.) ; pizzéria (n. f.) ; pizzicato (n. m.) ; pouzzolane (n. f.) ; pupazzo (n. m.) ; puzzle (n. m.) ; razzia (n. f.) ; razzier (v.) ; rezzou (n. m.) ; zzzz… (interj.).

Redoublement, non-redoublement de consonnes

appeler / épeler ; ballade / baladin ; barrique / baril, barillet ; battre / bataille ; bonhomme / bonhomie ; cantonnier / cantonal ; charrette, charroi / chariot ; chatterie / chatière ; collerette, collet, collier / accoler, encolure, torticolis ; combattre / combatif, combativité ; consonne / consonance ; courrier / courir ; dissymétrie / asymétrie ; donner / donataire, donateur, donation ; échapper / escapade ; entonner / intonation ; folle, affoler, follet / folâtre, folie ; gratter / égratigner ; guerre / guérilla ; homme / homicide ; honneur / déshonorant, honorable, honorer ; hutte / cahute ; imbécillité / imbécile ; mammaire, mammifère / mamelle ; monnaie / monétaire ; nommer / nomenclature, nominal, nomination ; panneau / panonceau ; patronner / patronage, patronal, patronat ; patte / pataud, patauger ; prud'homme / prud'homal, prud'homie ; résonner / résonance ; siffler / persiflage, persifler, persifleur ; sonner, sonnerie, sonnette, sonneur / dissoner, insonoriser, sonate, sonore, sonorité ; souffler / boursoufler ; tonner, tonnerre / détoner, tonitruant ; trappe, attraper / chausse-trape *ou* chausse-trappe.

Entraînement

1 [Amiens] Combien de « n » ? (n = A / nn = B)

1. conso ... ance **2.** so ... erie **3.** conso ... e **4.** réso ... ance
5. so ... agramme **6.** so ... ore

2 [Amiens] Auquel de ces verbes du premier groupe manque-t-il un « n » ?

a. ramoner **b.** s'époumoner **c.** téléphoner **d.** sermoner

3 [Besançon] Parmi les propositions suivantes, quel est le nombre exact de <u>verbes mal orthographiés</u> ?

Appesantir - apparier - applanir - appartenir - apercevoir - apostasier - approcher

a. Un **b.** Deux **c.** Trois **d.** Quatre **e.** Cinq

4 [Bordeaux] Pour chaque item, indiquez si l'orthographe est correcte (réponse A) ou si l'orthographe est incorrecte (réponse B).

1. exhaucer un vœu **2.** abhorrer
3. un paddock **4.** un rododendron

5 [Marseille] Identifiez les mots bien orthographiés.
a. exaustif b. exaucer c. exubérent d. exhumation e. exhausser

6 [Paris] QRM - Indiquez les mots soulignés mal orthographiés.
a. exhorter à la patience
b. un acte philantropique
c. un prix exhorbitant
d. féru de philatélie
e. exhaler un soupir

7 [Paris] QRM - Signalez les séries contenant un mot mal orthographié.
a. resurgir - ressusciter - ressortir
b. exulter - exhorter - exhalter
c. appauvrir - apaiser - apitoyer
d. matriciel - exitenciel - cicatriciel
e. révérence - endurence - concurrence

8 [Poitiers] Il faut écrire en respectant l'orthographe :
a. boulotter b. caloter c. décalotter d. garrotter e. frisoter

9 [Toulouse] Cochez l'orthographe ou les orthographes correctes.
a. exhorbitant b. exhausser c. exhubérant d. exhaucer

Corrigé

1 **1 A** ; **2 B** ; **3 B** ; **4 A** ; **5 A** ; **6 A**. 2 d (sermonner). 3 a (aplanir). 4 **1 B** (exaucer un vœu ; exaucer : accomplir, exhausser : surélever) ; **2 A** ; **3 A** ; **4 B** (un rhododendron). 5 b, d et e (a : exhaustif ; c : exubérant). 6 b et c (b : philanthropique ; c : exorbitant). 7 b, d et e (b : exalter ; d : existentiel ; e : endurance) ; retenez que l'on écrit *resurgir* ou *ressurgir*. 8 a, c et d (b : calotter ; e : frisotter) ; le *Dictionnaire de l'Académie française* reconnaît uniquement *frisotter*, le *Petit Robert* admet la variante *frisoter*. 9 b (a : exorbitant ; c : exubérant ; d : exaucer).

ORTHOGRAPHE

Annexe

Abréviations

Adj.	Adjectif
Adv.	Adverbe
Augm.	Augmenté
Cf.	*Confer*
COD	Complément d'objet direct
COI	Complément d'objet indirect
Conj.	Conjonction
Éd.	Édition
Etc.	*Et cætera*
Ex.	Exemple
F.	Féminin
Fam.	Familier
Généralt	Généralement
Inf.	Infinitif
Interj.	Interjection
Interrog.	Interrogatif
Intr.	Intransitif
Inv.	Invariable
Loc.	Locution
M.	Masculin
N.	Nom
Numér.	Numéral
P.	Participe *ou* page
Par ext.	Par extension
Pl.	Pluriel
Pop.	Populaire
Prép.	Préposition
Prés.	Présent
Pron.	Pronom
Qqch.	Quelque chose
Qqn	Quelqu'un
Rel.	Relatif
Rev.	Revu
S.	Siècle
Sing.	Singulier
Tr.	Transitif
V.	Verbe
Vx	Vieux

Réalisation : So'graph
Achevé d'imprimer : janvier 2014
Dépôt légal : janvier 2014
N° d'éditeur : 2013-0306
N° d'imprimeur : 09463131212

IMPRIM'VERT®

PEFC 10-31-1470 / Certifié PEFC / Ce produit est issu de forêts gérées durablement et de sources contrôlées. / pefc-france.org